Winter · Praxisbuch Jungen in der Schule

AF726641

Reinhard Winter

Praxisbuch Jungen in der Schule

Pädagogische Handlungsmöglichkeiten für Lehrerinnen und Lehrer

BELTZ

Reinhard Winter ist Diplompädagoge und Psychodramaleiter und gilt als anerkannter Experte für Jungenthemen und -pädagogik im deutschsprachigen Raum. Seit über 30 Jahren arbeitet er mit Jungen, männlichen Jugendlichen und jungen Männern sowie mit Fachkräften, die ihrerseits mit Jungen arbeiten. Dabei führt er u. a. Projekte in Schulen, in der Jugendarbeit und mit Eltern durch. Zudem ist er in der Leitung des Sozialwissenschaftlichen Instituts Tübingen (SOWIT) und als Lehrbeauftragter an Hochschulen in Zürich, St. Gallen, Basel und Tübingen tätig.

Das Werk einschließlich aller seiner Teile ist urheberrechtlich geschützt.
Jede Verwertung ist ohne Zustimmung des Verlags unzulässig.
Das gilt insbesondere für Vervielfältigungen, Übersetzungen, Mikroverfilmungen
und die Einspeicherung und Verarbeitung in elektronische Systeme.

FSC
www.fsc.org
MIX
Papier | Fördert
gute Waldnutzung
FSC® C089473

Dieses Buch ist erhältlich als:
ISBN 978-3-407-63077-3 Print
ISBN 978-3-407-63103-9 E-Book (PDF)
ISBN 978-3-407-63109-1 E-Book (EPUB)

1. Auflage 2018

© 2018 Beltz
in der Verlagsgruppe Beltz · Weinheim Basel
Werderstraße 10, 69469 Weinheim
Alle Rechte vorbehalten

Lektorat: Christine Wiesenbach
Layout/Reihenkonzept: glas ag, Seeheim-Jugenheim
Umschlaggestaltung: Michael Matl
Umschlagabbildung: © istock/chronicler101

Satz und Herstellung: Michael Matl
Druck und Bindung: Beltz Grafische Betriebe, Bad Langensalza
Beltz Grafische Betriebe ist ein Unternehmen mit finanziellem Klimabeitrag (ID 15985-2104-100).
Printed in Germany

Weitere Informationen zu unseren Autoren und Titeln finden Sie unter: www.beltz.de

Inhalt

Einleitung

Seit einigen Jahren wird in den Medien fast durchgängig das Bild des Problemjungen gemalt, das sich vor allem durch Bildungs- und Schulprobleme auszeichnet. Mit dem Titel »Schlaue Mädchen, dumme Jungen« brachte es der SPIEGEL bereits im Jahr 2004 auf den Punkt. Immer wieder wird im Tonfall tiefer Besorgnis eine Jungenkrise beschworen, Jungen werden als Bildungsverlierer stilisiert. Aber viel mehr als Empörung, Betroffenheit und politisches Ignorieren hat sich daraus nicht entwickelt. Das ist kein Wunder, denn durch das Überzeichnen einzelner Aspekte entsteht ein verzerrtes Bild, das mit der Wirklichkeit nur wenig zu tun hat. Zuspitzungen sind für die Praxis nicht hilfreich, weil sich damit weder die Ursachen der Schwierigkeiten von und mit Jungen in der Schule erklären, noch tragfähige Lösungen finden lassen.

Gleichzeitig verdeckt das ständige Betonen der Jungenmisere den gelingenden Jungenalltag in der Schule: Viele Jungen sind am Ende ja durchaus bildungserfolgreich. Dass Jungen Schule auch gut bewältigen ist möglich. Mit dem Klischee der problematischen Jungen vor den Augen wird übersehen, was tagtäglich in der Schule ganz gut klappt und wie es geht, dass dies gelingt. Und auch das, was »hinten rauskommt« und schließlich zählt, ist beachtlich: In Deutschland haben im Jahr 2015 rund 131.000 Jungen an allgemeinbildenden Schulen ihr Abitur abgelegt. Angesichts der aufgeregten Jungen-und-Schule-Debatten scheint etwas Entspannung durchaus angebracht. Lehrkräfte und Schulleitungen können sich ruhig auf ihre Kompetenzen beziehen, um die Arbeit mit Jungen fachlich fundiert anzugehen. Denn gerade das ist dringend nötig.

Heute scheinen zwar die großen Dramatisierungen und Skandalisierungen vorbei zu sein, wenn auch gelegentlich die Debatten wieder aufflackern. Was geblieben ist, ist die bekannte Situation, die teils schwierige Lage der Jungen in der Schule und die Probleme, die Schule mit ihnen hat. Leistungs- und Bewältigungsunterschiede sind offensichtlich und fallen immer wieder neu auf. Vielen Lehrkräften und Eltern ist klar, dass etwas passieren sollte, damit Jungen nicht noch mehr zurückfallen. Denn die Daten weisen auf Veränderungsbedarf hin.

Bislang stecken die Diskussionen um Jungen in der Schule bei statistischen Zahlen, Zuschreibungen oder in vereinfachenden Klischees fest, ohne Ideen oder Ansätze für eine Veränderung zu finden. Die praktische Seite der »Jungenkrise« bleibt im aufgeregten Alarmismus blass und unkonkret, sie erschöpfte sich in Apellen, sich um die armen Jungen zu kümmern. Aber wie? Was brauchen Jungen in und von der Schule für ihr Männlichsein? Was nützt und hilft ihnen, damit sie Schule gut bewältigen können? Was können Lehrerinnen und Lehrer dazu beitragen?

Nach den Symptomen müssen heute stärker die Ursachen für Unterschiede in der Schule fachlich in den Blick genommen werden, die Jungen als benachteiligt oder als Verlierer dastehen lassen. Und es ist an der Zeit, Ansätze und Maßnahmen zu entwickeln, die es Jungen ermöglichen, aufzuholen und ihre Bildungschancen besser zu nutzen. In diesem Buch geht es um den ganzen Horizont: Um Symptome, Ursachen, konkrete Lösungsideen und um praktische Ansätze fürs Gelingen.

Unerreichte Jungen

Hinweise auf Entwicklungsbedarf kommen nicht nur von Medien und Forschung, sondern auch von Jungen selbst. Es gibt Anzeichen für Beziehungsstörungen zwischen Lehrkräften und Jungen; an vielen Stellen hat es den Anschein, als ob Schule Jungen nicht oder schlechter erreichen kann. Viele erleben Schule so, dass das, was sie interessiert und ihnen Spaß macht, im Lehrplan nicht auftaucht oder in der Schule verboten ist. Schulische Bildung wurde immer stärker akademisch ausgerichtet, verbales und kognitives Lernen (Kopfbildung) dominiert, Handlungslernen mit allen Sinnen findet sich nur sehr reduziert; unter hohem Leistungsdruck geht es vor allem ums Funktionieren, denn Störungen bremsen nur; Beziehungen zu anderen Schülern und zu Lehrkräften sollen harmonisch sein, Konflikte behindern oder müssen stets verbal bewältigt, ausgeglichen und mediatisiert werden. Diese Art von Schule wirkt kontrolliert, artig und gezähmt – und in vielen Jungenaugen deshalb langweilig, unmännlich und leblos.

Um Schülern gerecht zu werden, muss gefragt werden, wo und wie sich Schule dort ändern kann, wo sie (die Schule!) Probleme mit Jungen hat, wo Jungen durch Schule unter Stress kommen und wo Schule daran beteiligt ist, den Jungen Schwierigkeiten zu bereiten. Umgekehrt bleibt die Schule in ihrem Blick auf Jungen häufig in Defizitzuschreibungen und im Aufzählen von Mängeln hängen, ohne nach den Ursachen zu fragen.

Probleme von und mit Jungen müssen vom Männlichen her entschlüsselt und angegangen werden. Aber Männlichsein wird in der Pädagogik wie eine unheilbare Krankheit behandelt: Oh je, die Jungen haben Männlichkeit, wirklich schlimm, da können wir nichts machen und hoffentlich stecken sie die Jüngeren nicht an! Mit so einer Haltung wird unterschlagen, dass die Schule als neben der Familie wichtigste Lebenswelt der Jungen entscheidend mitbeteiligt ist an der Männlichkeitsbildung der Jungen, an den Formen und Variationen, wie Jungen sich männlich erfahren und auch zeigen wollen.

Jungen kommen in die Schule, wie sie sind. Sie haben das Recht, in ihrem So-sein ernst- und angenommen zu werden.

Schule hat neben dem Bildungs- auch einen Erziehungsauftrag. Lehrerinnen und Lehrer sind nicht nur fürs Lernen, sondern auch für die Persönlichkeitsentwicklung von Kindern und Jugendlichen mitverantwortlich, wozu gerade in der Jugendphase auch das Geschlecht gehört. Damit Jungen Schule gut schaffen, können Probleme von und mit Jungen ein guter Anlass sein, in einem Zug auch die Geschlechterbildung von Jungen neu zu denken.

Davon ist derzeit nur wenig zu sehen. Die Jungen-Schul-Debatte kreist bevorzugt um Leistungsfragen (vgl. z. B. Hurrelmann/Schultz 2012; Hadjahr 2011; VBW 2009); Kriterien sind dabei z. B. die prozentuale Verteilung auf Schularten, Notendurchschnitte, Versetzungsquoten oder das »Underachievement« von Jungen. Mal klagend und bedauernd, mal vorwurfsvoll wird die Problemlage »Jungen« anhand statistischer Geschlechtsunterschiede betrachtet. Die Jungenproblematik wird reduziert auf die Frage, ob es Jungen schaffen und genügend Leistung bringen, ob Jungen mithalten können oder ob sie – insbesondere im Vergleich mit Mädchen – die Verlierer sein werden.

Das sind ohne Zweifel auch wichtige Perspektiven. Eine Priorisierung von Leistungsaspekten bestätigt jedoch unterschwellig traditionelle Geschlechterbilder. Sie setzen Männlichsein mit hohem Einsatz und Erfolg gleich und verbinden sich mit der sozialen Erwartung, ein Mann müsse Karriere machen und eine Familie ernähren können. Dabei geraten die Jungen selbst mit ihren Befindlichkeiten aus dem Blick und können deshalb immer schwerer erreicht werden. Wo sich die Auseinandersetzung auf der Oberfläche von Phänomenen, Zuschreibungen und Erwartungen bewegt, können Jungen weder auf Verständnis, noch auf Unterstützung hoffen. Sie werden zu Objekten degradiert – und verhalten sich oft entsprechend.

Aber sind es wirklich nur die Jungen, die Lehrerinnen und Lehrern das Leben schwer machen? Nein, es gibt – wenn auch in deutlich geringerer Zahl – genauso Mädchen, die anstrengend sind, sich nicht an Regeln halten wollen, den Unterricht stören, gewalttätig werden oder Probleme mit dem Lernen entwickeln; »Mädchen und Schule« ist ein eigenes Thema, das gleichwertig neben der Jungenfrage steht. Über die Beschäftigung mit Jungen stellen sich indirekt auch Fragen in Bezug auf Mädchen, aber es kommen auch allgemeine Themen der Schulentwicklung in den Blick. Insofern hat die Jungenproblematik eine doppelte Indikatorfunktion, indem sie auf Mädchen- und auf allgemeine Themen der Schulentwicklung aufmerksam macht.

Zu diesem Buch

In diesem Buch wird ein breiterer Ansatz verfolgt, der die Bandbreite der Jungenproblematik in der Schule aufzeigt und daraufhin Veränderungsvorschläge entwickelt. Ich orientiere, konzentriere und beziehe mich vor allem auf die schulische Praxis. Zwar ist es auch notwendig, Verhaltensweisen von Jungen aus dem Männlichen heraus zu erklären, das Männliche von Jungen zu verstehen, um daraus Ideen und Vorschläge für Schulen bzw. für Lehrkräfte abzuleiten. Dies geschieht aber immer mit dem Ziel, der Praxis zu nützen: den Beziehungen, pädagogischen Ansätzen und Verhaltensweisen in der Schule.

In diesem Buch interessieren uns die Jungen. Gleichwohl halte ich es für ebenso wichtig, sich explizit mit dem Thema Mädchen und Schule zu befassen wie auch weitere Geschlechtsvarianten in den fachlichen Blick zu bekommen, und die Schulpraxis darauf auszurichten.

Schule ist eine vielschichtige und sehr unterschiedliche Angelegenheit. In diesem System verschiedenster Einflussgrößen und Wirkfaktoren lässt sich nicht ein einzelner Aspekt herausgreifen, um eine Lösung des Jungen-und-Schule-Problems abzuleiten, die dann auch noch für alle Jungen stimmt und passt. Einfache Lösungen für komplexe Probleme sind nicht ohne Grund verdächtig. So wenig wie es *die* Jungen gibt, finden sich *die* Eltern, *die* Schule, *die* Lehrerinnen und Lehrer. Am Ende ist immer alles speziell und individuell. Patentlösungen und Rezepte kann es nicht geben.

Wo in Schulen mit Jungen geschlechtsbezogen professionell gearbeitet wird, verhalten sich diese meist kooperativer, konstruktiver und weniger auffällig. Selbstredend verschwinden durch qualifizierte Jungenpädagogik Probleme von und mit Jungen nicht einfach. Aber die Unterstützung bei der Bewältigung wird dadurch besser und effizienter, das Klima verbessert sich. Deshalb kommt gerade mit Blick auf die Praxis der Qualifizierung von Menschen eine hohe Bedeutung zu, die mit Jungen arbeiten oder die für diese Arbeit verantwortlich sind. Das Buch will dazu einen Beitrag leisten.

Lesen Sie dieses Buch bitte mit gesundem Misstrauen und wählen Sie das aus, was für Sie, Ihre Schule und die Jungen passt, mit denen Sie es zu tun haben.

Die Idee für dieses Buch und die Entwicklung der Inhalte entstanden in einem mehrjährigen Prozess in Zusammenarbeit mit zahlreichen Lehrerinnen, Lehrern und Schulleitungen, in der Begleitung von Schulen und Schulträgern, in Qualifizierungen, Coachings, pädagogischen Tagen und fachlichen Weiterbildungen sowie in der praktischen Arbeit mit Jungen in Schulen. Die Fragen und thematischen Interessen, die Ideen und praktischen Umsetzungsversuche bilden die Grundlage für dieses Buch und die Vorschläge für Lehrerinnen und Lehrer.

In meiner Arbeit in vielen Schulen im deutschsprachigen Raum und in sämtlichen Schulformen habe ich erlebt, dass es tatsächlich nicht wenige Lehrerinnen und Lehrer gibt, die gut mit Jungen klar kommen (und die Jungen mit ihnen). Auch von ihnen konnte ich vieles abschauen und konzeptionell fassen. Schließlich bilden zahlreiche Gespräche mit Lehrerinnen und Lehrern im Zusammenhang mit Jungen in ihren Schulen, die Beratung von Müttern und Vätern von Jungen und meine Arbeit mit »schwierigen« Jungen im schulischen Kontext eine weitere Grundlage für dieses Buch.

Ich bin selbst kein Lehrer, sondern Diplompädagoge; wer nicht aus dem »eigenen Stall« kommt, wer nicht jahrzehntelang die harte Praxis des Schulalltags bewältigt und sich vor Schülern behauptet hat, wird von Lehrkräften oft skeptisch betrachtet, wenn er etwas über die Schule sagt. Diese kritische Perspektive ist oft richtig und wichtig. Umgekehrt beinhaltet der Blick von außen eine eigene Qualität, weil die Gefahr der Betriebsblindheit nicht so groß ist und Selbstverständlichkeiten eher hinterfragt werden können.

Meine Qualifikation fürs Thema ist gleichwohl speziell: Seit über 30 Jahren befasse ich mich mit Jungen und ihrer Entwicklung, nicht nur, aber auch in der Schule. Auch heute noch sammle ich Erfahrungen in der praktischen Arbeit mit Jungen in Schulen, in Beratungen und in der Jugendhilfe. Zudem forsche ich wissenschaftlich über Jungen und qualifiziere und berate Fachkräfte, die mit Jungen arbeiten; darunter sind häufig Lehrerinnen und Lehrer, wodurch sich deren Erfahrungen vergleichen, verdichten und aufschließen lassen. Immer wieder beauftragen mich Schulen und Schulträger, um gemeinsam die Situation von Jungen in der Schule zu verbessern, um Schule mehr auf Jungen auszurichten. Nicht zuletzt war und bin ich Vater einer Tochter und eines Sohnes, den ich durch seine Schulkarriere begleiten durfte (und damit selbst indirekt »Betroffener«).

Inhalt und Struktur des Buchs

In den beiden ersten Kapiteln des Buchs stehen die Symptome im Vordergrund, die Anlass für Sorgen um Jungen in der Schule geben, sowie Hintergrundanalysen zu deren Ursachen: Wie erklärt es sich, dass Jungen es heute in der Schule schwer(er) haben? Warum werden sie von vielen Lehrkräften als Herausforderung erlebt? Im dritten Teil stehen – als eine zentrale Lösungsspur – die Beziehungen, Beziehungsqualitäten und -störungen zwischen Lehrkräften und Jungen im Mittelpunkt. Im vierten Teil werden Vorschläge für eine Veränderung der Schulwirklichkeit, für eine zeitgemäße »Jungenbildung« in der Schule entwickelt: ausgehend von der für Jungen wichtigen Klarheit, über das häufig monierte starke Bewegungsbedürfnis vieler Jungen, ihre Lust am Kämpfen, regelwidriges Verhalten bis zur Handlungsorientierung. Gleichaltrigenbeziehungen sowie strukturelle Themen werden wie Lernformen und Stile, Motivation und schließlich »Männlichkeitsbildung« in den Blick genommen.

Das Buch schließt im fünften Kapitel mit praktischen Spielen, Übungen und Aufgaben aus der schulischen Jungenpädagogik. Ich habe lange gezögert bei der Frage, ob es angebracht ist, praktische Übungen aufzuschreiben und darzustellen. Denn schnell entsteht der Eindruck, das seien die typischen, spezielle oder besonders erfolgreiche Methoden und nur dies sei Jungenpädagogik. Trotz Skepsis habe ich mit dazu entschieden, vor allem weil ich nach Weiterbildungen für Lehrerinnen und Lehrer häufig gefragt werde, ob es das Ganze, sowohl die theoretischen und konzeptionellen Inputs wie auch die Spiele und Übungen, nicht auch zum Nachlesen gäbe.

Die Beschreibungen wurden mit Symbolen versehen, um sie schneller und leichter zuordnen zu können. Im Kapitel 5.1 geht es ums Kennenlernen, dafür steht die Lupe. Spiele und Übungen zum Thema Bewegung finden sich im Kapitel 5.2, ein Zahnrad ist hier das Symbol, während im Kapitel 5.3 Beziehungen im Mittelpunkt stehen, die mit einem Männchen markiert wurden. Ein Pfeil im Kapitel 5.4 verweist auf das Thema Kämpfen, das Häkchen im Kapitel 5.5 auf Entspannung, und die Gedankenblase schließlich auf die Männlichkeitsbildung im Kapitel 5.6.

1 Bedenkliche Symptome

Dafür, dass Jungen fachlich in den Blick genommen werden, gibt es gute Gründe: Jungen werden im Geschlechtervergleich häufiger als Problemträger identifiziert, sie tragen einen guten Teil dazu bei, dass Lehrkräfte die Arbeit in der Schule als anstrengend, heraus- oder sogar überfordernd erleben. Große Dramen und Exzesse sind zwar selten, wie sie sich etwa vor einigen Jahren in der Rütli-Schule in Berlin abgespielt haben. Dennoch fordert der Alltag mit vielen Jungen in der Schule Lehrkräfte heraus und bringt manche an ihre Grenzen. Sorgen um Jungen sind genauso berechtigt wie um die Lehrerinnen und Lehrer, die mit ihnen arbeiten.

Dass es in vielen Bereichen in der Schule Unterschiede zwischen Jungen und Mädchen gibt, gehört sowohl zum Alltagswissen, wie es auch durch Studien belegt ist. Ein Teil der Unterschiede zwischen Jungen und Mädchen, die sich in Untersuchungen als Mittelwerte abbilden, ist nur klein, meist ist die Vielfalt unter Jungen größer, als der Vergleich des Durchschnitts zwischen Mädchen und Jungen. Dennoch gibt es Trends und Tendenzen, die auf Entwicklungspotenziale oder Förderbedürfnisse hinweisen, und die vielleicht als ein Mosaikstein neben anderen bedeutsam sind. Meistens ist bei diesen Unterschieden ungeklärt, ob nach den Tendenzen Jungen »so sind« oder ob sie »so geworden« sind: also ob die Tendenzen genetisch angelegt sind oder biografisch erworben und gelernt wurden.

1.1 Jungen und Schule: Daten und Fakten

Wenn ich neu in eine Schule komme, frage ich oft: Wie ist es denn bei Ihnen, wenn Sie im Lehrerzimmer über Schüler reden, wie groß ist denn der Anteil der Jungen? Immer liegt diese Quote weit über den Mädchen: bei 75 Prozent, meistens bei 80 Prozent oder 90 Prozent. Jungen machen in der Schule Probleme, was an Störungen, Regelverletzungen, an ihrem auch bewegungsfreudigen, »wilden«, verbal-prahlerischen oder kampfeslustigen Verhalten auffällig wird, aber auch an der Wiederholerquote oder bei den Noten; Jungen sind im Durchschnitt während des Unterrichts weniger aufmerksam; Störungen gehen mehr von Jungen aus als von Mädchen, das gilt auch bei Vorfällen außerhalb des Klassenzimmers. Und auch bei Extremen wie der totalen Schulverweigerung sind überwiegend Jungen vertreten (es gibt keine exakte Statistik, geschätzt sind etwa zwei Drittel aller Schulverweigerer männlich).

Achtung, Stereotypenalarm! Geschlechtervergleiche sind immer mit Vorsicht zu behandeln, weil die Informationen die Wahrnehmung beeinflussen. Damit schaffen sie erst die Wirklichkeit, die sie abzubilden vorgeben. Sie können das Denken in Stereotypen verfestigen und fördern die selektive Wahrnehmung!

Neben solchen eher qualitativen Wahrnehmungen in Schulen gibt es eine ganze Reihe harter Fakten und belastbare Daten, die darauf hindeuten, dass es mit Jungen in der Schule oft gar nicht so gut läuft:

- Bildungsstatistiken belegen seit Jahren den schlechteren Schulerfolg von Jungen. Am Ende (Zahlen: 2015) verlassen 5 Prozent der Jungen, aber nur 3 Prozent der Mädchen die Schule ohne Abschluss. Mit einem Hauptschulzeugnis beenden 14 Prozent der Jungen ihre Schulkarriere, aber nur 10 Prozent der Mädchen. Bei den Realschulabschlüssen liegen Mädchen und Jungen etwa gleichauf. Aber die Abiturquote von Mädchen ist seit 1981 höher als bei Jungen. Fast ein Drittel aller Mädchen (31,8 Prozent) die 2015 die Schule verlassen haben, hatte die allgemeine Hochschulreife; bei den Jungen ist es nur knapp über einem Viertel (25,6 Prozent).
  Während ihrer Schulkarriere werden Jungen mehr »abgeschult«, das bedeutet, dass sie eine Schule mit einem höheren Bildungsziel verlassen müssen. In Hamburg z.B. sind zwei Drittel aller Schüler, die am Ende von Klasse sechs das Gymnasium verlassen müssen, Jungen.
  Auch wenn sie das Abitur schaffen, zeigen sich bei den Noten Unterschiede. In Nordrhein-Westfalen (keine bundesweite Erhebung nach Geschlechtern) lagen z.B. im Jahr 2015 nicht einmal ein Fünftel (19,3 Prozent) der Jungen im Einserbereich (1,0 bis 1,9), aber ein Viertel der Mädchen (25,1 Prozent). Während der Zweierbereich relativ ausgeglichen ist, führen im Dreierbereich jedoch die Jungen mit 30,0 Prozent, während nur 22,5 Prozent der Mädchen in diesem Feld lagen.
- Jungen sind oft »später dran« als Mädchen, sie scheinen sich im Durchschnitt langsamer zu entwickeln, vor allem sprachlich. Das wurde in Kindergartenstudien belegt und verlängert sich am Übergang in die Schule. Mädchen werden häufiger als Jungen vorzeitig eingeschult; umgekehrt werden Jungen in der Schuleingangsphase mehr zurückgestellt. Kinder mit intensivem Sprachförderbedarf sind häufiger Jungen, was z.B. schon bei Einschulungsuntersuchungen festgestellt wird.
- Lesekompetenz gilt unter Schulforschern als wichtige Schlüsselqualifikation für den weiteren schulischen Erfolg und Chancen am Arbeitsmarkt. In Deutschland sind die Geschlechterunterschiede bei den schulischen Leistungen im Vergleich zu anderen Ländern relativ hoch, vor allem beim Lesen. Die Studien belegen immer wieder, dass Jungen in der Lesekompetenz schlechter abschneiden als Mädchen: In der aktuellen PISA-Studie aus dem Jahr 2015 wurde bei Mädchen wieder eine deutlich höhere Lesekompetenz gemessen (520 Punkte) als bei Jungen (499 Punkte); mehr Mädchen als Jungen wurden als besonders lesestark getestet, dagegen ist der Anteil der Jungen bei den leseschwachen Schülern höher.
- Werden Leistungsfragen zunehmend häufiger und regelmäßig untersucht, ist dies für die Einstellung zur Schule und in Bezug auf das Wohlbefinden in der Schule ungleich weniger der Fall. Eine ganze Reihe von Daten belegt, dass Jungen sich in der Schule weniger wohl und aufgehoben fühlen als Mädchen, die Geschlechterunterschiede sind in diesen Statistiken oft noch gravierender: Jungen fühlen sich in der Schule offenbar viel weniger wohl als Mädchen. Nach der IGLU-Studie (Bos u.a.

2005) fühlt sich ein Fünftel der Viertklässler-Jungen in der Grundschule überhaupt nicht wohl (aber nur 7,7 Prozent der Mädchen).
Ähnliche Hinweise finden sich auch in Bezug auf weiterführende Schulen. Auf die Frage »Wie gefällt es dir derzeit in der Schule« antworten Jungen in der Evaluation eines Modellprojekts durchgängig negativer als Mädchen (Bilz u.a. 2007, S. 38). In der neunten Klasse gefällt es einem Viertel der Jungen in der Schule nicht oder überhaupt nicht.
In einer Studie zum Wohlbefinden in der Schule in der Klassenstufe acht (Hascher/Hagenauer 2011) wird festgestellt, dass Jungen in vielen Bereichen deutlich belastet sind. In den Dimensionen »Freude in der Schule«, »positive Einstellung zur Schule«, »Selbstwert«, »Sorgen« und auch »körperliche Beschwerden« geben Jungen teils erheblich schlechtere Werte an als Mädchen. Lediglich im Bereich »soziale Probleme« scheinen Jungen weniger belastet.
So betrachtet ist es kein Wunder, dass viele Jungen nicht gerne in die Schule gehen. Der Unterschied zwischen Mädchen und Jungen ist hier erheblich: Der Aussage »Ich gehe gerne in die Schule« stimmt nicht einmal ein Drittel (31,8 Prozent) der Jungen stark zu (aber 45 Prozent der Mädchen); dagegen sagt jeder fünfte Junge (20,4 Prozent), dass dieser Satz für ihn überhaupt nicht stimme (aber nur rund 8 Prozent der Mädchen) (IGLU-Daten, Bos u.a. 2005, S. 194).

- In Jungenaugen wird Schule oft als nicht so wichtig bewertet; Schule hat bei Jungen oft kein so gutes Image. Das heißt nicht, dass Jungen Schule generell ablehnen, etwa mit der Behauptung Schule sei »reine Zeitverschwendung«: Immerhin 85 Prozent der Jungen lehnen diese Aussage völlig ab, aber 94 Prozent der Mädchen. Aber viele Jungen hängen die Bedeutung der Schule nicht so hoch oder sie werten die Schule pauschal ab – Gründe dafür, warum Jungen sich für die Schule nicht so sehr anstrengen und weniger Zeit dafür einsetzen.
  Diese Bewertung schlägt sich im Engagement für die Schule nieder, z.B. bei den Hausaufgaben: Jungen nehmen sich im Durchschnitt 3,8 Stunden Zeit für Hausaufgaben – Mädchen 5,5. Unterschiede finden sich auch bei den Leistungen – symptomatisch: deutlich mehr Jungen als Mädchen müssen eine Klasse wiederholen (wo es das noch gibt).

In vielen Schulen werden diese und weitere Probleme der Jungen und mit Jungen immer wieder angesprochen, z.B. zu ihrem Verhalten, zur Disziplin oder zu ihrer Ordnung. So könnte tatsächlich der Eindruck entstehen, Jungen seien benachteiligt, die Bildungsverlierer der Nation. Aber stimmt das denn so?

1.2 Jungen, die Bildungsverlierer?

Die Perspektive auf Mädchen und Jungen hat sich in den vergangenen zwanzig, dreißig Jahren deutlich gewandelt. Mit veränderten Geschlechterbildern und -verhältnissen wird Männliches heute eher kritisch betrachtet. Galten bis dahin Mädchen als benachteiligt und förderungswürdig, wandelt sich nun das Bild und Probleme oder Defizite vieler Jungen rücken in den Vordergrund.

Einerseits ist das konsequent, denn die Befunde sind durchaus besorgniserregend. Andererseits zeigt das Problematisieren Nebenwirkungen. Je mehr Jungen als Problemträger benannt werden, desto stärker wirkt die selektive Wahrnehmung, die Bekanntes bestätigt. Dabei geraten durchschnittlich kompetente und gut entwickelte Jungen aus dem Blick, Jungen werden insgesamt problematisiert. Das wiederum stört eine offene und produktive Beziehung zu ihnen, was auf Jungen zurückwirken kann: etwa dass sie sich in der Schule nicht so recht wohl fühlen oder in dem Eindruck, sie werden weniger gemocht und gegenüber Mädchen benachteiligt.

Damit aber nicht genug. Denn die Darstellung von Jungen als »Schulversager« oder als »Bildungsverlierer« zeigt bei ihnen selbst Wirkung und verfestigt sich als Klischee im Selbstbild. Die Zuschreibung kann dazu beitragen, dass Jungen sich noch mehr von Schule distanzieren. Viele vertreten bereits im frühen Grundschulalter die Meinung, Jungen seien schlechtere Schüler und die Erwachsenen sähen das genauso. Und die schlechte Meinung bleibt stabil: Werden Jugendliche befragt, dann schreiben sie Jungen im Zusammenhang mit Schule deutlich mehr negative Eigenschaften zu als Mädchen, die schulbezogen überwiegend positiv charakterisiert werden.

Zuschreibungen wirken sich handfest aus: Versuche haben gezeigt, dass Jungen dann schlechtere Noten als Mädchen erzielen, wenn sie die Information erhalten, dass Jungen weniger gute Schüler seien. Umgekehrt verbessert sich die Leistung der Jungen, wenn vor dem Test betont wird, Jungen und Mädchen könnten gleichermaßen gute Noten schreiben. Wem unterstellt wird, er sei – etwa wegen seines Geschlechts – gar nicht in der Lage, den schulischen Erwartungen zu genügen, der wird sich dementsprechend verhalten. Vorurteile sind selbsterfüllende Vorhersagen: sie sind eine Ursache für schlechtere Leistungen, nicht (nur) das Ergebnis.

1.3 Fehlende Aussichten

Das Gerede von den armen, bildungsbenachteiligten Jungen und von der Jungenkrise stürzt Jungen geradewegs in sie hinein!

Werden auf der einen Seite Jungen als Verlierer stilisiert, fehlt es gleichermaßen auf der anderen an tragenden, positiven Perspektiven für Jungen. So, wie seit einigen Jahren Geschlechterfragen gesellschaftlich thematisiert werden, wird Jungen indirekt ihre Überflüssigkeit vermittelt: Vereinbarkeit von Berufstätigkeit und Muttersein, mehr Frauen als Führungskräfte (sogar durch Quoten gestützt), mehr Mädchen in MINT-Fächer, mehr Frauen in technische Berufe, mehr Frauen als Existenzgründerinnen usw. Das sind ohne Frage wichtige Themen, nur lautet die subtile Botschaft in Jungen- und Männerohren, dass sie nicht gefragt seien. Aber auch konkret, im Schulalltag weist einiges darauf hin, dass auf Bedürfnisse vieler Jungen zu wenig eingegangen wird, etwa nach Bewegung, Handeln oder lebhaften Konflikten. Das wirkt sich auf die Motivation von Jungen und auf ihre Identifikation mit schulischem Lernen aus.

Lehrkräfte sind aber keine Jungenhasser, die Jungen ihr Männliches austreiben wollten, wie in der zugespitzten Diskussion von jungenbewegten Männerrechtlern bisweilen behauptet wird. Die Situation von Jungen in der Schule als Verbot von Männlichsein zu deuten ist unangemessen und aufstachelnd, sie schafft Frontstellungen und produziert Feindbilder. Zudem werden damit traditionelle und beschränkte Bilder von Männlichkeit bedient; die Vielfalt des Männlichen, die sich bei Jungen zeigt, wird eingedampft, die Grundperspektive ist rückwärtsgewandt: Sie suggeriert, dass es etwas gäbe, was alle Jungen verbindet – eindimensionale männliche Interessen – und dass bösartige Mächte es Jungen verbieten würden, dieses naturwüchsig Maskuline zu leben. Das ist populistischer Unsinn, eine Verschwörungstheorie, hinter der ein traditionelles, statisches Bild des Männlichen steht.

Was Jungen heute dennoch häufig fehlt, was ihnen auch in der Schule zu wenig geboten wird, sind positive Perspektiven für ihr Männlichsein, die es ihnen erlauben, Hoffnung zu entwickeln. Vielleicht geben deshalb viele Jungen auf, sobald es schwierig wird? Zuversicht kann Jungen motivieren, nicht Ängste vor dem Absturz.

> *»Ich glaube nicht daran, dass die Angst vor dem Verlieren dich eher zum Sieger macht als die Lust aufs Gewinnen.«*
>
> *(Jürgen Klopp, Volksbank Cloppenburg 2012)*

Hoffnung wirkt als sich selbst erfüllende Vorhersage: Wer vor Augen hat, dass etwas gelingt oder gut ausgehen wird, setzt Kräfte frei und sich dafür ein, das Ziel zu erreichen. Hoffnung ist etwas Mächtiges, das Jungen durch den Stempel als Bildungsverlierer und durch fehlende Perspektiven auf ein gelingendes Mannsein genommen wird. Es wird Zeit, dass Lehrkräfte sich bewusst auf die andere Seite schlagen mit dem Ziel, und Jungen die Zuversicht zu vermitteln, dass sie die Schule gut schaffen können: auch und gerade als Jungen.

2 Jungen männlich bilden

Wenn sich Jungen explizit »männlich« inszenieren, wird das in der Schule meistens nicht so gerne gesehen. Ihre Männlichkeitsexperimente werden kritisch wahrgenommen und abwertend kommentiert: »Machos«, »Macker«, »kleine Paschas«; die »mit Männlichkeit protzen«, sich »sexistisch« verhalten, »immer die Nummer eins sein wollen« oder Dominanzstreben zeigen. Männlichkeitskritik ist gewiss bisweilen notwendig. Aber »männliches« Verhalten von Jungen verweist auch auf Themen, die sie beschäftigen und auf Bildungsinteressen, die sie gerne befriedigen würden. Solange in der Schule nur kritisch reagiert wird und keine Alternativen angeboten werden, sind Jungen auf die oft schlichten Angebote von Gleichaltrigen, aus den Medien und aus kommerziellen Welten angewiesen. Daraus lässt sich ein Auftrag ableiten, Jungen in der Schule aus ihrem Geschlechtlichsein heraus zu verstehen, sie aktiv geschlechtsbezogen zu bilden und nicht nur die schlimmsten Auswüchse zu bekämpfen.

Jungen sind individuell verschieden, etwa in ihrem Temperament und Charakter, in ihren Erfahrungen, wie sie der Welt begegnen oder in dem, was für sie gerade bedeutsam ist. Als Schüler ist bei Jungen vieles gleich wie bei Mädchen, Menschen sind ja glücklicherweise nicht nur Geschlecht. Jungen unterscheiden sich untereinander, auch in ihren Vorstellungen über Männliches. Männlichkeitsfragen stellen zwar einen wirksamen Einfluss dar, allerdings finden sich noch zahlreiche weitere Faktoren, die für ihre Einstellungen oder ihr Verhalten wichtiger sein können: zum Beispiel ihr Alter und ihre Lebensphase, ihre Generation, das soziale Milieu, ihre ethnisch-nationale Herkunft oder Religion, die Vater- und Muttersprache der Eltern, ihre Geschwisterposition und -zahl usw. In vielen Bereichen unterscheiden sich Mädchen und Jungen, allerdings meistens in Trends und Tendenzen, bei denen es auch Überschneidungen gibt, wie z. B. rauflustige Mädchen und zarte oder zurückhaltende Jungen.

Bedürfnisse von Jungen zu benennen, die Dynamik unter ihnen zu verstehen und zu akzeptieren führt häufig zu einem Kurzschluss, bei dem sich Männlichkeitsbilder und selektive Wahrnehmungen paaren: Jungen und der Umgang mit ihnen wird dann stereotyp reduziert, z. B. auf lautes oder robustes, auf sexualisiertes oder wettbewerbsorientiertes Verhalten. Aus diesem Eindruck bildet sich ein Kreislauf, der eine enge, ausschnitthafte Perspektive bestätigt. Werden Tendenzen als Unterschiede hervorgehoben, sind Verallgemeinerungen leicht zur Hand: »Die« Jungen sind »alle« laut oder wild – eine falsche Beschreibung und geschlechtsbezogene Verengung. Selbst wenn z. B. viele Jungen Lust am Kämpfen haben ist es ja ohne weiteres möglich, ohne Raufen männlich und ein Junge zu sein.

Assoziationsübung: »Kind A und Kind B« im Vergleich	
Kind A ist im Unterricht ruhig, aufmerksam und konzentriert, passt auf, beteiligt sich, ist rücksichtsvoll, freundlich zu den Lehrkräften und kooperativ mit anderen Kindern, Konflikte werden verbal gelöst	*Kind B* ist im Unterricht unruhig und stört, ist laut, wird öfters mal frech, vergisst Hausaufgaben oder Schulsachen, bei Konflikten mit anderen Kindern wird es schnell laut und heftig, es kommt auch mal zum Körpereinsatz
Welches Geschlecht würden Sie diesen fiktiven Kindern zuschreiben? Was denken Sie: Welches Kind unterrichten Lehrkräfte lieber?	

Vergleiche von Mädchen und Jungen lenken den Blick auf strukturelle Aspekte, die jenseits von Individuen, Einzelbiografie oder Charakter liegen: auf Verbindendes im Männlichen, im Jungesein oder auf Bedürfnissen von Jungen, die damit zu tun haben. Auf Jungen wird z. B. anders reagiert, mit ihnen wird knapper kommuniziert, in sie wird mehr investiert (z. B. wird für Spielsachen oder Sportequipment mehr ausgegeben) und in der Tendenz werden bei Jungen die elterlichen Zügel etwas lockerer gelassen, von ihnen wird weniger gefordert, sie werden weniger kontrolliert; ganz gravierend sind die Unterschiede in der Mediennutzung, besonders beim Gamen (on- oder offline, Computer- und Konsolenspiele wie »Fifa«, »World of Warcraft« oder »Counter Strike«).

Aber wieso ist das so, woher kommt das? Unterschiede fallen nicht vom Himmel, sie lassen sich erklären, in unserem Fall mit dem Männlichen der Jungen.

2.1 Jungen vom Männlichen her erklärt

In diesem Buch geht es um Jungen – aber was genau ist das eigentlich? Jungen – so die allgemeine Definition – sind Menschen, die sich in Kindheit und Jugend befinden und zum männlichen Geschlecht gehören. Generell grenzen also drei essenzielle Merkmale den Begriff »Junge« ab:

- Jungen gehören zu einer Gattung, es sind Menschen. Das ist zweifach von Bedeutung: Als Menschen unterscheiden wir uns, alle Jungen sind auch Individuen und damit verschieden, »die« Jungen als homogene Gruppe gibt es so gesehen nicht. Und weil Mädchen ebenfalls Menschen sind gibt es vieles, was gleich ist, also etwa von den Fähigkeiten oder Möglichkeiten her gesehen. Bei vielen der Unterschiede handelt es sich um Tendenzen, die wichtig genommen, aber auch nicht überbetont oder dramatisiert werden sollten.
- Jungen befinden sich in einer bestimmten Lebensphase: in »Kindheit« oder »Jugend«. Sie sind also noch nicht fertig entwickelt, auch in Bezug auf ihr Jungesein und Mannwerden. Diese geschlechtliche Entwicklung zu begleiten und zu unterstützen ist auch eine Aufgabe der Schule.
- Schließlich haben Jungen ein Geschlecht: Sie sind männlich. Was genau das Männliche ist, wo es herkommt und wohin es führt, darüber wird seit Menschengedenken

gestritten. Abschließende Aussagen sind nicht möglich, die Geschlechterforschung entwickelt sich wie die Gesellschaft ständig weiter – aber die Frage bildet den roten Faden, wie sich das Männliche in der Schule auswirkt und welche Antworten Jungen auf ihr Männlichsein brauchen.

Neuere Gendertheorien betonen, dass Jungen keine homogene Gruppe darstellen, sondern höchst unterschiedlich sind; zudem sind Geschlechter nicht auf zwei Varianten beschränkt, auch wenn diese den Hauptteil der Menschen ausmachen. Es gibt zahlreiche Abwandlungen und Zwischengeschlechter, die nicht aus dem Blick geraten sollten, gerade wenn wir uns mit einem der beiden Mehrheitsgeschlechter befassen. In diesem Buch geht es jedoch um das eindeutig männliche Geschlecht von Kindern und Jugendlichen, um »Cis«-Jungen: das sind fachlich gesprochen solche Jungen, die körperlich, psychisch und sozial, sowohl nach dem Selbst-, wie auch nach dem Fremdbild als männliche Kinder und Jugendliche, also als »Jungen« bezeichnet werden.

Wer mit Bildungs- und Erziehungsprozessen befasst ist, interessiert sich für die Frage, wie Jungen männlich werden und wie das Männliche »in die Jungen kommt«. Drei Begründungs- und Argumentationskreise werden schon seit langem bemüht, um dies zu erklären: Jungen sind (1) männlich in und mit ihrem Körper, (2) durch ihre Psyche und gleichermaßen (3) durch gesellschaftliche Prägungen. Allerdings ist umstritten, welcher dieser Einflüsse wann welche Bedeutung hat, wie stark sich jede dieser Dimensionen auswirkt.

Strenge Theoriepuristen vertreten die Meinung, dass jeweils ein Faktor ausschlaggebend und wichtig sei (natürlich der des eigenen Fachgebiets). Aus den beiden anderen theoretischen Begründungsfeldern wird aber genau dasselbe behauptet und jeweils wissenschaftlich belegt. Deshalb kann angenommen werden, dass die drei Bereiche gemeinsam wirken. Ich vertrete mit anderen die Meinung, dass Geschlechter ein komplexes bio-psycho-soziales Geschehen sind, wobei die Wirkfaktoren nicht isoliert werden können.

Es handelt sich im Gegenteil um Wechselwirkungen zwischen Körper, Psyche und Gesellschaft, und das bedeutet: Jeder dieser Faktoren wirkt auf die beiden anderen und wird gleichzeitig von ihnen beeinflusst. Impulse aus der Körperlichkeit treten ebenso in eine Wechselwirkung mit psycho-sozialen und sozial-kulturellen Wirkungen, wie dies umgekehrt ebenso der Fall ist (dass also körperliche Impulse kulturell, also z. B. normativ überformt werden):

> *»Der ›biologische‹ Körper ist zwar konstruiert, aber dennoch nicht passives Einschreibungsprodukt, nicht Endprodukt diskursiver Akte, sondern er ist aktiv beteiligt an allen Entwicklungsprozessen.«*
>
> *(Schmitz 2012, S. 31)*

Alle drei Faktoren setzen Impulse und lassen Bedürfnisse entstehen, die Jungen in die Schule mitbringen. Gleichwohl kann ein einzelnes Verhalten nicht ausschließlich auf den einen oder anderen Einflussbereich zurückgeführt werden. So ist auch erklärbar, dass Geschlechter zwar identifiziert, aber nicht fixiert werden können. Die Wirklichkeit eines Geschlechts zeigt sich immer sehr vielseitig und fluid.

Mit jedem dieser drei Bereiche lassen sich Bücher füllen. Eine kleine Auswahl der Themen, die für die Jungenerziehung und -bildung nach meiner Erfahrung in Schulen bedeutsam sind, möchte ich hier in aller Kürze vorstellen.

Körperwirkungen

Das Geschlechtliche von Jungen ist zuerst im Körper entstanden und dort verankert. Jungen kommen auch leiblich in die Schule und bringen damit auch Impulse aus ihrem Körper und die darin eingeschriebenen Erfahrungen mit. Entgegen populären Vermutungen muss dabei betont werden, dass Jungen keine Testosteronmaschinen sind, deren Gehirne nur durch das Hormon gesteuert sind. Es ist eher so, dass es körperliche Impulse gibt, die aber vor allem vor dem Hintergrund der Erfahrung mit ihnen, ihrer Wirkung auf die männliche Identität sowie der Reaktionen der Umwelt auf sie wirksam werden. Drei wichtige Antriebs- oder Impulsbereiche können dem Körperlich-Männlichen zugeordnet werden (Hüther 2009; Maccoby 2000, Bischof-Köhler 2011): Handeln und Bewegung, Statusinteresse und mental-kommunikative Fokussierung.

Jungen tendieren mehr zu Bewegung, Aktivität und zum Tun, sie sind deshalb oft unruhiger, wenn nichts gemacht werden soll, oder impulsiver, wenn sich Handlungsmöglichkeiten bieten, sind stärker am Handeln orientiert, zeigen Erlebnislust und mehr experimentelles Problemlösen. Handeln und Bewegung werden dadurch zu Schlüsselthemen der Jungenbildung. Beim Spielverhalten bevorzugen Jungen u. a. toben, raufen, Mannschaftsspielarten (im deutschsprachigen Raum kommerziell und kulturell bedingt besonders Fußball). Grobmotorisch sind Jungen im Durchschnitt besser entwickelt als Mädchen, bei der Feinmotorik ist es umgekehrt. Auch dies sind Folgen von Erfahrungen im Jungenleben, ebenso wie räumlich-visuelle Fähigkeiten, bei denen Jungen etwas besser abschneiden.

Körperliche Impulse zur Positionsklärung entstehen vor allem im Kontakt zu Gleichaltrigen, besonders zu solchen desselben Geschlechts: Ein Junge sitzt ruhig und entspannt, ein anderer kommt hinzu, schnell kann dann ein Gerangel, ein Wettbewerb oder ein Kämpfchen entstehen. Das starke Interesse vieler Jungen am robusten Spiel, am »rough and tumble play« (Di Pietro 1981) kann (mit) körperlich inspiriert sein, auch wenn Jungen »als Körper« selbstverständlich nicht autonom oder automatisch funktionieren. Jungen wollen auf der Grundlage solcher Impulse und Erfahrungen wissen, wer welchen Rang innehat, wo sie selber stehen, ob sie ihre Position absichern oder verbessern können, ob sie von Abstieg bedroht sind, sich verteidigen müssen, ob sie mehr innen oder außen stehen

Viele Jungen sind in Einzel- oder in Gruppenbeziehungen an Status-, Positions- oder Rangfragen interessiert.

usw. Sie übernehmen dieses Thema aber auch in die Beziehung zu Erwachsenen und forcieren die Klärung, z. B. durch Provokationen, Regelverletzungen oder Disziplinprobleme. Am Interesse an Statuskonflikten lässt sich deshalb ein weiteres Thema der Jungenbildung identifizieren.

Besonders in Situationen der Statusbehauptung scheint sich auch das Gehirn durch seine Versorgung mit Testosteron zu fokussieren, das Wesentliche – Wettbewerb, Status, Konflikt, Kampf – wird in den Mittelpunkt gerückt, anderes wird ausgeblendet und weggefiltert. Auch diese Funktion geht in die Erfahrung des Gehirns über, Jungengehirne »sind« nicht so ausgerichtet, aber sie werden es, besonders dann, wenn die Jungen positive Erfahrungen von Spaß, Lust oder Erfolg damit verknüpfen. Vor allem in Statussituationen, tendenziell aber auch allgemein, reduziert der Junge seine Beziehung auch zu Erwachsenen, seine Kommunikation wird pointierter (z. B. kurze Aussagen oder Einwortsätze). Gleichzeitig erwartet sein Gehirn, dass die Botschaften von außen ähnlich konzentriert aufs Wesentliche formuliert werden. Im Redeschwall der Lehrkraft bei Regelverstößen können Jungen deshalb oft nicht erkennen, worum es eigentlich geht – sie interessiert vor allem: Kann ich mich durchsetzen oder nicht? So zeigt sich in den Formen der Beziehungen und der Kommunikation ein drittes Kerngebiet der Jungenbildung.

Ein weiterer körperlich-männlicher Einfluss ist der »Entwicklungsnachsprung« von Jungen. Er wirkt sich in der Kindheit (bis zum Ende Grundschule) durch eine gegenüber Mädchen verzögerte Reifung aus. Gehirne von Jungen entwickeln sich nach neurowissenschaftlichen Forschungsergebnissen langsamer als die von Mädchen; der präfrontale Cortex ist bei Jungen erst nach der vierten Klasse in seiner Funktion ausgereift; er ist u. a. für die Planung von Handlungen wichtig, um das Verhalten passend zur Situation auszurichten, eine Art innerer Schiedsrichter und Supervisor. Problematisch ist, dass in Schulen in diesem Alter anhand von Kriterien oder Kompetenzen selektiert wird, bei denen Jungen aufgrund der späteren Entwicklung benachteiligt sind.

Jungen entwickeln sich im Durchschnitt langsamer bzw. später als Mädchen.

Auch auf die Impuls- oder Inhibitionskontrolle wirkt sich der Entwicklungsnachsprung aus; Jungen sind länger auf stabilisierenden Halt und Orientierung von außen durch Erwachsene angewiesen. Leider interpretieren manche Eltern mangelhafte Impulskontrolle als Ausweis des Männlichen und stellen sich nicht eindeutig führend oder haltgebend dagegen. Jungen erhalten dann doppelte Botschaften, ihr Verhalten ist nicht ganz in Ordnung und gleichzeitig doch irgendwie toll. Dies kann dazu führen, dass eher die Impulsivität als erfolgreich in die Persönlichkeit übernommen wird, nicht die Kontrolle. Hier bereits scheinen Männlichkeitsbilder als weiterer Schlüsselbereich der Jungenbildung auf, weil sie sich auf die Beziehungen auswirken und u. a. den Erwerb von Impulskontrolle bremsen können.

Und auch beim Beginn der Pubertät sind Jungen im Durchschnitt ein bis zwei Jahre später dran, was die Entwicklungsschere der Jugendlichen weit öffnet: Mädchen sind Jungen ab der vierten Klasse körperlich, sozial und mental voraus; im Koedukationszwang müssen Jungen mit dieser Diskrepanz umgehen. Sie ziehen sich in die eigene Geschlechtergruppe zurück und kultivieren dort ihr Männliches weiter. Oft versuchen sie auch, Unterlegenheitsgefühle durch Aggression oder Abwertung auszugleichen, sie werden z.B. grob zu Mädchen und versuchen, sie zu beleidigen oder zu beschämen: Hilflose Versuche, eine zu nahe Zwangssituation zu bewältigen. Für die Jungenbildung bedeutet dies, Strukturen und die Organisation im Blick zu behalten, etwa in der Frage, ob, wann und wie es Jungen nützt, in geschlechtshomogenen Gruppen unterrichtet zu werden.

Psychische Entwicklungen

Die Entwicklung des Psychisch-Männlichen im Jungen, seine Geschlechtsidentität, ist ein komplexer Prozess, der hier nur sehr ausschnitthaft nachgezeichnet werden kann. Bedeutsam für die Jungenerziehung sind dabei vor allem die Faktoren, die sich auf die Beziehung auswirken. Die Ursprünge dafür finden sich in den ersten Bindungen, die uns hier nicht so sehr individuell interessieren – denn da sind sie eben sehr unterschiedlich – sondern mehr in ihrer strukturellen Einfärbung: Es geht ja um die Geschlechtsidentität und um die kollektiven Aspekte der Jungen.

Generell entsteht Identität durch zwei gegenläufige Erfahrungen und Beziehungsformen: Einerseits durch das Gleichsein, die Zugehörigkeit, das Gespiegeltwerden, die Erfahrung von Mitgefühl, das Ja; und andererseits durch Abgrenzung, Ausschluss, Anderssein, Unterschiedlichkeit, durch das Nein. Interessanterweise wird die entstehende Identität von Kindern, wenn sie beginnen, »Ich« zu sagen, in derselben Entwicklungsphase erkennbar, in der sie das »Nein« entdecken.

Durch das weibliche Geschlecht der Mutter und das männliche des Jungen erhält der Junge meistens einen etwas stärkeren psychischen Impuls in der Abgrenzung, im Nein. Denn noch bevor der Junge Geschlecht denken kann, signalisiert die Mutter: Ich bin weiblich, du bist männlich – wir sind verschieden, und bringt damit geschlechtliche Abgrenzung, ein Nein ins Spiel. Gut, wenn der Junge einen nahen Vater erlebt mit seiner Botschaft: »Ich bin männlich, du bist männlich – wir sind gleich«, weil dadurch das Beziehungs-Ja gestützt wird.

Aber allein biologisch, durch die Schwangerschaft und das Stillen, hat die Nähe der Mutter und damit ihr Abgrenzungsimpuls eine stärkere Bedeutung; und auch gesellschaftlich sind Jungen durch die Arbeitsteilung strukturell weniger mit dem Vater und damit mit dem Gleichsein versorgt. Diese Stärkung der Abgrenzungsseite muss sich nicht gravierend auswirken, kann aber beim Jungen mehr Energie in Richtung Konflikt und Selbstbehauptung senden, Harmoniewünsche dagegen schwächen: Ein Grund und eine Bestätigung dafür, dass Statusthemen und -fragen ein Schlüsselbereich der Jungenerziehung darstellen und dass die abgrenzende, konflikthafte Beziehung für Jungen auch mit Lehrkräften bedeutungsvoll ist.

PÄDAGOGIK

PÄDAGOGIK ist **die** pädagogische Fachzeitschrift

- praxisbezogen
- theoretisch fundiert
- für alle Fächer

3 Ausgaben im Probeabo für € 24,– testen!

Alle Abos inkl. Digital-Abo & Archivzugang

Infos & Preise:

- Telefon: 06201/6007-330
- medienservice@beltz.de
- www.beltz.de/paed-abo

BELTZ

NEWSLETTER

für Lehrerinnen und Lehrer

- Gratis Downloads von Materialien für Ihren Unterricht
- Aktuelle Infos über neue Bücher und Lehrerfortbildungen
- Interessante und aktuelle Artikel zu den Themen Schule, Bildung und Lernen
- Spezielle Angebote zu Messen und Kongressen

Registrieren Sie sich kostenlos
www.beltz.de/lehrernews

BELTZ
www.beltz.de

Verlagsgruppe Beltz, Werderstr. 10, 69469 Weinheim | 09.23 | 35168 | 590434-4

Ein weiterer Schritt in Richtung psychischer Geschlechtsunterschiede wird mit der Lösung aus der frühen und sehr nahen Bindung mit der Mutter vollzogen (fachlich: aus der Symbiose). Im Alter von drei, vier, fünf Jahren ist der Junge psychisch reif dafür, diese Bindung zu verlassen. Er beginnt, sich durch eine innere Distanzierung von der Mutter zu lösen. Dieses sehr nahe, ganz eng Mitfühlende braucht er nun nicht mehr, er ist ja groß, selbstständig, verfügt über ein stabiles Selbst und eine Ich-Struktur. Gleichzeitig aber wünscht er sich weiter eine nahe und liebevolle Beziehung zur Mutter, sie ist schließlich seine erste Bezugsperson. Er nähert sich ihr mit einer anderen inneren Haltung: größer, gleicher, mehr als Partner. Viele Jungen in diesem Alter wollen die Mutter heiraten und sagen dies, viele zeigen nur durch ihr Verhalten als Großer oder als Kavalier, dass sie die Mama bevorzugen. Allerdings ist in dieser Nähe ein Problem vorgezeichnet, denn sie erinnern sich an die symbiotische Beziehung zur Mutter, aus der sie sich lösen wollen und distanzieren sich wieder; dann nähern sie sich erneut an, erleben Nähe und gehen wieder in die Distanz. Eigentlich wollen sie beides gleichzeitig: ganz nah und ganz weit weg sein. Die Beziehung ist ambivalent.

Die Beziehung zur Mutter ist die erste Beziehung, die alle Menschen haben, deshalb strahlt sie mehr oder weniger stark auf alle Beziehungen aus. Wenn nun Ambivalenz eine wesentliche geschlechtliche Erfahrung von Jungen in dieser ersten Beziehung ist, wirkt sich dies auf ihr In-Beziehung-sein generell aus: auch hier tendenziell, also individuell jeweils unterschiedlich geprägt. Die männliche Spur, die wir hier finden können, ist die Bewältigung der Beziehungsambivalenz mit der Frage: Wie kann ich gleichzeitig nah und nicht nah sein?

Eine Lösung finden Jungen in Aufgabenbeziehungen, bei denen nicht das sehr Nahe, Bezogene im Vordergrund steht – wie in der Face-to-face-Beziehung –, sondern die Aufgabe, ein Auftrag, Problem, Ziel. Fußball ist die klassische Übersetzung von Aufgabenbeziehung, es bilden sich Spielpartnerschaften oder Mannschaften, ohne vorher oder nach dem Spiel die Beziehungen zu klären; über das Tun, die Aufgabe oder die Bewältigung entstehen jedoch oft ausgesprochen gute, auch nahe Beziehungen. Für Jungenerziehung und -bildung ist deshalb die Besonderheit der Beziehungsgestaltung maßgeblich; Bewegung als Ausdruck und Bewältigung der Beziehungsambivalenz erhält hier eine deutliche Aufladung; Handeln als Form der Aufgabenbeziehungen rückt (im Kontrast zum Reden) diesen Aspekt ebenfalls in den Vordergrund.

Eine ganz andere, aber ebenfalls wirksame Lösung ist die Beziehung im Konflikt: Im Streiten sind die Konfliktpartner emotional beteiligt und über Gefühle in Beziehung; gleichzeitig setzen sie sich auseinander, sie bilden Frontstellungen und gehen in Distanz. Als jungenpädagogischer Merkposten lässt sich festhalten, dass (manche, viele) Jungen Konflikte als Beziehungsform schätzen, die ihre Ambivalenz aushalten hilft: Konfliktbeziehungen sind für sie Formen des in Verbindungseins und nicht der einseitigen Ablehnung oder Abgrenzung.

In dieser Phase der Lösung und des Findens der psychischen Geschlechtsidentität kommt noch ein weiterer Faktor ins Spiel: Die Erfahrung mit dem Vater. In dem Moment, in dem der Junge die Mama heiraten will oder sich als Partner erweisen möchte, wenn er von der Mutter als kleiner Mann anerkannt werden will, tritt er mit seinem Vater in Konkurrenz. Der Vater ist für den Jungen der Prototyp des Männlichen. Die Erfahrungen mit ihm schreiben sich in die männliche Identität des Jungen ein. Dies beeinflusst ebenfalls seine Beziehungen, vor allem dort, wo Männliches angesprochen ist: thematisch, in Bezug auf seine Selbstpräsentation oder -definition, in Form von Hierarchien, etwa in Autoritätsbeziehungen zu Lehrkräften. Wenn der Junge aufgrund der frühen Erfahrungen sein Männlichsein mit Konkurrenz assoziiert, muss dies in der Beziehung zu Lehrkräften ebenfalls wieder auftauchen: als konflikthafte Form der Beziehung, als Aufforderung, über Statuskonflikt in Beziehung zu gehen.

Einen Gegenakzent zur Differenzerfahrung finden Jungen in der Gruppe der gleichgeschlechtlichen Gleichaltrigen. Hier bekommt das »Ja« und das »Wir« seinen bevorzugten Raum. Bereits im Kindergarten spielen Jungen nicht ausschließlich, aber bevorzugt mit anderen Jungen (eine stärkere Konzentration aufs eigene Geschlecht als bei Mädchen). Erfahrungen mit anderen Jungen prägen fortan und kontinuierlich die psychische Entwicklung der Jungen. Hier lädt sich das Männliche besonders auf, Jungen übernehmen männliche Kulturen, entfalten und entwickeln sie weiter. Diese Erfahrung mit und unter Jungen schlägt sich in der Jungenpsyche nieder und wird im Verhalten von Jungen erkennbar (Maccoby 2000). Beziehungen und Kulturen unter Jungen, die Auseinandersetzung mit kulturellen Männlichkeitsbildern und der Auswirkung auf Beziehungen von Jungen bekommt deshalb für Jungenerziehung und -pädagogik Bedeutung.

Gesellschaftliche Prägungen

Bilder und Vorstellungen darüber, wie »männlich« sein sollte, begleiten Jungen ab der Geburt. Zunächst wirkt dies dadurch, wie Eltern, Geschwister, Verwandte oder andere Erwachsene mit dem Jungen umgehen, weil sie etwas »Männliches« in ihn hineinsehen: Wie mit ihm gesprochen wird, welche Spielangebote er erhält, wie er körperlich behandelt wird. Alle Kinder lernen sehr früh, dass Geschlecht die wichtigste soziale Kategorie darstellt: bei Fragen wie »Was ist es denn geworden?«, bei der Auswahl passender Geschenke, bei Geschlechterschleusen in öffentlichen Gebäuden in Form von Toiletten oder Umkleideräumen. Jungen werden von Menschen in ihrer Umgebung, von Eltern, Geschwistern, Großeltern nicht nur männlich behandelt, sondern auch kognitiv über feine Formen der Belohnung und Bestrafung darüber informiert, wie sie als Junge sein sollten.

Sehr bald, im Alter von ein, zwei Jahren beginnen Jungen, sich selbst zuzuordnen und sich zunehmend am Männlichen zu orientieren. Sie nehmen Menschen in ihrem Geschlecht wahr, grenzen Geschlechter ab, erkennen Strukturen, werden von Medien und geschlechtermarkierten Spielsachen beeinflusst. Dabei erfahren sie früh, dass es soziale Formen des »Männlichtuns« gibt, und dass eine beliebte Form des Männlichen über Dominanz, Stärke, Kampf, Konkurrenz und im Gegenzug die Ab- oder Entwertung konstruiert werden kann. Glücklicherweise beschränkt sich das Männliche nicht darauf, es beinhaltet ja beispielsweise auch Chiffren des Forscher- oder Pioniergeists, verlangt nach Kooperation und Teamfähigkeit, nach Beharrlichkeit und vielem mehr. Aber durchgängig und am markantesten zählen Überlegenheit, Dominanz, Konkurrenz. Fragen wir Eltern danach, was sie denken, wie ein Junge gesellschaftlich (also nicht nach ihrer eigenen Überzeugung) sein müsste, dann antworten sie durchgängig und mehrheitlich: »stark«, das ist der sprachlich fixierte Dominanzauftrag an Jungen.

In Männlichkeitsbilder eingeschrieben ist neben dem Auftrag zum Siegen glücklicherweise auch das Prinzip Führen und Folgen. Es ermöglicht, dass männlich zu sein auch in der folgenden Position realisierbar ist. Sehr schön spiegelt sich dies in klassischen Jungenspielen wie Ritter, Indianer oder Polizei, aber auch in modernisierten Formen wie StarWars. Immer gibt es in diesen Szenerien neben dem kämpfenden männlichen Personal auch darüber Stehende, Vorgesetzte oder Führungskräfte: König oder Königin, Indianerhäuptling, Oberkommissar oder Commander. Eine Frage, die Jungen in ihrem sozialen Männlichsein beschäftigt, lautet jedoch stets: Wer befindet sich von uns beiden in dieser Chefposition, du oder ich? Unter Gleichaltrigen wird dies im Spiel verhandelt. Jungen bringen diese Frage aber auch in die Schule mit und wollen wissen, ob sie Lehrkräften folgen müssen und können. Zumindest als Übergangsphänomen kann dies pädagogisch genutzt werden, es setzt allerdings voraus, dass Lehrkräfte sich klar und eindeutig in ihrer führenden Position zeigen, diese markieren und verteidigen können.

Jungen ihre »männlichen« Dominanzwünsche moralisch vorzuhalten ist nicht legitim, weil sie Männlichkeitsbilder schließlich nur aufnehmen und verwenden.

Neben Männlichkeitsbildern wirken auch gesellschaftliche Geschlechterstrukturen auf das Männliche von Jungen. Hier zählt vor allem, dass ihnen in kindlichen Lebenswelten nur wenige Männer begegnen. Entgegen einer häufigen Annahme brauchen Jungen Männer nicht als Vor-Bilder, denn mit Bildern des Männlichen sind sie aus Medien und Spielwelten meist reichlich versorgt. Was ihnen fehlt, sind Erfahrungen und Beziehungen mit Männern. Sie würden es ermöglichen, ihre Männlichkeitsbilder mit dem wirklichen Männerleben abzugleichen und sie dadurch zu relativieren. Weil dies kaum möglich ist, bleiben Jungen eher in der Vorstellung hängen, Männer müssten wirklich so sein, wie Männlichkeitsbilder sie idealisieren. Aus der mangelnden Erfahrung mit Männern schießen zudem Phantasien ins Kraut, wie das Männerleben und die männlichen Lebenswelten aussehen: voller gefährlicher Kämpfe, spannender Aktivitäten, großartiger Leistungen – realistisch betrachtet eine Fehleinschätzung –; das wissen Jungen aber nicht, weshalb sie versuchen, sich im Spiel, in ihrem Handeln und mit ihren Selbstbildern auf solche Zukünfte einzustellen.

Ein weiterer Nutzen im Erleben realer Männer ist gerade dann nicht zu unterschätzen, wenn Jungen dabei feststellen, dass Männer und Frauen in vielem gar nicht so verschieden sind! Denn das Nicht-Unterscheiden ist eine elementare Erfahrung, welche die Vorstellung von Geschlechtlichkeiten prägt. Sie vermittelt letztlich die Freiheit, sich geschlechtlich individuell zu entwickeln: »Werde, der du bist – und nicht der, der du aufgrund deines zugeschriebenen Geschlechts werden sollst.« Jungen brauchen mehr Männer, insbesondere in Kindergärten und Grundschulen, weil sie dadurch feststellen können, wie Männer wirklich sind: nämlich unterschiedlich und in vielem gar nicht so verschieden von Frauen.

Dass Männer fehlen bedeutet überdies, dass Jungen in einer männlichen Schwingung weniger mit Verständnis, Mitgefühl und Resonanz versorgt werden, was eine wichtige Bedingung für die Persönlichkeitsentwicklung und -stabilisierung darstellt. Es sind feine Antennen der Jungen, die solche Beziehungstiefen ausloten. Diese Konstellationen des Männlichen mögen in früheren Zeiten mit dem Ziel der Abhärtung für Militär und Industrie vielleicht sinnvoll gewesen sein. Heutzutage kann sie nur als schädlich für Jungen bezeichnet werden. Schule erhält dadurch den Auftrag, sich in besonderer Weise um gelingende Beziehungen zu Jungen zu kümmern, was für Lehrerinnen und Lehrer gleichermaßen gilt.

Als Erfahrungsgegenüber werden in der Schule immer mehrere Männer benötigt, einer oder zwei genügen nicht: Die »kritische Masse« im Kollegium liegt bei etwa einem Drittel Männer.

Erfahrungen im Kindergarten und den ersten Schuljahren setzen sich in Jungen fest, schleifen sich in ihren Weltbildern ein und verdichten sich in Rollenbildern. Sie tragen mit ihrer Geschlechtersymbolik dazu bei, dass die Bedeutung der Schule in der Tendenz weniger hoch bewertet wird. Auch ältere Jungen, die für jüngere oft meinungsprägend sind, transportieren negative Bilder und geben sie in einer Einstellungskaskade nach unten weiter.

2.2 Jungen im Männlichkeitsstress

Seit der Nachkriegszeit, besonders aber durch die Frauenbewegungen ab den 1970er-Jahren stehen traditionelle Bilder des Männlichen zu Recht heftig in der Kritik. Die alten, patriarchalen Ideale sind überholt, wirken allenfalls verdeckt (dort aber munter) weiter. Und den prallen Männerstolz, den Friedrich Schiller in seinem Gedicht »Männerwürde« formulierte, trägt heute kaum noch ein Mann vor sich her und wenn, dann wirkt er für viele wie eine Karikatur, die aus ihrer Zeit gefallen ist. Zur Illustration nur ein paar Zeilen aus Schillers Feier des Männlichseins (das ganze Gedicht lohnt sich nachzulesen z. B. unter http://gutenberg.spiegel.de/buch/gedichte-9097/24):

> *»Drum tret ich frei und stolz einher, Und brüste mich und singe: Ich bin ein Mann! Wer ist es mehr? Der hüpfe hoch und springe.«*

In fachlichen Diskursen wird Männlichkeit heute meist ausschließlich traditionell und dabei in der Tendenz kritisch und abwertend bestimmt, etwa über Stärke, Dominanz, Durchsetzung, Abwertung anderer. Diese skeptische Haltung findet sich auch im Mainstream der Pädagogik. In der kommerziellen Werbung, im Sport, in Medien- und Spielwelten dagegen werden traditionelle Bilder des Männlichen nach wie vor hoch gehalten und zelebriert. Für die Entwicklungsaufgabe von Jungen, sich eine stabile, tragfähige und sozial verträgliche Geschlechtsidentität anzueignen, taugen weder diese beiden Einzelaspekte noch die erhebliche Diskrepanz dazwischen.

Damit bietet »Männlichkeit« nicht ausreichend Bezugspunkte und Orientierungen für das Mannsein in der Moderne. Auf Tragfähiges und Substanzielles ist aber insbesondere die Pädagogik angewiesen, weil sie nicht nur mit Paradigmen arbeiten kann, die breit kritisiert und abgelehnt oder aber kommerziell idealisiert werden. Vereinfacht gesagt ist es auch ethisch nicht vertretbar, Jungen auf der einen – gesellschaftlichen – Seite den Auftrag zu vermitteln, sie müssen unbedingt männlich sein, und sie auf der anderen – pädagogischen – nicht etwa dabei zu unterstützen, sondern sie für ihre Männlichkeitsversuche zu verurteilen.

Bislang erhalten Jungen aus der Pädagogik meist keine Unterstützung in Form von erweiterten oder alternativen Bildern des Männlichen, dafür aber reichlich Kritik und Disziplinierung, wenn sie bei ihren – notwendigen! – Männlichkeits-Experimenten übers Ziel hinausschießen. Das liegt zum Teil daran, dass Lehrkräfte dem heiklen männlichen Geschlechterthema lieber ausweichen: Weil sie selbst unsicher sind und weil befürchtet wird, für klare Positionierungen abgestraft zu werden (die Devise »Lieber nichts sagen, als etwas Falsches« gilt heute aufgrund eines Correctness-Drucks besonders für Geschlechterthemen).

Die Genderforschung hilft hier wenig, sie beschränkt sich auf »Männlichkeitsbashing« und kann außer der Forderung nach Sensibilisierung nichts Substanzielles beitragen. Damit ist Jungen nicht geholfen; sie wollen und brauchen konkrete Orientierungen und nicht bloß die Abwertung ihrer Bewältigungsformen. Auch für Lehrerinnen und Lehrer bleibt die fachliche Frage, wie sich männliches Rollenverständnis zwischen vorfindlichen, teils traditionellen Mustern und neueren, zukunftsweisenden Konstruktionen finden und ausbalancieren lässt. (Vorschläge dazu im Kapitel 4.10).

Männlichsein unter Druck

Männlich zu sein gilt gesellschaftlich zwar als Privileg und wird mit einem höheren Status verknüpft, was sich gut an Einkommensstatistiken ablesen lässt. Das muss für Jungen aber keinen Vorteil bedeuten. Sie sind nämlich auf der anderen Seite in ihrem Männlichsein ständig mit An- und Überforderungen konfrontiert, die sie bewältigen müssen. Männlich zu sein bedeutet für Jungen und männliche Jugendliche (wie auch für viele erwachsene Männer) Belastung, Leistungsdruck und Stress.

Es gibt einen Zusammenhang zwischen dem Image, das Jungen Schule geben, und ihrer eigenen Zuordnung in traditionelle Männlichkeitskategorien: Jungen, die Schule als »weiblich« assoziieren und sich selbst als maskulin beschreiben, haben schlechte Noten (untersucht wurde dies bezogen auf das Fach Deutsch; vgl. Latsch 2014). Traditionelle Männlichkeitsbilder oder auch nur Reste davon können bei Jungen zu einer inneren Distanzierung von der schulischen Welt und ihren Aufgaben führen, zu einer Entfremdung von der Schule. Dies wirkt sich unmittelbar auf schulische Leistungen aus: je größer die Schulentfremdung desto weniger Erfolg in der Schule. In der Schule erfolgreich und gut zu sein steht bei vielen Jungen wegen Vorstellungen männlicher Überlegenheit nicht so weit vorne im Zielekatalog, was bei den Leistungsergebnissen, bei Notendurchschnitten und Schulabschlüssen Folgen zeigt. So gesehen liegt ein Schlüssel für einen besseren Schulerfolg solcher Jungen bei der expliziten »Männlichkeitsbildung« in der Schule; hier klafft allerdings bislang weitgehend eine Lücke in der intentionalen Pädagogik.

Jungen, die sich auffällig verhalten oder die Leistungserwartungen nicht genügen, wird gern vorgeworfen, sie orientierten sich eben an veralteten Männlichkeitsbildern (vgl. Helbig 2012). Nachgewiesenermaßen stehen traditionelle Vorstellungen von Männlichkeit Jungen im Weg. Allerdings greift eine bloß einseitige Schuldzuweisung viel zu kurz: Jungen setzen sich nicht zusammen und hecken Männlichkeitsvorstellungen aus, die sie dann in der Schule ausagieren. Sie nehmen vielmehr das auf, was ihnen gesellschaftlich angeboten wird!

Unhinterfragt wird in diesen Bildern beispielsweise der Mythos verbreitet, dass das Männliche nicht einfach da sei, sondern stets hergestellt und bewiesen werden müsse (Gilmore 1991). Solche Botschaften sind es, die Jungen unter Druck setzen: Denn Unterstützung oder gar eine Anleitung dafür, wie das denn auf eine akzeptierte Weise gehen soll, erhalten sie im offiziellen Lernprogramm der Schule gar nicht. Der moderne Gender-Lehrplan hält keine positiv formulierten Ziele für Jungen bereit: Vereinfacht gesagt sollen Mädchen mehr Selbstbewusstsein entwickeln, Jungen dagegen sollen sich einfach weniger dominant verhalten – darin liegt jedoch kein Angebot, sondern allenfalls eine Depotenzierung.

Jungen sind Männlichkeitsbildern ausgesetzt, sie nehmen sie als Segment ihrer Identität an und können sie nicht einfach ablegen wie eine zu kurz gewordene Hose.

Gelernte Männlichkeitsbilder gleichen Jungen stets mit anderen Jungen ab. Schon im Kindergartenalter werden für Jungen in Bezug auf ihre Männlichkeitsaneignung die gleichaltrigen Geschlechtsgenossen wichtig. Diese Bedeutung nimmt mit zunehmendem Alter noch zu, vor allem in der Jugendphase hat der Bezug auf andere Jungen auch eine hohe emotionale Wichtigkeit. Den aufgenommenen und gelernten moralischen Ton der Männlichkeit bestätigen und verstärken Jungen dabei oft, sie erhalten dadurch eine dynamische Rückkoppelung ihrer sozialen Wahrnehmungen.

Der Status in der Jungengruppe, das Ansehen bei anderen Jungen ist für viele Jungen bedeutsam, mit zunehmendem Alter oft wichtiger als die Normen der Erwachsenen: Anerkennung durch andere Jungen hat häufig einen höheren Stellenwert als die Anerkennung des Lehrers oder der Lehrerin. Auffälligerweise ist heute unter Jungen oft nicht mehr der Beste in der Schule besonders angesehen, sondern der witzigste, der rebellischste, der vorlauteste Junge. Zu dieser Sorte gehören oft auch die Wacheren, Sensibleren, die Meinungsführer und Trendsetter unter den Jungen. Darüber entstehen Männlichsein und Statusgewinn: Ein witziger Rebell zählt mehr als ein fleißiger, angepasster und braver Schüler; auf einen Test gelernt zu haben, ist uncool (allerdings ist es okay, durch pure Intelligenz gute Leistung zu bringen).

Wenn nun der Freundeskreis der anderen Jungen der Schule gegenüber negativ eingestellt ist, entsteht schnell eine eigene Dynamik, die Jungen keine Alternative lässt. Jungesein heißt, hier mitzuspielen, dabei zu sein, sein Männliches in den Ring zu werfen, wo es geht, noch eins drauf zu setzen und damit Männlichkeit zu markieren. Gleichzeitig erfordert dies von Jungen eine ständige »schwebende« Aufmerksamkeit für die Jungenbezüge: vor allem darauf, was sich an Männlichem abspielt, was die anderen Jungen wie bewerten, was legitim ist und was nicht mehr geht und zusätzlich auf die Beziehungen unter den Jungen.

Männliche Idealisierungsfallen

Männlichkeitsvorstellungen sind in Bezug auf Fähigkeiten, Fertigkeiten und Erfolg als Idealisierungen hoch angesetzt. Gleichzeitig verhindern es fehlende Erfahrungen mit realen Männern, dass solche Vorstellungen auf ein realistisches Maß zurechtgestutzt, also »gepuffert« werden. Übrig bleibt der Anspruch, als Junge und Mann besonders toll sein zu müssen, es »drauf« zu haben – ohne den Weg der Kompetenzaneignung mit einzubeziehen.

An dieser Stelle setzt bei manchen Jungen ein symptomatisches Vermeidungsverhalten ein: Vermieden wird die Enttäuschung, solchen eigenen oder angenommenen fremden Leistungserwartungen nicht genügen zu können. Es kann schmerzhaft sein, wenn man feststellen muss, dass auch mit Anstrengung allenfalls ein Mittelmaß erreicht wird; einfacher scheint, es erst gar nicht zu versuchen: »Wenn ich mich nicht anstrenge, wenn ich mir nicht das Ziel setze, gut zu sein, dann kann ich auch nicht enttäuscht werden, wenn ich es nicht erreiche.«

Dahinter verbirgt sich eine verdeckte Form der Selbstidealisierung, oder zugespitzter: des (männlichen) Größenwahns. Diese Jungen halten die Illusion aufrecht, dass sie eigentlich gut wären, wenn sie sich nur bemühen würden: »Wenn ich wollte, wenn ich mich anstrengen würde, dann wäre ich ein genialer Schüler!« Sie verweigern es aber, sich der Realität und der Nachprüfung zu stellen. Neben psychischen Faktoren ist ein Hintergrund dieser Haltung, dass Männlichkeitsbilder oft mit Großartigkeit gekoppelt sind. Im Größenwahn steckt damit auch ein Stück Sich-Männlich-machen dieser Jungen. Ein verkanntes Genie ist zumindest im Selbstbild allemal besser als ein nachgewiesener Mittelmaß-Junge oder gar ein Loser. So ist das Vermeiden zwar verständlich, aber auch eine traurige Angelegenheit. Denn auch die Erfahrung der Freude an der eigenen Leistungsfähigkeit oder der Stolz auf etwas gut Gelerntes oder Gemachtes stellen sich nicht ein. Ein falsches Bild nach innen (psychisch) und nach außen (habituell) dauerhaft aufrecht zu erhalten ist eine anstrengende Angelegenheit, die zu inneren Spannungen führt.

Grundsätzlich stehen Männlichkeitsbilder der Leistungsbereitschaft von Jungen nicht entgegen. Erfolg und hoher Status, repräsentiert über die entsprechenden Symbole, werden durchaus als männliche Merkmale gesehen. Allerdings wird in Medien, in der kommerziellen Werbung, auch im Wirtschaftsleben und in der Politik demonstriert, dass sich männlicher Erfolg und öffentliche Anerkennung weniger durch Anstrengung und echte Leistung, sondern mehr durch Zufälle, Glück oder Gerissenheit einstellen – auch indem andere »abgezockt« werden. Erfolg und individuelle Leistung haben sich bei vielen Männern, vor allem in der Medienöffentlichkeit entkoppelt: Das Einkommen von Topmanagern, Fußball- oder Medienstars ist rational nicht mit Arbeitsergebnissen zu begründen oder mit anderen Leistungen real vergleichbar. Insgeheim setzt ein Teil der Jungen darauf, zu jenen Männern zu gehören, dem Erfolg und Reichtum ohne tatsächliche Leistung zufliegen werden – wenn nicht durch Glück oder noch nicht entdeckte eigene Genialität, dann notfalls auch durch die krumme Tour.

Viele Jungen ahnen jedoch, dass die Wahrscheinlichkeit gering ist, dass sich solche Männlichkeitserwartungen erfüllen. Unter der Oberfläche der Hoffnung droht ständig die Absturzgefahr ins Versager- und Opfersein. Je näher diese Bedrohung tatsächlich ist, umso vehementer verteidigen manche Jungen ihre unrealistischen Männlichkeitsvisionen und befinden sich damit in einem anstrengenden Kreislauf. Reale berufliche Perspektivlosigkeit verschärft bei vielen Jungen den ohnehin schon großen Leistungsdruck. Manche entlasten sich, indem sie sich dem Druck entziehen und schulische Leistung ablehnen, was längerfristig allerdings neuen Stress mit Eltern, Lehrpersonen oder der Arbeitsagentur verursacht.

Schule als »weiblich« etikettiert

Schulisches Lernen, sich für die Schule zu engagieren oder sich für gute Noten reinzuhängen, solches Verhalten wird unter Jungen tendenziell als »weiblich« etikettiert, spätestens wenn sie in die Pubertät kommen. Verhaltensweisen, die für das schulische Lernen wichtig wären, müssen deshalb für das Männlichsein vernachlässigt werden, z. B.: sich im Unterricht beteiligen; in der Freizeit etwas für die Schule tun, sich dafür einsetzen und anstrengen; Hausaufgaben überhaupt erledigen oder sie nicht nur hinschludern, sondern Fleiß, Zeit und Mühe dafür aufwenden; sich auf Tests vorbereiten; Gewissenhaftigkeit und Selbstdisziplin entwickeln. Dagegen orientieren sich Jungen im Lernverhalten eher am minimalen Aufwand und an der Arbeitsvermeidung – um umgekehrt Zeit und Energie für Aktivitäten frei zu halten, die ihnen wichtiger sind und die auf dem Männlichkeitskonto eher Gewinn versprechen. Unterm Strich führt dies zu schlechteren Noten und zu nur schwach entwickelten Kompetenzen, die für das Lernen wichtig sind.

Manche Jungen vertreten aber auch die grundsätzliche Einstellung oder Haltung, nur das Minimum, das Nötigste an Einsatz für die Schule aufzuwenden. In ihrer Suche nach einem männlich akzeptablen Weg, sich in der Schule zurechtzufinden und zu positionieren entscheidet sich dieser Teil der Jungen dafür, mit möglichst wenig Aufwand durchzukommen. Sie folgen der Redewendung »Ein gutes Pferd springt nur so hoch, wie es gerade muss«. Diese Devise hängt neben einem gesunden ökonomischen Verständnis auch zusammen mit dem schlechten Image von Schule unter Jungen und mit dem Konflikt, zwischen Peergroup und Erwachsenenwelt hin- und hergerissen zu sein.

Ohne Korrektiv kommt ein Kreislauf in Gang: Aus ihrem Männlichsein heraus überschätzen sich Jungen oft in ihren Fähigkeiten und sehen deshalb wenig Notwendigkeit, sich anzustrengen. Ihre Anstrengungs-Feindlichkeit zeigt Wirkungen. Vor allem in der Hochphase der Pubertät gilt es unter Jungen meist als uncool, etwas für die Schule zu tun. Die abgelieferten Leistungen sind mäßig, aber die schlechte Arbeitshaltung wird als »männlich« verklärt, was kaum zu besseren Leistungen führt. Stattdessen werden Jungen, die sich bemühen und anstrengen, entwertet und als »Streber« bezeichnet. Demonstratives Nichtanstrengen dagegen verspricht Anerkennung unter Jungen.

Die Bewertung von Fleiß, Selbstdisziplin und Anstrengen in der Schule als »weiblich« kann an der Geschlechtsidentität von Jungen nagen, die über weite Strecken der Schulzeit ja noch recht unsicher ist. Jungen riskieren scheinbar ihr noch instabiles Männlichsein, wenn sie etwas für die Schule tun; dabei schielen sie stark auf die gleichaltrigen Jungen und deren Bewertung. Dem drohenden Angriff auf ihr Männlichsein wirken sie entgegen, indem sie sich in Opposition zur Schule stellen oder zumindest ihr Engagement deutlich reduzieren. Störverhalten gilt als ein Grund für schlechtere Noten von Jungen. Auch hier zeigt sich eine problematische gegensätzliche Geschlechterbewertung: Wenn Jungen im Unterricht stören, provozieren oder den Clown spielen, steigert dies ihren Status; wenn sie dagegen gut mitarbeiten, sinkt ihre Beliebtheit! Schüler, die sich für die Schule anstrengen, werden eher als weiblich eingeschätzt – eine Zuschreibung, die Jungen aus gutem Grund vermeiden möchten.

Es ist meistens nicht das Problem, gute Noten zu haben, sondern die Anpassung an schulische Erwartungen, das Anstrengen und Sich-Bemühen, was von Jungen abgewertet wird. Denn Jungen, die sehr gute Noten haben und sich dafür nicht anstrengen, werden von anderen als besonders männlich angesehen!

Spätmoderne Männlichkeitspaniken

Eine andere und verdeckte Männlichkeitsdynamik kann über modernisierte Männlichkeitsbilder befeuert werden und sich für Jungen negativ auswirken. Die Beschleunigung in der Wirtschaft, Globalisierung, weltweiter Konkurrenzdruck und Finanzkrisen führten und führen zu massiven Verunsicherungen, die auch auf die Geschlechter durchschlagen. Damit sitzen uns ständig Ängste im Nacken, nämlich den Anschluss zu verlieren oder abgehängt zu werden. Die heutige Generation der Globalisierungseltern ist nicht mehr angetrieben von positiven Vorstellungen des Wachstums, wie sie lange galten: »Mein Kind soll es einmal besser haben.« Zunehmend werden die Zukunftsbilder der Eltern von negativen Gedanken, von Ängsten und Befürchtungen bestimmt: Die Kinder sollen es mal nicht schlechter haben, bloß nicht abstürzen, den Anschluss nicht verlieren und keinesfalls sozial absteigen.

Mit diesen Absturzängsten im Nacken steigen Leistungsdruck und -erwartungen. Von entspannter, verspielter Kindheit und genussvoller oder experimenteller Jugendphase ist keine Rede mehr, denn der Lebenserfolg entscheidet sich jeden Tag. Durch die Selektion der Schüler scheint die Zukunft am seidenen Faden eines Zeugnisses, ja manchmal an nur einer Klassenarbeit zu hängen. Diffuse Ängste und Erwartungsdruck gehen Hand in Hand, nicht erfüllte Erwartungen lösen erneut Befürchtungen aus. Das ist natürlich nicht immer und überall der Fall, aber als unterschwellige Tendenz besonders in solchen Schulen spürbar, die sich in Wohnlagen der gebildeten Mittelschicht befinden. Sicher sind diese Ängste nicht unbegründet, sie entwickeln aber eine Eigendynamik und führen zu Druck und Stress.

Mädchen und Jungen können darauf tendenziell unterschiedlich reagieren: Mädchen passen und strengen sich noch mehr an; viele Jungen bemühen sich auch, sind heutzutage – Stichwort: Bildungsverlier – aber gleichzeitig mit der irritierenden Botschaft konfrontiert, sie könnten es ja ohnehin nicht schaffen; manche Jungen verweigern sich dem Druck, bleiben unter ihren Leistungsmöglichkeiten oder rebellieren, sie werden damit erst recht zum Problem und treiben die Befürchtungen der Erwachsenen weiter nach oben. So erhöhen Stress und Ängste letztlich die Wahrscheinlichkeit, dass Jungen tatsächlich nicht mehr mitkommen.

Der soziale Abstieg von Jungen bzw. Männern ist sozial bedrohlicher und weniger hinnehmbar, weil davon auch die Frauen und Familien mitbetroffen sind, sobald die Jungen als Männer später Familie haben und die Mädchen Mütter sind. Die ohnehin vorhandenen und wirksamen Abstiegsängste betreffen Jungen deshalb perspektivisch stärker, der subtile Druck auf sie ist größer.

Eine weitere Facette von Geschlechterunterschieden zeigt sich auch hier, mit ein Grund dafür, warum sich manche Jungen in der Schule schwer tun. Denn droht der soziale Abstieg, wirkt sich dies unbewusst stärker auf unsere Projektionen auf Jungen aus, weil die beruflichen Erwartungen an sie höher sind; darauf wiederum reagieren Jungen.

Der gewachsene Druck der Moderne zeigt in Bildung und Schule Auswirkungen. In der Effizienzorientierung und Ökonomisierung von Bildung wird Lernen immer mehr aufs Kognitive und auf abprüfbare Leistungen reduziert. Breiter angelegte Bildungsziele wie Persönlichkeitsentwicklung, Erkenntnis, Kritikfähigkeit oder bewusstes Handeln stören dabei. Bildung soll zügig profitabel verwertbar sein, Lernen muss effizient gestaltet werden: schnell aneignen, leicht wiedergeben, abfragen oder sofort in richtig oder falsch einsortieren. Die Folge ist eine Hetzjagd mit den Schritten Lernen, Abfrage, Note. Fehler können dabei kaum als Lernchance gesehen und gemeinsam analysiert werden; die Lehrkraft sagt, was richtig ist und weiter geht es mit dem Stoff. Dabei wird die Fähigkeit zum Bulimie-Lernen entwickelt, die mittlerweile an den Hochschulen gefragt und erfolgversprechend ist.

Jungen sind nun aufgrund ihres Männlichseins im Durchschnitt häufig nicht so »schulaffin«, viele Gründe drängen sie in Richtung Distanz zur Schule. Gleichzeitig ist der Erwartungsdruck auf sie als spätere Männer höher. Daraus ergibt sich eine brisante und störungsanfällige Situation. Denn nicht wenige leistungsorientierte und zukunftsängstliche Eltern unterstützen und befeuern den ökonomisierten und beschleunigten Trend von Schule, weil sie befürchten, vor allem die Söhne könnten im Wettbewerb mit anderen unterliegen oder den Anschluss verlieren.

Verdichtung und Beschränkung der Lernformen führen zur Oberflächlichkeit, Anpassung und zu einer besonderen Form der Inkompetenz: der Pseudokompetenz. Das Bedürfnis, in der Jugendphase Dinge, Beziehungen und das Leben zu begreifen, sich all dies handlungsorientiert anzueignen, dabei zu experimentieren und neues auszuprobieren, ist so gesehen ein wichtiger Gegenimpuls, der besonders von Jungen gespürt und formuliert wird. Insofern ist es traurig, dass Jungen mit Macht und Druck dazu gebracht werden, sich an eine Schule anzupassen, die entgegen ihren wirklichen Bildungs- und Entwicklungsinteressen organisiert ist.

Zu den traditionellen, meist unbewussten und dennoch wirksamen Elternängsten – der Junge könnte »auf die schiefe Bahn geraten« – kommen modernisierte hinzu: Sie könnten den Zug verpassen, völlig abhängen oder abstürzen.

Viele Jungen, auch solche, die in der Schule ganz gut zurechtkommen, sind mit der Leistungsorientierung und -fixierung der Bildung nicht einverstanden. Sie beharren darauf, dass das Leben aus mehr besteht als Wissen anhäufen und Leistung zeigen, und diese Haltung ist verständlich. Mit ihren Männlichkeitsbildern im Hintergrund trauen sich Jungen oft mehr als Mädchen, diese Einstellung zu vertreten und Konsequenzen einzufordern. Damit liegen sie eigentlich ganz richtig und sollten als wichtige gesellschaftliche Sensoren ernst genommen werden. Sich bilden, reifen und entwickeln braucht Schule und noch viel mehr als Schule. Die sanfte Rebellion der Jungen, die sich in den bekannten Symptomen niederschlägt, hat so betrachtet durchaus auch eine Indikatorfunktion für gravierende gesellschaftliche Probleme, auf die Jungen aufmerksam machen, die aber auch auf Bedürfnisse von Mädchen verweisen, die diese nicht so vehement ausdrücken.

Migrationsvordergrund als Jungenrisiko

In der Nachkriegszeit bis in die 1980er-Jahre galten in Bildung und Schule vor allem Mädchen als in der Schule abgehängt; das »katholische Arbeitermädchen vom Lande« wurde als der prototypische Bildungsproblemfall konstruiert. Das hat sich seither verändert und verschoben. Neben der pauschalen Problemzuschreibung auf Jungen konzentriert sich eine weitere Zuspitzung auf den »bildungsfernen Migrantenjungen in Ballungsräumen«. Statistisch ist es tatsächlich so, dass sich die Faktoren (untere) Schicht, (traditionelles) soziales Milieu, (niedriges) Bildungsniveau der Eltern und (männliches) Geschlecht anreichern und sich auf Bildungskarrieren von Jungen stark negativ auswirken können.

Allerdings ist die Zuwanderung selbst auch bei Jungen nicht notwendigerweise ein Risiko für die Schulkarriere. Jugendliche mit Migrationsgeschichte, die aus dem asiatischen Raum stammen, erreichen im Durchschnitte bessere Abiturnoten als deutsche, die seit vielen Generationen hier verwurzelt sind. So scheinen die kulturelle Bildungsaffinität und Aufstiegsstreben Einflüsse darzustellen, die Migrationserfahrungen positiv aushebeln können. Es gilt also nach Herkunftsregion, Kultur, Religion oder Schicht zu differenzieren, was an dieser Stelle nicht geleistet werden kann. Ich konzentriere mich auf Jungen aus muslimisch-traditionell geprägten Herkunftsregionen, die bei uns die größte Gruppe der Zugewanderten darstellen. Die Ursachen für die Problemzuspitzungen bei ihnen sind vielschichtig; was den Schulerfolg beeinträchtigt und ausbremst, sind zuerst ihre Lebensbedingungen, die häufig bestehen aus: wenig Aufsicht, wenig oder keiner Unterstützung bei Hausaufgaben oder Lernen, wenig Alltagsstrukturen, keinem ruhigen Arbeitsplatz, hohem Medienkonsum – schlechte Voraussetzungen für schulischen Lernerfolg. Dies aber gilt für Mädchen aus muslimisch-traditionell geprägten Sozialisationen genauso, warum sind dann die Jungen oft besonders auffällig, unkooperativ und wenig leistungsbereit?

- Bildung wird von vielen migrantischen Jungen aus traditionellen muslimischen Milieus als eher überflüssig gewertet. Ihre Vorstellung von Erfolg ist von Bildung unabhängig, weshalb sie viel weniger Bildungsorientierung entwickeln – anders als viele Mädchen mit diesem Mitgrationshintergrund, die Bildung als Chance sehen (können), einer problematischen Familienkultur zu entkommen; diesen Impuls können Jungen kaum entwickeln, weil sie sich als (spätere) Profiteure dieser Kultur begreifen.
- Der familiäre und kulturelle Erfahrungshintergrund vieler muslimischer Jungen fördert tendenziell eine männliche Selbstüberhöhung: Wer ständig als privilegiert behandelt wird – wenn auch mit Schattenseiten – übernimmt die Überhöhung ins Selbstbild. Diese männliche Überlegenheitsidee kollidiert mit der hier geläufigen Schülerposition, die eher mit Begriffen wie »nichtwissend«, »Fleiß«, »schulisches Engagement« oder »Sich-Anstrengen« assoziiert ist; sich diese Verhalten zu eigen zu machen, wird von muslimisch geprägten Jungen aber als weniger notwendig angesehen. Ihr Weg zur schulischen Leistung ist deshalb weiter, sie brauchen mehr Entwicklungsunterstützung in dieser Richtung und eine deutlich stärkere Motivierung über Erfolg, Kompetenz und Zugehörigkeit. In der Schule erleben sie häufig genau das Gegenteil, was ihre ohnehin geringer ausgeprägte Motivation ersticken kann.
- Männliche Jugendliche aus dem muslimischen Kulturkreis sehnen sich oft nach »wirklicher« Autorität und wehren sie dennoch vor allem in pädagogischen Bereichen heftig, teils aggressiv ab. Gleichzeitig suchen sie nach Orientierung und liebevoller Anerkennung, die sie oft in ihrer Familie und besonders vom Vater nicht bekommen. Über ihr Verhalten signalisieren sie Widersprüchliches: einerseits die Sehnsucht nach Orientierung, nach Einordnung und emotionaler Anerkennung, andererseits den Auftrag oder den Wunsch nach Autonomie und Großartigkeit.

Diese Ambivalenz bringt verständlicherweise viele Jungen in Verwirrung und sie handeln sich mit ihrem Verhalten reichliche Schwierigkeiten ein.
- Die Freizeitgestaltung von Jungen ist ebenfalls nicht lernförderlich. Migrationszusammenhänge korrelieren bei Jungen mit einer eher übermäßigen Nutzung elektronischer Medien: Jungen aus Migrationsfamilien verbringen deutlich mehr Zeit mit solchen Medien als Nichtmigranten. Der Fernsehkonsum der Jungen nimmt mit zunehmendem Sozialstatus deutlich ab; aber in allen Statusgruppen konsumieren Jungen mit Migrationshintergrund teils erheblich mehr Fernsehen als Jungen ohne Migrationshintergrund.
- Im Gegensatz zu individualisierten westlichen Kulturen wird die Familie in migrantischen Milieus häufig als wichtigster Wert gesehen, woraus hohe Familienorientierung und -loyalität resultieren – auch in den Einstellungen und Werten. Folgt der Junge den in der Schule gesetzten Leitbildern und Idealen, verrät er die Familie; folgt er familiären Werten, bekommt er in der Schule Probleme: ein schwer auszuhaltender Zustand, für den er aus der Schule auch keine Hilfestellung oder Lösungen angeboten bekommt.
- Jungen und männliche Jugendliche mit muslimischer Migrationsgeschichte stehen zudem immer auch vor der Aufgabe, divergierende Männlichkeitsbilder zu vermitteln. Je nachdem, wie stark diese differieren, ist dies einfach, schwieriger oder fast unmöglich. Mit dieser Aufgabe, nur meistens weniger stark ausgeprägt, sind jedoch alle Jungen, männliche Jugendliche und Männer unterwegs, weil in jedem Leben unterschiedliche, ja widersprüchliche Bilder und Botschaften der Männlichkeit aufeinander treffen. Deshalb können Jungen mit muslimischer Migrationsgeschichte auch als Bewältigungsvorbilder gesehen werden, wenn und wo ihnen das Arrangement gelingt. Gleichzeitig sind solche Jungen auf Unterstützung beim Vermitteln angewiesen, wo sie davon bedroht sind, zwischen Männlichkeitsvorstellungen zerrissen zu werden.

Diese nur ausschnitthafte Skizze der Problemstellungen von Jungen aus traditionellen muslimischen Milieus zeigt, dass diese Jungen mehr benötigen als Defizitzuschreibungen oder konfrontative Pädagogik (Toprak/El-Mafaalani 2011): Was fehlt, ist eine fachlich fundierte kultur- und jungenkompetent profilierte Unterstützung.

Familien und Autoritätskollisionen

Jungen, die mit rigiden Geschlechternormen aufwachsen, müssen entsprechende Formen des Männlichen annehmen und zeigen; sonst sind sie davon bedroht, von ihrer Familie nicht anerkannt zu werden. Mit traditionellen Männlichkeitsnormen verbunden ist häufig die Abwertung oder sogar Verachtung von Frauen (religiös als »unrein« etikettiert). Kinder, die in einer strikten Trennung von Männlichkeit und Weiblichkeit sowie mit einer Abwertung des Weiblichen aufwachsen, tun sich mit Lehrerinnen oft schwer. Denn die hier gelebte Geschlechtlichkeit ist dem entgegengesetzt, was die Jungen in der Familie erfahren haben. Spannungen, Loyalitätskonflikte und soziale Misserfolge sind damit für Jungen vorprogrammiert. Und umgekehrt sind sie für die weiblichen Lehrkräfte eine spezielle Herausforderung, zumal dann, wenn sie die Verachtung der Jungen offen oder subtil wahrnehmen und auf ihre Person beziehen. Ein Teil der Auffälligkeiten von Jungen mit (und auch ohne!) Migrationshintergrund kann auf solche Spannungen zurückgeführt werden.

Auch Autorität ist im familiären Wertsystem migrantischer Jungen häufig stark an Geschlecht gekoppelt, weshalb viele dieser Jungen gleichsam naturwüchsig Probleme damit haben, Lehrerinnen zu akzeptieren. Zu diesem kulturellen Erfahrungshintergrund zählt auch die Selbstverständlichkeit einer traditionellen Macht-Autorität. Darin hat Autorität, wer sich letztlich mit Gewalt durchsetzt – und umgekehrt: Wer nicht bis zur letzten Konsequenz geht (und nur »labert«) wird nicht ernst genommen und als Autorität anerkannt. Die Schule vertritt dagegen ein horizontales Verständnis von Autorität (siehe dazu Kapitel 3.2). Die Einstellung vieler migrantischer Jungen muss deshalb notwendigerweise mit dem Autoritätsverständnis der Lehrkräfte kollidieren. Dies ist allerdings nicht primär ein Bewertungs- oder Disziplinierungsthema; daraus müsste sich vielmehr ein Bildungsauftrag ableiten, mit dem die Schule migrantische Jungen (und ihre Eltern) in den Blick nimmt und ihnen Angebote zum Umgang mit solchen Diskrepanzen machen sollte: Wie kann mit dieser Spannung so umgegangen werden, dass beide Einflussbereiche, Familie und Schule, zu ihrem Recht kommen und akzeptiert bleiben?

Aber auch die familiäre Situation selbst kann sich problematisch auswirken. Das gilt sowohl dann, wenn Väter sich aus der Erziehung heraushalten und Jungen in den ersten Lebensjahren von ihren Müttern übermäßig »verwöhnt« und (zu) wenig geführt bzw. begrenzt werden (vgl. Dammasch 2008, S. 19), als auch, wenn migrantische Väter Jungen gegenüber überstreng, konkurrent oder gewalttätig agieren; die Söhne leiden in beiden Fällen. Gleichzeitig ist die Stellung der Väter in Migrationsfamilien oft strukturell geschwächt, wenn ihr beruflicher Status gering und unsicher ist, durch Arbeitslosigkeit oder auch Krankheiten werden sie zusätzlich entwertet oder statusbezogen demontiert (vgl. Apitzsch 2003). Jungen als Söhne werden dabei in besonderer Weise mit ihren Identifikationsmöglichkeiten belastet; zudem geraten sie ihren Vätern gegenüber in Konflikt, wenn sie sie schon frühzeitig in Bezug auf Bildung oder Kompetenzen übertreffen – das ist zwar die Aufgabe der Söhne gegenüber ihren Vätern, aber erst in einer späteren Lebensphase.

Verfügen Jungen über bessere Sprachkompetenzen als die Eltern, werden sie oft mit ihrem Männlichsein als »Außenvertreter« der Familie herangezogen. Damit erhalten sie einen problematischen Doppelstatus: Sie sind einerseits in der Kindrolle, übernehmen aber andererseits zeitweilig eine Führungsposition, sind gleichsam »Eltern der Eltern«. Auch wenn die Eltern ein eigenes Unternehmen führen, werden die Söhne dort schon früh eingespannt und finden sich in Doppelbelastungen wieder. Solche Einflüsse wirken sich auf migrantische Jungen aus, z. B. in überschießenden Größenphantasien, die sie nur schwer mit ihrer Wirklichkeit als »normaler« Schüler in Verbindung bringen können, der sich einordnen soll.

Diese Erklärungen sollen gerade nicht als Entschuldigung dienen, aber deutlich machen, in welchem Dilemma die migrantischen Jungen stecken, meist ohne in der Bewältigung aktive Unterstützung aus der Schule zu erhalten. Männlichsein ist für diese Jungen eine brisante Angelegenheit, mit der sie sowohl in der Herkunfts- als auch in der Ankunftskultur ständig anzuecken drohen: also Stress pur.

In einer gewissen Problemhäufung zeigt sich, dass sich Jungen aus traditionell orientierten muslimischen Milieus in einer besonders schwierigen Lage befinden. Sie sehen sich zusätzlich zu den hiesigen Männlichkeitserwartungen weiteren Überforderungen ausgesetzt, ohne Verständnis und schon gar keine Unterstützung erwarten zu können: Sie müssen z. B. auf ihre Ehre achten, ihre Schwester kontrollieren, zuhause mithelfen, Väter und Onkel bedienen usw.: ein in der modernen Unübersichtlichkeit unerfüllbares Programm und oft eine enorme Belastung für diese Jungen. Was sie in der Schule erwartet, ist nicht etwa Einfühlung und Anerkennung dieser Männlichkeitsleistungen, sondern stigmatisierende Zuschreibungen (»Macho«), auf ihre Bewältigungsversuche und auf das Ausagieren innerer Spannungen wird allenfalls disziplinierend eingegangen; ihre belastete Situation wird dadurch noch einmal verschärft, Schule macht sie aggressiv – oder krank.

Ein Irrtum liegt abschließend in der Annahme, dass es Migrantenjungen in guter sozialer Lage automatisch gut gehe. Denn überraschenderweise verfügen diese Jungen eher über geringere soziale Ressourcen als solche aus unteren Sozialschichten. Wahrscheinlich hängt dies mit der geringen Größe des Kollektivs zusammen. Soziale Netzwerkbildung gelingt umso besser, je häufiger Ähnlichkeiten und Gelegenheiten zu Kontakten im persönlichen Umfeld bestehen. Es gibt aber nur wenige Jugendliche mit Migrationshintergrund und hohem Sozialstatus, und damit geringe Möglichkeiten der »ähnlichen Erfahrung« und der Zugehörigkeit; hinzu kommt eine gewisse Entfremdung aus dem soziokulturellen Herkunftsmilieu. Gesellschaftlicher Aufstieg kann damit zu geringerer sozialer Vernetzung und tendenzieller Isolation führen. Pädagogisch bedeutet dies, sich gezielt auch um Jungen mit Migrationshintergrund und höherem sozialen Status zu kümmern und sie in ihren Bewältigungsbemühungen zu unterstützen.

2.3 Jungenbildung entfalten

Die Erklärung des Männlichen verführt dazu, es als etwas Statisches zu begreifen, das nun mal einfach so ist. Diese Sichtweise entspricht aber nicht der Wirklichkeit. Denn einerseits haben sich Geschlechterbilder und -rollen in den vergangenen Jahrzehnten erheblich verändert, andererseits bestehen viele Unterschiede zwischen Jungen und Mädchen lediglich aus Tendenzen, die Vielfalt innerhalb eines Geschlechts ist meist größer als das bei Durchschnittsvergleichen der Fall ist.

Mit einer Fixierung von Geschlechtern wird zudem die Wirkung von Pädagogik unterschätzt. Es geht gerade in Bezug auf Geschlechtliches nicht darum, in einer »Jungen sind halt so«-Haltung stecken zu bleiben oder gar Stereotypen noch zu zementieren. Schule hat einen Bildungs- und Erziehungsauftrag, beides darf auch fürs Jungeund Männlichsein ernst genommen werden. Jungenbildung ist der begriffliche und fachliche Rahmen, in dem sich dies formulieren und entwickeln kann.

Besonderheiten von Jungen als Entwicklungsaufgaben sehen

Das bewusste Wahrnehmen von Jungen in der Schule bringt zum Vorschein, dass es Impulse und Bedürfnisse gibt, die nicht ausreichend berücksichtigt werden und dass Entwicklungsoptionen von Jungen nicht erfüllt werden. Was demnach fehlt, ist ein Bildungskonzept, das Bedürfnisse und »männliche« Impulse von Jungen aufnimmt, aber auch zu transformieren versteht. Dazu gehört es, in der ganzen Vielfalt Besonderheiten von Jungen wahrzunehmen und ihnen pädagogisch zu begegnen; darin liegt eine Grundlage der Jungenbildung in der Schule.

Tendenzen, die sich bei vielen Jungen und im Geschlechtervergleich zeigen, sind nicht etwa Schicksal, sie erklären manches und weisen ansonsten auf Besonderheiten, auf Entwicklungspotenziale oder Förderbedürfnisse hin. Jungen ecken damit an, sie fallen auf und provozieren Kritik. In der Schule erleben Jungen damit Ablehnung, indem Lehrerinnen und Lehrer etwas nicht aufnehmen, was Jungen (auch) mitbringen. Annehmen bedeutet nicht unbedingt gutheißen und bestätigen, sondern auch aufgreifen und sich gemeinsam in eine Entwicklung zu begeben. Durch solches Akzeptieren empfinden es Jungen, dass sie schon richtig sind, dass insbesondere ihr Männlichsein nicht falsch ist. Im Aufgreifen und Unterstützen beim Ausgleichen und Weiterentwickeln wandeln sich solche Eigenarten in Stärken von Jungen, mit denen sie gut durchs Schulleben kommen können. Das Anecken von Jungen ist also nicht das Ende, sondern ein Anfang: Einstieg und Impuls für Auseinandersetzung, um das Beste aus ihnen herauszulocken.

Um Jungen zu unterstützen, die Schule gut oder besser zu schaffen, gibt es dementsprechend eine Reihe von Ansatzpunkten, die aus dem Männlichen der Jungen ableitbar sind. Eine wesentliche Möglichkeit, sich aktiv am Schulerfolg von Jungen zu beteiligen, liegt darin, die (tendenziellen) Besonderheiten zu kennen und gleichzeitig etwas dazu beizutragen, diese neu zu bewerten, als Fähigkeiten zu erkennen, sie aber zu erweitern oder zu kompensieren. Es gilt also dementsprechend, fachliche Zugänge zu legen und zu fragen: Wie geht es Jungen in und mit der Schule? Woher kommen die Schwierigkeiten, die immer mehr in den Vordergrund rücken? Was bringen Jungen an Männlichem mit? Und wo wollen wir mit ihnen hin?

Drei Hauptsätze der Jungenbildung

Jungenbildung bezieht sich auf den pädagogischen Umgang mit dem Männlichen der Jungen, als Versuch, auf geschlechtsbezogene Lern- und Entwicklungsprozesse positiv Einfluss zu nehmen. Ein wesentliches Ziel der Jungenförderung in der Schule besteht darin, das Geschlechtliche der Jungen sozial verträglich und tragfähig für ein künftiges Männerleben zu entwickeln. Gleichzeitig will Jungenbildung mehr geschlechterbezogene Gerechtigkeit zu verwirklichen; überall dort, wo symptomatische Geschlechterunterschiede festgestellt werden, zielt Jungenbildung auf Ausgleich und möchte Annäherung bewirken, also zum Beispiel: dafür sorgen, dass sich Jungen in der Schule mehr wohlfühlen können oder dass mehr Jungen gerne in die Schule gehen; dazu beitragen, dass mehr Jungen höhere Bildungsabschlüsse erreichen können; Schule so gestalten, dass sie auch in Jungenaugen ein gutes Image bekommt; sich bemühen, dass sich die Lesekompetenz von Jungen verbessert; solche Männlichkeitsbilder vermitteln, über die Jungen in ihren Bildungskarrieren nicht stolpern.

Dabei werden fachliche Ansätze oder Richtungen verfolgt, aus denen sich drei Hauptsätze der Jungenbildung ableiten lassen:

(1) Jungenbildung greift Bedürfnisse von Jungen auf, die aus ihrem Männlichsein resultieren und mit ihm verknüpft sind, und gibt diesen Bedürfnissen Raum und Resonanz. Resonanz meint dabei nicht, alle diese Bedürfnisse einfach zu befriedigen, dennoch bietet Jungenbildung aus dem Verstehen der Bedürfnisse heraus und dort, wo es sinnvoll und möglich ist, adäquate Antworten darauf, z. B. Klarheit, Bewegung, Handeln, Status, Konfrontation, Aufgabenbeziehung, Autorität.

(2) Jungenbildung hilft Jungen dabei, ihr Männliches weiterzuentwickeln und zu erweitern und bietet ihnen dafür Anregung, Erfahrungen, Anreize, Orientierungen und Begrenzung.

(3) Jungenbildung setzt auf große Bandbreiten, auf eine Vielfalt des Männlichen. Dementsprechend nehmen die Fachkräfte die Unterschiedlichkeit der Jungen wahr und spiegeln sie: »So ist männlich und so ist männlich und so ist auch männlich.« Damit stellt sich Jungenbildung gegen reduzierte Vorstellungen und Engführungen durch Stereotype, Geschlechteridealisierungen und -normierungen.

Diese Zielsetzungen und Absichten werden durch eine differenzierte, subjektivierte Sichtweise auf Männliches unterstützt: Jungen werden zwar als Gruppe wahrgenommen, aber nicht homogenisiert. Unterschiedliche Jungen brauchen verschiedene Antworten auf ihre Bedürfnisse, die mit differenzierenden Fragestellungen eruiert werden müssen: Was nützt einzelnen Jungen (und anderen nicht)? Welche pädagogischen Antworten brauchen welche Jungen auf ihre Bedürfnisse?

Die Ziele der Jungenpädagogik werden in Haltungen und Handeln, in Beziehungen, Kommunikation und auch praktischen Methoden umgesetzt. Die Auswahl von Arbeitsformen soll Jungen ansprechen, das Interesse an Geschlechterreflexionen wecken und Entwicklungsmöglichkeiten bieten, aber auch über Anreize, Anregung und Konfrontation weiterbringen: Es geht um einen Zuwachs an Wissen; um eine Erweiterung sozialer Kompetenzen; um die Überwindung von Beschränkungen, die insbesondere durch Männlichkeitsvorstellungen entstehen; um die Entfaltung ihrer Persönlichkeit in der geschlechtlichen Facette, also »als Junge«. Dabei gibt es nicht *das* jungenpädagogische Methodenrepertoire, das sich alle Lehrkräfte aneignen müssen. Allerdings sind viele Jungen an aktivem Handeln orientiert und interessiert. Jungenpädagogik nimmt dieses Anliegen auf und erweitert es durch reflektierende Elemente.

Jungenpädagogik kann Entwicklungen und Kompetenzen von Jungen weder einfach einrichten, noch geplant »heranzüchten«. Sie kann aber Rahmen oder Aneignungsräume schaffen, die Jungen Gelegenheit zu neuen und erweiternden Erfahrungen mit sich und mit dem eigenen Männlichsein bieten. Auch in solchen Prozessen der Erfahrungsproduktion, die auf der Selbstorganisation der Wünsche, Fantasien, Sinneserlebnisse und Körperneugierden der Jungen beruhen und entsprechende Umgangsformen und Ausdrucksweisen selbsttätig hervorbringen, kann ein »Zu-sich-selbst-kommen« und eine menschliche Selbst-Verwirklichung gefördert werden, die es möglich machen, geschlechtsbezogene Verengungen zu lockern und zu öffnen.

Um diese Autonomie zu ermöglichen, fördert Jungenpädagogik die Reflexion der Jungen darüber, wie sie sich selbst aktiv als männlich konstruieren und wie dies passiv als Zuschreibung geschieht. Jungenpädagogik trägt damit dazu bei, unreflektierte Facetten des Männlichen ins Bewusstsein zu bringen. Anhand ihrer Themen und Inhalte wird der »Mythos Mann« (Gilmore 1991) entschlüsselt, seine Konstruktionselemente offen gelegt. Damit wird erkennbar, welche Folgen – welche Kosten- und Nutzenanteile – Männlichkeitsbilder für Jungen und Männer und für andere Menschen in der Gesellschaft haben.

Neben der eher kritischen Orientierung zielt Jungenpädagogik darauf ab, Jungen gleichermaßen Räume für Erfahrungen mit variablen und alternativen Formen des Männlichen anzubieten, die sich nicht nachteilig auf soziale Umwelten auswirken: Also das Erleben eines »guten« männlichen Lebens, eines »guten Mannseins«. Wegen dieser Zielperspektive braucht und vermittelt Jungenpädagogik notwendigerweise auch die Idee oder Utopie eines »gelingenden« Junge- und Mannseins. Damit verbunden ist eine grundsätzlich bejahende Haltung dem Jungesein gegenüber.

Jungenbildung entwickelt sich dabei nicht isoliert, sie ist auch in andere Beziehungswelten eingebettet; hierbei spielen die Beziehungen zu Gleichaltrigen eine entscheidende Rolle und müssen deshalb einbezogen werden.

Als weitere Gruppe kommen schließlich auch Eltern ins Spiel, denn Schule geht ja nicht nur Lehrkräfte und Kinder an. Die meisten Eltern meinen es zwar gut, was nicht unbedingt bedeutet, dass sie sich auch so verhalten. Viele Eltern stehen, gerade mit Bildungsverliererängsten im Nacken, deutlich unter Druck, den sie an die Jungen weiter geben. Mit dem Schulbeginn tendieren die Beziehungen zu ihren Söhnen häufig zu »Schulbeziehungen« – d. h. nur noch die Schule spielt als Thema in der Beziehung eine

Rolle. Umgekehrt vermittelt hier aber auch die Schule widersprüchliche Botschaften, etwa bei den Hausaufgaben: Schüler sollen die Aufgaben selbständig erledigen, aber wenn sie das nicht tun, rufen Lehrkräfte bei den Eltern an, außerdem wird das Vokabelnabfragen selbstverständlich erwartet. Was in Bezug auf die Schule »gute Eltern« für Jungen sein sollen, ist ziemlich gegensätzlich aufgeladen, auf einen paradoxen Leitsatz gebracht: Eltern sollen sich überhaupt nicht einmischen und dabei mit Präsenz und hohem Engagement dafür sorgen, dass sämtliche Schulaufgaben perfekt erledigt werden. Dass manche Eltern dabei verwirrt sein müssen, liegt auf der Hand. Jungenbildung verlangt umgekehrt eine klare(re) Haltung Eltern gegenüber und versteht Elternbildung als einen Teil der Jungenbildung (dazu Winter 2018).

Schlüsselthemen der Jungenbildung

Bezogen auf eine gute Schule für Jungen sind die allgemeinen strukturellen Themen, über die derzeit viel gestritten wird, ziemlich unerheblich. Ob G8 oder G9, ob Frontal-, Gruppen- oder Tablet-Unterricht, ob kurze, 45-minütige oder dreistündige Unterrichtseinheiten, all das hat unterm Strich nur wenig Bedeutung. Aus der Forschung (Hattie 2013) und aus meiner Erfahrung mit Schule heraus bin ich davon überzeugt, dass sich an solchen Fragen Erfolg und Wohlbefinden von Jungen in der Schule nicht entscheiden.

Wenn wir den kurzen Abriss zum Männlichwerden und -sein bei Jungen ernst nehmen und zusammenfassen, dann lassen sich eine Reihe fachlicher Schlüsselthemen identifizieren, die von den Ursprüngen des Männlichen her unterschiedlich inspiriert und aufgeladen sind. Mit diesen Themen ist Jungenerziehung besonders konfrontiert und befasst, zu ihnen muss Jungenbildung eine Haltung entwickeln und den Jungen Unterstützung anbieten können:

- jungenspezifische Handlungsinteressen und -orientierung
- Bewegungswünsche und körperlichen Einbezug
- Interesse an Statuskonflikten und Positionskämpfen
- die Beziehungen zwischen Lehrkraft und Junge als Autoritätsbeziehung, auch unter dem Vorzeichen der Aufgabenbeziehungen
- Konfliktinteressen als Beziehungsmuster von Jungen
- Klarheit in Strukturen und in Kommunikation
- Männlichkeitsbilder, -idealisierungen und -kulturen = Männlichkeitsbildung
- Peerbeziehungen unter Jungen, die Beziehungsgestaltung unter Jungen
- Fragen von Strukturen und Organisation

Selbstverständlich müssen Jungen lernen, sich an die Anforderungen der Schule anzupassen. Umgekehrt muss sich aber auch Schule verändern und verbessern, damit Jungen motiviert sind, sich mit Schule identifizieren können oder sich mehr wohlfühlen. Jungen sind zunächst so, wie sie sich entwickelt haben und kommen so in die Schule.

Deshalb sollte sich Schule dort ändern, wo sie (die Schule!) Probleme mit Jungen hat und vor allem dort, wo sie daran beteiligt ist, den Jungen erhebliche Probleme zu machen. Eine jungengerechte(re) Schule zu entwickeln, ist vor diesem Hintergrund nicht so schwer. Es gibt durchaus Schulen, die sich in einzelnen Aspekten gut auf Jungen einstellen können – aber was sind die Geheimnisse des Erfolgs?

Sie zeigen sich besonders in den Beziehungen der Lehrerinnen und der Lehrer zu Jungen. Aus dem Kontakt zu Jungen heraus kann eine solche Schule wahrnehmen, wo Bedürfnisse unterschiedlicher Jungen liegen und kann Jungeninteressen in Sachthemen miteinbeziehen. Auch die motorischen Bedürfnisse von Jungen, ihre Handlungsorientierung und ihre Vitalität akzeptiert diese Schule und gibt ihnen Raum – etwa durch reizvolle Bewegungs- und Sportangebote. Dem Bewegungsdrang von Jungen wird entsprochen, ihr Kraftpotenzial wertgeschätzt. Aus einer autoritativen Haltung der Lehrkräfte heraus hat eine solche Schule klare Regeln und sorgt dafür, dass sie auch durchgesetzt werden.

Kriterien, die auf eine gute Jungenschule hinweisen, helfen die Frage zu beantworten, ob eine Schule gut auf Jungen eingestellt ist: Unterrichte ich an einer (auch) jungenorientierten Schule? Mit der folgenden Checkliste kann diese Frage beantwortet werden:

- ☐ Unsere Schule ist in ihrer Haltung eindeutig. Sie vermittelt Jungen, dass sie sie will, was sie von ihnen verlangt (z. B. durch ein Aufnahmegespräch oder einen -vertrag) und hilft ihnen dabei, diese Erwartungen zu erfüllen. Mit ihrer Haltung und ihren Werten fordert sie Jungen zu Entwicklung heraus, die auch Reibung beinhaltet.
- ☐ In unserer Schule sind die Beziehungen zwischen Jungen und Lehrkräften zugewandt, klar und autoritativ gestaltet. Die Lehrkräfte sind beziehungsfähige, profilierte Persönlichkeiten, die Jungen kennen, schätzen und ihnen Orientierung geben können. Jungen folgen ihnen, weil sie sich an Lehrkräfte binden wollen.
- ☐ Die Lehrkräfte sind jungenbezogen genderkompetent, vertreten offene Geschlechtervorstellungen, vermeiden aktiv Stereotypisierungen und wenden auch explizit geschlechterbildende Methoden an.
- ☐ Das pädagogische Konzept der Schule beschreibt konkret, wie Jungen in ihrem Männlichsein gefördert werden, wie Facetten des gelingenden Männlichen aussehen und verfolgt das Ziel, Jungen ein weites Verständnis des Männlichen zu vermitteln; Männlichsein gilt als Potenzial.
- ☐ Unsere Schule trägt dazu bei, dass gute, konflikthafte und harmonische Gleichaltrigenbeziehungen unter Jungen und zwischen Mädchen und Jungen entstehen. Wir fördern diese Beziehungen aktiv, damit sie sich positiv und wertschätzend entwickeln.
- ☐ Wir bieten Jungen regelmäßig und ausreichend Kontakte mit Männern, bevorzugt solchen, die andere Berufswelten als die Schule kennen. Wir laden Väter aktiv und mit Ausdauer zum Engagement in der Schule und zur Verantwortungsübernahme ein.
- ☐ In unserer Schule wird klar unterschieden zwischen positiven spielerischen Kämpfen und negativer Gewalt. Bei Gewalt wird konsequent interveniert. Spielerische Kämpfe werden wie Kooperation und Einfühlung aktiv gefördert; dafür gibt es Anregungen, Raum und Material.

- ☐ Körperliche Erfahrungen und Bewegungsbedürfnisse werden respektiert und proaktiv als wertvolle Form des Lernens einbezogen. Wir sind eine Bewegungsschule, die im Unterricht und außerhalb vielfältige Bewegungsangebote integriert
- ☐ Verschiedene Bedürfnisse werden wie die persönlichen Unterschiedlichkeiten der Kinder in unserer Schule ernst genommen; Jungen erfahren dabei, dass es im Männlichsein auf die Gesamtheit verschiedener Fähigkeiten und Eigenschaften ankommt, nicht auf Gleichmacherei.

Ein fauler Vergleich: Der Seitenblick auf die Mädchen

Bei Jungenfragen geraten Lehrerinnen und Lehrer mit dem ständigen Schielen auf Mädchen leicht in eine Vergleichsfalle: »Bei Mädchen geht es doch, warum nicht bei den Jungen?«, heißt es dann, oder: »Die Mädchen können es doch auch!« Verdeckt bedeutet dies, dass Jungen doch gefälligst wie Mädchen sein und sich den Anforderungen unterwerfen sollen, die so gut zu Mädchen passen. Genau das aber funktioniert nicht und es fällt Jungen aus ihrem Männlichen heraus schwer, solchen Ideen zu entsprechen. Jungen sind eben keine schlechteren Mädchen, sondern haben zum Teil andere Erwartungen, Bedürfnisse und Anforderungen an die Schule.

Warum tun sich Mädchen in der Schule oft leichter? Sie sind an Statusfragen und Positionsklärungen meist nicht so stark interessiert. Weiblichkeitsbilder vermitteln gern gesehene Verhaltensaspekte: nett sein, Service leisten, sich fürsorglich und harmoniefördernd verhalten, duldsam, schön und attraktiv sein. Sicher konkurrieren Mädchen z. B. auch, manchmal sogar heftig, aber unter anderen Vorzeichen und auf einer anderen »Wellenlänge«; sie schwingt etwa über Beziehungen und der Frage, wer – in der Klasse oder bei Lehrkräften – beliebt ist, oder über der Dornröschenfrage »Wer ist die Schönste im ganzen Land?« Solche Konfliktkategorien sind jedoch passiver angelegt, sie wirken dadurch völlig anders als ein direkter, auch handfester Streit um die Frage, wer stärker ist. Für Jungen sind Statusfragen oder auch das Prinzip Aufgabenbeziehung wichtiger; diese Qualitäten von Beziehung sind in der Schule weniger gefragt: Schule wünscht die harmonische, konfliktfreie und gegenüberstehende Beziehung, von Angesicht zu Angesicht, nicht die nebeneinandergehende Beziehung, wie sie im gemeinsamen Tun oder Aufgabenlösen entsteht.

Mädchen folgen tendenziell eher dem Prinzip der »Beziehungsaufgabe«; damit sind sie in der Schule zwar gut gefordert, aber sie bringen einschlägige Beziehungskompetenzen aus ihren Spielwelten, aus Familie und Kindergarten mit ein und können auf diese bereits in der Grundschule gut aufbauen. Aus dieser Beziehung heraus verhalten sich Mädchen stärker kooperativ, sie versuchen den Erwartungen der Lehrerinnen und Lehrer zu genügen, strengen sich an, um ihnen zu gefallen. Umgekehrt sind ihre Aggressionen subtiler, verhüllter, es handelt sich mehr um indirekte Beziehungsaggression; Beziehungsausgrenzung (»Du bist nicht mehr meine Freundin«) kommt bei Mädchen mehr und massiver vor als bei Jungen, stört aber den Unterricht oder das Pausengeschehen viel weniger, weil es nicht so auffällt.

Auch die Kommunikationsformen vieler Jungen sind weniger den schulischen Erwartungen angepasst; sie äußern Kritik pointierter, direkter, kämpferischer als viele Mädchen, sie wirkt dadurch vehementer und ist stärker statusorientiert. Lehrerinnen und Lehrer, die das persönlich nehmen, reagieren mit Beziehungsabbruch und schlechten Zensuren, was Jungen allerdings nur selten durchschauen; sie fühlen sich einfach gegenüber Mädchen benachteiligt.

Mädchen und Jungen gegeneinander auszuspielen oder das jeweils andere Geschlecht als wünschenswerte Verhaltensnorm zu setzen, führt in die Irre. Fruchtbarer ist es, den Blick gesondert auf das eine und auf das andere Geschlecht zu richten und dabei nach Stärken, offenen Entwicklungsaufgaben oder -optionen zu suchen.

Viele Jungen setzen auch in ihrer Freizeitgestaltung andere Prioritäten; angesichts der mageren Lebensqualität in vielen Schulen ist es durchaus begrüßenswert, wenn sich Jungen lieber mit Freunden und im Freien bewegen, anstatt am späten Nachmittag auch noch Vokabeln zu üben oder für die Geschichtsarbeit zu lernen. Für die soziale und körperliche Gesundheit ist diese Priorität förderlich, für die Leistungen und die Akzeptanz als braver, guter Schüler natürlich nicht. Mit solchen Verhaltensweisen leidet das Jungenimage im Mädchenvergleich deutlich.

3 Beziehung zwischen Junge und Lehrkraft

In ihrem Inneren und Wesentlichen ist die Lebenswelt Schule – neben dinglich-fachlichen Einflüssen wie Gebäude, Einrichtung oder Lehrplänen – vor allem von Beziehungen bestimmt. Lehrerin und Lehrer sind ohne Frage das zentrale Medium des Lernens für Kinder und Jugendliche. Die Person der Lehrkraft und die Beziehung zu ihr sind entscheidend, dahinter verschwinden methodische Kniffs, das Bevorzugen grüner Tafeln oder Whiteboards, Klassengrößen oder die Dauer von Unterrichtseinheiten als Nebensächlichkeiten.

Die Hattie-Studien (Hattie 2013) belegen, dass schulischer Erfolg vor allem auf die Lehrperson und ihr Verhalten zurückzuführen ist: Der »Personenfaktor« liegt weit vor dem »Strukturfaktor«, das Verhalten der Lehrkräfte ist von enormer Bedeutung. Das gilt selbstverständlich auch für die Beziehung zu Jungen in der Schule.

Jungenleben in der Schule ist Beziehungsleben. Es geht um die Beziehung zu sich selbst, zu anderen Jungen, zu Mädchen, Lehrerinnen und Lehrern, Fachkräften der Schulsozialarbeit, zur Rektorin oder zum Rektor, Hausmeisterin oder Hausmeister, natürlich auch zu den eigenen Eltern usw.

Alle Beziehungen beinhalten auch eine geschlechtliche Seite: Jungen verstehen sich selbst als Jungen, zeigen sich anderen als männlich, wollen als Junge gesehen und kategorisiert werden; umgekehrt werden sie in Beziehungen immer auch in ihrer Geschlechtlichkeit gesehen, definiert oder interpretiert. Deshalb ist es vermutlich unmöglich, die geschlechtliche Färbung zu neutralisieren, weil in jeder Beziehung irgendwo immer Geschlecht wirkt. Für professionelles Handeln in der Schule ist es essenziell, diese Wirkungen zu entschlüsseln und zu verstehen und sich gleichermaßen möglichst wenig an der (Re-)Konstruktion traditioneller Männlichkeitsbilder zu beteiligen: keine einfache Aufgabe für Lehrkräfte!

Jungen und Jungengruppen zeichnen sich oft durch erhöhtes Aktivitäts- und Dominanzverhalten sowie durch eher hierarchische Strukturen aus. Viele übertragen diesen Erfahrungshorizont auf den Kontakt zu Lehrerinnen oder Lehrern. Hier wird solches »jungentypische« Verhalten eher als störend empfunden. Das schafft bei Lehrkräften Distanz und bei Jungen in der Folge das Gefühl, nicht gut gebunden zu sein. Mit und in den männlichen Themen der Jungen Kontakt zu ihnen aufzubauen und zu halten, macht eine Qualität jungenbezogener Erziehung aus. Zugegeben: Die Situation von Lehrerinnen und Lehrern in der Arbeit mit heutigen Kindern und Jugendlichen ist nicht einfach. Engagierten Lehrerinnen und Lehrern gebühren Respekt und Bewunderung für ihre Leistung unter oft schwierigen und anstrengenden Bedingungen. An ihnen hängt vieles – und nicht zuletzt auch das Wohl von Jungen in der Schule.

Jannik (18, gerade frisch mit Abitur) sagt im Interview rückblickend zu den Beziehungen zu seinen Lehrerinnen und Lehrern:

»Manche [Lehrkräfte] hatten es einfach drauf. Und bei anderen hat man gemerkt, die tun jetzt nur so, als ob sie sich für uns interessieren. Da war es eher Fassade, wie eine angelernte Methode. Das hat natürlich nicht funktioniert. Wenn sich Lehrer anbiedern, den Kumpel raushängen, das geht gar nicht. [Und worauf kommt es an?] Irgendwie auf Ehrlichkeit, auf das Echte. [...] Zum Beispiel die Frau [Name], die war da, die war ok, die hat mit uns Scheiß gemacht, aber auch mal geflucht, ganz von Herzen und den Rauch reingelassen, wenn es ihr gereicht hat. Aber bei der wussten wir immer, wo wir dran waren.«

Traditionelle, patriarchale Bilder haben die Schule lange Zeit auch in ihren Beziehungsmustern geprägt: Von Schülern wurde bedingungslose Unterwerfung verlangt, Beziehung zwischen Lehrerkräften und Schülerinnen bzw. Schülern war eine Form der Machtausübung, Gewalt eine Grundlage der Bildung (die Erlaubnis körperlicher Züchtigung und Prügelstrafe in der Schule wurde erst in den 1970er-Jahren abgeschafft). Glücklicherweise werden allmählich auch die letzten Reste einer patriarchalen Schule getilgt. Dieser Wandel des Männlichen sorgt einerseits für eine größere Heterogenität und für mehr Möglichkeiten, auch in den Beziehungsweisen. Gleichzeitig werden jedoch auch Defizite erkennbar bei der Frage, wie neue Formen autoritativer Beziehung gestaltet werden: »Moderne« oder horizontale Formen der Autorität (Verhaeghe 2016) werden gerade im Zusammenhang mit Jungen in der Schule zu einem Schlüsselbegriff.

3.1 Vor allem: Beziehung!

Gute Lehrerinnen und Lehrer können auch Jungen erreichen, begeistern und motivieren. Dafür braucht es die Beziehung und eine positive Einstellung Jungen gegenüber, auch zu den schwierigeren Exemplaren. Beziehungsthemen laufen in der Schule oft nebenher, bisweilen werden sie sträflich vernachlässigt. Dies gilt für Beziehungsaspekte unter Jungen, zwischen Mädchen und Jungen, aber besonders für die Beziehung zwischen Schülerinnen bzw. Schülern und Lehrkräften. Bildungserfolg hängt wesentlich von dieser Beziehung ab. Einfühlung der Lehrkräfte in die Kinder ist dabei ein entscheidender Faktor.

Auf die Anforderungen ihrer Persönlichkeit und die Kompetenz, Jungen gut und wirklich autoritativ zu führen, wurden die meisten Lehrkräfte in ihrer Ausbildung nicht vorbereitet: Geschlecht spielt dort keine oder so gut wie keine Rolle, ihre Persönlichkeitsentwicklung wird nicht gefördert (und nicht gefordert), die Entfaltung von sozialen und Beziehungskompetenzen steht ebenfalls nicht oben auf der Agenda. Dass einer Lehrkraft einzelne Kinder oder Gruppen unsympathisch sein könnten ist fast tabuisiert: Natürlich kommt so etwas bei professionellen Pädagogen nicht vor (was aber kaum der Wirklichkeit entspricht).

Dass schulische Jungenprobleme nicht ausschließlich oder primär an »den« Jungen liegen, wie oft unterstellt wird, belegen die Schilderungen von Erfahrungen mit Jungenklassen: Bei der einen Lehrperson ist die Klasse arbeitswillig und -fähig, bei der anderen bricht dagegen in fast jeder Unterrichtsstunde das Chaos aus. In einer anderen Jungenklasse fühlt sich die Lehrperson wie ein Raubtier-Dompteur; gibt sie den Jungen aber eine reale Aufgabe mit Wirklichkeitsbezug, sind sie ernsthaft und sogar relativ diszipliniert bei der Sache. Solche Beispiele zeigen: Einiges an den Problemen von und mit Jungen in der Schule hängt am Personal in der Schule, an den Lehrerinnen und Lehrern.

Sich zu Jungen in Beziehung setzen

Oft scheint es nicht so, aber Jungen brauchen und wünschen sich eine gute Beziehung zu den Lehrkräften, wenn auch besonders gefärbt und eingestimmt. Beziehung und Bindung sind Schlüsselbegriffe fürs Befinden und für den Erfolg von Jungen in der Schule. Jungen wollen sich an ihre Lehrkräfte binden (auch wenn sie dies, vor allem während der Pubertät, von sich weisen würden), sie sind auf ihre Beziehung, Kontakt und Aufmerksamkeit angewiesen. So sagen z. B. fast dreiviertel aller Jungen in der vierten Klasse, dass sie sich anstrengen, »damit mich mein Lehrer lobt« (nur 60 Prozent der Mädchen antworten so) (Bos u. a. 2005). Umgekehrt kann gesagt werden: Immer, wenn Jungen schwierig sind oder werden, hat dies auch Beziehungsursachen.

Die Beziehungsgestaltung zu Schülerinnen und Schülern ist ein Hauptjob von Lehrkräften. Viele Studien belegen eindrücklich, dass Bildungserfolg eng mit der dieser Beziehung zusammenhängt. Allerdings könnte genau sie oft besser sein, denn dieses Verhältnis ist bei uns allgemein oft distanziert und »formell«. In Kanada – einem OECD-Musterland – ist die Bindung zwischen Schülern bzw. Schülerinnen und Lehrkräften besser, was sich beispielsweise stärkend auf die Motivation auswirkt.

Hinzu kommt, dass das Verhalten vieler Jungen in den Augen von Lehrerinnen oder Lehrern die Beziehung stört, weil sie andere Erwartungen haben und mit einem Teil der Beziehungsweisen von Jungen nur wenig anfangen können. Geschlechteraspekte können kräftig in die Beziehung zwischen Lehrkraft und Jungen hineinspielen. Es gibt zwar Lehrerinnen und Lehrer, die gern, manche sogar lieber, Jungen unterrichten. Tendenziell ist das Jungenimage in Schulen allerdings oft eher schlecht, und diese Bewertung wirkt zurück: als sich selbst erfüllende Vorhersage, als Etikett, das Jungen aufgeklebt wird, aber auch als Beziehungsstörung in Form von Ablehnung.

> *»Das spürt man auch als Eltern, das spürt man auch von der Gesellschaft und von der Berichterstattung, dass die [Jungen] eher so als Störenfriede wahrgenommen werden [...] wenn ich einen Wunsch äußern dürfte an die Lehrer: nehmt die Jungen mal wahr, was die alles können und wie man die eigentlich zum Leisten bringt, das ist die Frage.«*
>
> *(Eine Mutter im Interview, sie hat zwei Söhne)*

Jungen bekommen dann den Eindruck, von den Lehrerinnen und Lehrern nicht gemocht zu werden, jedenfalls weniger als Mädchen. Im Extrem scheinen manche Lehrkräfte die Einstellung zu vertreten, Schule könnte so schön sein, wenn es keine Jungen gäbe! Solche Haltungen erreichen Jungen, verhärten sich und wirken als Beziehungsstörungen, die einen negativen Blick auf Schule bestätigen: »Schule ist nichts für mich«, und sofern Jungen den Eindruck bekommen, die Lehrkräfte mögen insbesondere die Jungen nicht, gilt dies speziell: Schule ist nichts für mich »als Junge«.

Auch mit den Unterrichtsinhalten selbst können Jungen oft nur wenig anfangen. Es ist ja kaum möglich, sich für alles zu interessieren. Deshalb brauchen Jungen es, dass die Inhalte durch die Beziehung der Lehrkraft getragen sind und sie dadurch den Kontakt zu ihr spüren. Langweilt der Stoff die Jungen und verhalten sie sich entsprechend, wirkt das zurück. Wenn die Verbindung und die Rückkoppelung durch die Schüler fehlen, stumpfen die Lehrerin oder der Lehrer allmählich ab. Dann verringert sich die Intensität des Kontakts zu den Jungen weiter – eine für alle Seiten anstrengende Situation entsteht.

Auf schlechte oder fehlende Beziehung reagieren Jungen mit Rückzug, Ablehnung und Abwertung der Lehrkräfte, aber auch mit Rebellion. Wird die Beziehung zu ihnen schlechter, müssen Lehrkräfte ständig gegen den Widerstand der Jungen ankämpfen, zu dem diese sich berechtigt fühlen und den sie dann mehr oder weniger heftig ausagieren.

Ein Beziehungsbedürfnis vieler Jungen ist es, dass sich Lehrkräfte auf das einlassen, was sie mitteilen, dass sie ihre Stimmung und Bedürfnisse wahrnehmen, sie ernst nehmen. Sicher bringen Jungen aus ihren geschlechtlichen Lebenswelten bisweilen gewagte Behauptungen und Absurdes mit, und natürlich braucht Unproduktives nicht immer ernst genommen zu werden; aber gerade das auf den ersten Blick Unlogische oder Vernunftwidrige ist für die Beziehung oft interessant. Die Antwort eines Jungen auf die Frage »Wie kommst du denn darauf?« kann spannende Einblicke in sein Denken und seine Lebenswelten liefern.

Wenn der Kontakt zu Jungen nicht stimmt, wirkt sich dies auf beiden Seiten aus.

Die Person der Lehrerin bzw. des Lehrers gibt den Ausschlag für die Beziehung zum Jungen. Auf sie und ihre Haltung kommt es maßgeblich an: Lehrpersonen, die alle im Blick haben und Jungen unterstützen (nicht nur Stars und Schätzchen); Lehrerinnen und Lehrer, die Jungeninteressen bezüglich Themen und Inhalten akzeptieren; Lehrkräfte, die von den bisweilen originellen Formen der Kontaktaufnahme und Auseinandersetzung der Jungen nicht brüskiert, irritiert oder abgeschreckt werden.

Sicher lassen sich Jungen von Lehrkräften besser erreichen, die Gefühle der Jungen beim Lernen ansprechen können. Gerade dabei ist die Fähigkeit gefragt, zu den Jungen eine Beziehung aufzubauen und sie mit dem zu akzeptieren, was sie mitbringen. Für eine gute Beziehung zu Jungen ist es also erforderlich, dass Lehrkräfte einerseits Jungen verstehen können, ihre Fächer in Inhalte und Methoden übersetzen können, die bei Jungen ankommen, und andererseits sich selbst in Beziehung setzen können, dass sie Konflikte und Angriffe als Beziehungsanträge verstehen und Jungen mit ihrer

Persönlichkeit ein stabiles Gegenüber bieten, an dem sie sich reiben und weiter entwickeln können.

Pubertätsbeziehungen

Pubertät bedeutet immer eine Herausforderung für die Beziehung, das gilt selbstverständlich auch für die Schule. Die Jungen entwickeln sich, sind in dieser Entwicklung oft ambivalent – mal kleiner Junge, mal großer Jugendlicher, mal beides gleichzeitig – und es ist oft schwierig bis unmöglich herauszufinden, wo er sich gerade befindet. Viele Jungen ziehen ihre Beziehungsfäden zu Erwachsenen während der Pubertät zurück. Lieber verschanzen sie sich hinter Mauern der Undurchsichtigkeit. Beziehungsaufforderungen quittieren sie oft mit dem Ausdruck: Lass mich bloß in Ruhe! Dieser Rückzug ist für die Jungen wichtig, genauso wie für die Lehrkräfte. Denn auch sie brauchen die Chance, neue Formen des Kontakts zu den Jungen aufzunehmen.

Lehrerinnen und Lehrer, die in dieser Phase dranbleiben, sich für Jungen interessieren, sie zu Kontakt und Beziehung auffordern, ohne zu stark zu bohren, halten die Bindung aufrecht und helfen Jungen, durch diese Phase zu kommen. Schön, fast beglückend ist es zu sehen, wie manche Jungen hinter ihren Mauern immer wieder kurz auftauchen und etwas von dem erkennbar wird, was sie ausmacht, und von dem Mann, der sie später sein werden. Und immer wieder ist es erstaunlich mitzubekommen, was in diesen dumpf und nur cool wirkenden Jungenschädeln so vor sich geht.

> *Lehrkräfte signalisieren Stabilität und Interesse, wenn sie ihre Beziehungswünsche und Kontaktversuche aufrechterhalten und sich von der abweisenden Haltung der Jungen nicht abschrecken oder gar anstecken lassen. Auch die schlechte Laune der Pubertät braucht nicht übernommen zu werden: Du hast Pubertät? Mir geht's trotzdem gut!*

Was die Beziehung nicht einfacher macht ist, dass sich im Kontakt zwischen Lehrperson und Jungen häufig Themen eines verlagerten Generationskonflikts finden. Familie hat sich strukturell verändert, vom Machtraum zu einem emotionalen Beziehungsbereich. Damit verlagerte sich auch der Generationskonflikt der Jungen vom Familientisch und dem Kampf gegen die Väter in die Schule und auf den Kampf gegen die Erwachsenen im Klassenzimmer. Mit dem Konflikt bringen Jungen auch den Stress mit, den sie früher mit ihren Vätern hatten, und wollen ihn mit den Lehrkräften austragen.

Für viele pubertierende Jungen ist nicht der Schmelz der Harmonie interessant, sondern der Dampf der Konfliktbeziehung; Konflikte im Unterricht und außerhalb bieten sich zur Beziehungspflege zu Jungen an. Vielen Jungen ist es wichtig, sich als selbstständig zu markieren. Sie bauen um sich einen Nimbus der Autonomie auf, nach dem sie demonstrativ nicht auf Erwachsene angewiesen sind. Zu diesem Image kann es gehören, sich abzusetzen, also kein angepasster, erwachsenenorientierter Streber zu sein. Dies sind nicht nur die Themen besonders aufsässiger Jungen. Denn auch eher »brave« oder ruhige Jungen haben Spaß daran zu sehen, wie Provokateure und Rebellen unter den Jungen in den Ring steigen und versuchen, die Lehrer herauszufordern oder zu demontieren. Sie delegieren ihre Themen elegant an die Protagonisten, die damit besonders unter Druck stehen. Dass es neben Reifungs- auch um Generations- und Autoritätsthemen geht zeigt sich daran, dass sich bei vielen Jungen Leistungswille und Motivation in der späten Pubertät fast wie von selbst einstellen, wenn diese Fragen geklärt sind.

Und ansonsten können auch in der Jugendphase Beziehungen dort gut entstehen und gepflegt werden, wo es außerordentliche und außergewöhnliche gemeinsame Erlebnismöglichkeiten gibt, weil die Beziehungsmöglichkeiten in der normalen Lebenswelt der Schule, im Unterricht einfach beschränkt sind. Gerade wenn es pubertätsbedingt schwierig wird, erweisen sich außerschulische Aktivitäten als förderlich: Treffen auf dem Schulhof oder in der Mensa, Sport, Grillen, Nachtwanderungen, soziale Einsätze (beispielsweise im Altenheim, im Naturschutz), Schullandheimaufenthalte oder Sprachpartnerschaftsreisen, erlebnispädagogische Erfahrungen (mit Schülern und Lehrkräften!), kulturelle Produktionen (Theater, Musik, Kunst) oder auch Erlebnisse mit Schülern bzw. Schülerinnen, Eltern und Lehrkräften gemeinsam. Sicher, das alles fordert viel von Lehrkräften, aber sie bekommen dafür viel zurück und leiden weniger an Burnout.

3.2 Jungen brauchen Autorität

Jungen benötigen und wünschen in der diffusen, aufgeladenen und stressigen Situation Schule Orientierung. Sie entsteht durch Klarheit und Struktur, insbesondere durch eine stabile Leitplanke in der Person der Lehrkraft. Sie stellt den Rahmen, der die Situation von Jungen in der Schule entspannt und den sozialen Stress reduziert. Diese Seite der Klarheit und Prägnanz ist bei solchen Lehrkräften eher schwach entwickelt, die von Jungen abhängig und mit ihnen verstrickt sind: Sie wollen von den Schülern gemocht werden und verlieren darin ihre professionelle Haltung, ihre Generationsposition und ihre Eindeutigkeit.

Um diese Klarheit und Eindeutigkeit den Jungen authentisch darstellen zu können, ist eine stabile Persönlichkeit erforderlich. Die Situation von Jungen in der Schule zu verbessern verlangt, ihnen profilierte, markante und authentische Lehrkräfte zu bieten.

Lehrerinnen und Lehrer werden von den Schülern akzeptiert, manchmal sogar geliebt, weil und wenn sie davon unabhängig sind, gemocht zu werden!

Die Ausrichtung der heutigen Schule hat eine Generation von Lehrerinnen und Lehrern hervorgebracht, die Kinder sozialer Bewegungen sind: der Friedens-, Ökologie- und Frauenbewegung. Partnerschaftliches, sozial kompetentes, auf gemeinsame Ziele hin orientiertes Lernen mit hohem Selbstverantwortungsanteil und deutlichem Kommunikationsüberhang charakterisiert die daraus abgeleitete Schule: ein soziales Öko-Gewächshaus, ein kommunikatives Lernbiotop, eine gute und demokratische Vorstellung. Allerdings ist in der Wahrnehmung vieler Jungen das Ergebnis oft schwammig, unklar, unstrukturiert. Sie brauchen es und wünschen sich, dass in der Schule Rollen und Aufgabenstellungen markant gestellt sind. Ist dies nicht der Fall, werden manche von ihnen vom eigenen Chaos übermannt. Dann droht Kommunikation zum Rauschen zu werden oder sie fühlen sich von der Lehrerkommunikation an mütterliche Moralansprachen erinnert und schränken ihre Aufmerksamkeit ein.

Keine Frage: Autoritäres Verhalten schadet. Jungen wünschen durchaus eine nicht-autoritäre Schule. Dennoch brauchen sie Halt, Führung durch Erwachsene, Regeln, die mit herzlicher Entschlossenheit gehalten werden und durch Konsequenzen gesichert sind (nicht durch Strafe!). Viele Jungen schätzen dabei auch die Konfrontation aus der Beziehung heraus, weil sie sich darin in Kontakt fühlen und die Lehrkraft spüren. Jungen verlangen nach einer erzieherischen Präsenz, die neben der Deutlichkeit auch Herzlichkeit und Beziehung mitbringt; das bietet Jungen die Sicherheit, in der sie sich bewähren und entwickeln. So können Jungen die Lehrerin oder den Lehrer als »Königin« oder »Häuptling« akzeptieren und als positive Führungskraft besetzen. Jungen nützen keine Weichspülpädagogen, sondern Personen mit Haltung und Struktur. Während »kumpelhafte« Lehrkräfte oft nicht ernst genommen werden, erhalten Lehrkräfte mit entwickelter Autorität Anerkennung, sie werden geachtet. Solche Lehrerinnen und Lehrer agieren in Beziehung, präsent und mit Zuneigung zu Jungen. Sie vermitteln Halt und Perspektive, strahlen darin Souveränität aus, der sich auch in ihrem Humor zeigt. Diese Haltung der Autorität überträgt sich positiv auf die Jungen, sie ist deshalb entscheidend für ihre Beziehungsgestaltung. Lehrerinnen und Lehrer führen Jungen über die Beziehung und aus ihr heraus; sie leiten damit einzelne Schüler und etablieren die pädagogische Kultur in der Klasse. Das ist keine nette Zugabe, sondern essentiell, eine Notwendigkeit: Gute Lehrkräfte *müssen* führen (vgl. dazu allgemein und mit vielen Tipps und Details: Hoegg 2012).

Führende Lehrkräfte für Jungen

Die Qualität dieser pädagogischen Beziehung lässt sich mit dem Begriff »pädagogische Autorität« fassen (Reichenbach 2011). Autorität ist ja kein einfacher Terminus, aber in heutiger Zeit und in renovierter Form von hoher Bedeutung. Gemeint ist damit persönliche oder horizontale Autorität (Verhaeghe 2016), angesiedelt zwischen Bindung, wechselseitiger Anerkennung, Macht und Vertrauen. Dabei geht es um eine Beziehungsqualität, um eine persönliche und tragfähige Bindung (also nicht um Macht- oder Amtsautorität, nicht um Bootcamps mit ihrer »Basta-Erziehung«). Diese in der Erziehung unersetzliche Form lebt in und aus der Beziehung. Aus ihr heraus kann der Junge darauf vertrauen, dass die Lehrkraft weiß, was sie tut, und auch, dass sie etwas von ihm verlangt, weil es ihm etwas bringen wird, was er noch nicht ahnen kann. Autorität schwingt im Kontakt und in der Gegenseitigkeit; der Lehrer oder die Lehrerin kann den Jungen deshalb begeistern für den Stoff, für eine Sprache, ein Musikstück oder die Kunst der Mathematik.

Pädagogische Autorität ist dabei immer auch paternalistisch angelegt. Als Erwachsene, als Autorität, haben Lehrkräfte einen Vorsprung und gesellschaftliche Bildungs- und Erziehungsaufträge; sie wissen es aufgrund ihrer Fachkompetenz tatsächlich besser, was der Junge braucht. Dies sollte nicht manipulativ missbraucht werden. Viele Jungen würden sich, dürften sie selbst entscheiden, gegen mühsame Bildungsprozesse oder für eine bequeme »Konsumbildung« entscheiden. Der Kommerz kommt ihnen in Form von Produkten, Apps oder Computerspielen weit entgegen. Dagegen ist es anstrengend, die Mühen komplizierter Lernprozesse auf sich zu nehmen; die Autorität verbürgt sich für die Notwendigkeit, und dafür braucht es Beziehung und Vertrauen.

Damit diese Autorität fließen und funktionieren kann, braucht sie ein Einverständnis der Beteiligten, die wechselseitige Anerkennung. Hier auf eine gemeinsame Grundlage zu kommen ist ein längerer Prozess, besonders dann, wenn die Ausgangsbedingungen weit auseinander liegen.

Erleben Jungen in ihrer Familie ein eher strenges und autoritäres Verhalten in der Erziehung, werden sie z. B. Strafen, Angst oder Gewalt ausgesetzt (Jungen erleiden in Familien mehr körperliche Gewalt als Mädchen), dann fällt es ihnen schwer, horizontale, nicht macht- oder gewaltorientierte Autorität zu akzeptieren: Die Lehrkraft wird zunächst als »schwach« erlebt.

Die Anerkennung der Autorität von Lehrkräften ist bei Kindern kultur- und herkunftsabhängig ausgeprägt.

Bedürfnis von Jungen nach Führung

Das Bedürfnis nach dieser Autorität ist universell, aber Autorität hat eine doppelte Geschlechterseite: Das Geschlecht der Autorität ist genauso von Belang, wie das Geschlecht derjenigen, die ihr folgen. Jungen verlangen oft ein klares, markantes und entschiedenes pädagogisches Gegenüber, sie sind als Jungen im Durchschnitt mehr und stärker auf Autorität angewiesen als Mädchen. Damit ist nicht etwa gemeint, sie müssten »hart angepackt«, diszipliniert oder unterworfen werden. Aber ihr Männlichsein fordert Autorität stärker heraus, wodurch ihr Bedürfnis, geführt zu werden, indirekt ausgedrückt wird. Kulturell aufgeladen findet sich diese Aufgabe im Männlichkeitsbild als »Kampf der Söhne gegen die Väter«; hinzu kommen die Statusinteressen und Rangbestimmungen von Jungen, ihre Erfahrungen mit selbstbehauptender (assertiver) Aggression, ihr stärkeres hierarchisches Denken, Bilder autonomer und dominanter Männlichkeit, genauso wie psychische Effekte der Beziehungsambivalenz oder körperliche Impulse (z. B. Einfluss des Testosterons, Status- und Ranginteressen).

Ohne klare Lenkung und Führung geht in der Jungenpädagogik wenig. Entweder die Lehrkraft führt die Jungen – oder sie wird von ihnen geführt.

Besonders in unsicheren Phasen, also etwa zu Beginn eines Schuljahres, nach den Ferien oder einem Klassenwechsel brauchen Jungen sichere Beziehungen zur Lehrkraft, weil in diesen Übergängen Beziehungen neu definiert oder wieder festgeklopft werden; ihr Männlichsein animiert viele Jungen, Status und Position in solchen Phasen neu zu verhandeln: Sie wollen »es wissen«. Auch während der Pubertät brauchen sie intensivere Markierungen der Autorität, weil es ihnen in dieser Zeit an Vernunft und innerem Halt mangelt und sie gleichzeitig von Testosteronschüben überschwemmt werden, die zu steuern sie erst noch lernen müssen.

Die Lehrkraft antwortet darauf aus der Beziehung heraus, indem sie sich als persönliche Autorität mit der Botschaft inszeniert: »Ich kann dich auch in deinem Männlichsein halten. Ich sorge für die Sicherheit, den gemeinsamen Lernfortschritt, den Nutzen deiner Arbeit in der Lebenswelt Schule. Du kannst mir vertrauen und folgen.« In der Vorstellung einer persönlichen Autorität in Beziehung zum Jungen sind Verbindung, Partizipation und Demokratie verankert – und damit durchaus auch Gegenbilder zu martialischen, rigiden oder heldenhaften Männlichkeitsbildern. Solche persönliche Autorität bietet Jungen ein stabiles Gegenüber und damit Halt, durch den sie sich entwickeln können.

Autorität der Lehrkraft und ein ausgeprägt autoritativer Stil helfen mit, Jungen zu bilden und in ihrer Geschlechtlichkeit zu fördern. Dies verlangt von Lehrkräften, Beziehungen zu Jungen aus dieser stabilen Position heraus proaktiv aufzubauen, zu halten und zu pflegen.

Die Fähigkeit, sich sozial passend zu verhalten, erwerben Jungen insbesondere über die Erfahrung in tragfähigen autoritativen Beziehungen im gemeinsamen Alltag: zuerst in ihrer Herkunftsfamilie, erweitert über institutionelle pädagogische Beziehungen in Kindergarten und Schule. Dadurch bekommen sie den Halt, durch den sie persönlich wachsen, den sie internalisieren und durch den sie sich in zunehmende Freiheit und Selbstverantwortung entwickeln können. Umgekehrt lassen sich Schwierigkeiten von Jungen mit Autoritätsbeziehungen in der Schule häufig mit Mängeln im Verhalten ihrer Eltern, aber auch in früheren pädagogischen Beziehungen erklären, die Jungen in Kindergarten oder Grundschule nicht stabil halten und führen konnten.

Aktive Autorität

Die Autoritätsbeziehung entsteht und entwickelt sich im gemeinsamen Alltag, hier wird sie beständig hergestellt und erneuert. Die in der Arbeit mit Jungen gefragte Autorität ist kein verliehener Status, keine statische Position, sondern aktives Handeln, Beziehungsgestalten und Darstellen: Lehrkräfte haben nicht Autorität, sie tun sie, durch Haltung und Werte, durch Kommunikation, durch ihre Klarheit, durch Präsenz, Respekt oder die Ruhe, die sie ausstrahlen.

Zwar bewährt sich Autorität auch in der Krise, sie wird aber optimalerweise vorher proaktiv initiiert und stabilisiert. Sie zeichnet sich durch einen autoritativen Beziehungsstil aus, gleichermaßen und gleichzeitig nah, verstehend, mitfühlend, wie auch eindeutig, klar, kontrollierend oder wenn nötig auch konfrontierend. Für die Jungenbildung gilt: Konfliktbeziehungen sind Beziehungen, auch mit Autoritätspersonen! Störungen im Unterricht, Regelverletzungen oder Disziplinprobleme sind auch Formen, die Autorität an- und herauszufordern. Wenn Jungen sich zu behaupten versuchen oder Konflikte inszenieren, transportiert ihr Verhalten beiläufig Beziehungswünsche oder -anträge an Lehrkräfte: Jungen verlangen damit akzentuierte Führungsstärke. Solche Beziehungswünsche missverstehen viele Lehrerinnen und Lehrer, sie interpretieren sie nur als Angriffe oder Inkompetenz, was den Bedürfnissen vieler Jungen nicht gerecht wird. Auch kleinere Beziehungsstörungen wollen ernst genommen werden; verfahrene Beziehungen vor allem zu Alpha-Jungen in der Klasse können Wellen schlagen und sich auf andere Jungen übertragen. Bei Schwierigkeiten mit Jungen hilft es oft, den Kontakt zu intensivieren, die Beziehung zu ihnen zu verstärken, statt sie beziehungsmäßig kalt zu stellen

Präsenz

Wer gute Autoritätspersonen beobachtet oder mit ihnen zu tun hat kann feststellen, dass eine gute Qualität in ihren Beziehungen durch die Intensität in ihrem Da-sein, ihrer Präsenz entsteht. Dadurch kommen Wertschätzung und Respekt ins Schwingen. Gleichzeitig demonstriert die Autorität mit ihrer Präsenz Zeitsouveränität und führt die Beziehung durch Anerkennung. Umgekehrt interpretieren Jungen mangelnde Präsenz gern als offene Freiräume oder als Einladung, die Autorität auf die Probe zu stellen: Merkt sie (die Lehrkraft) es oder ist sie so abgelenkt, dass ich machen kann, was ich will?

Mit dem Körper anwesend zu sein, genügt für eine lebendige Autoritätsbeziehung also nicht. Scheinpräsenz wird als versteckte Abwertung und Kränkung erlebt. Wer körperlich-räumlich anwesend, mit seiner Aufmerksamkeit aber woanders ist, schwächt den Kontakt: Anderes ist wichtiger, man hängt im Früheren und kommt nicht bewusst an, oder eilt schon davon ins Nachher. Auch wenn jede Ablenkung aufgegriffen wird bedeutet dies, das Gegenüber nicht wichtig zu nehmen.

Präsenz meint dagegen das ganze Interesse im Sinne von Dazwischensein, Dasein, was auch mit »Geistesgegenwart« ausgedrückt werden kann. Sie wird als Form der Zuwendung und Hinwendung im Jetzt und Hier erlebt: Du und ich, ihr und ich – das ist wichtig und nichts anderes. Die Präsenz der Autorität ist ein starker Ausdruck der Wahrnehmung und der Anerkennung: Ich sehe dich und es ist mir wichtig, was mit dir passiert. In der Schule ist diese wertschätzende Aufmerksamkeit der Lehrkraft die stärkste Beziehungswährung, die von Jungen im Guten, wie auch im Fall des Mangels registriert wird.

Präsenz lässt sich kaum übertreiben, aber falsch verstehen: Es geht nicht um Allgegenwart oder Dauerkontrolle, die mangelndes Vertrauen oder Selbstüberschätzung ausdrücken. Gemeint ist das klare und entschiedene Da-sein, das in anderen Situationen ähnlich konsequent das Nicht-da-sein erlaubt.

In der zeitlichen Präsenz als Fähigkeit, ganz im Moment zu sein, bekommt die Haltung Ausdruck, dass das, was jetzt geschieht, richtig und bedeutsam ist: dass es auf den

Augenblick ankommt, der gerade stattfindet, unabhängig davon, ob sich das angenehm anfühlt oder Unwohlsein schafft. Das Jetzt zählt, und diese einzige Chance gilt es zu nutzen, gleichsam als Verortung in Raum und Zeit an einem ganz bestimmten Punkt: nämlich hier und jetzt. Weil diese Fähigkeit bei den meisten Menschen nicht gut entwickelt ist oder vielleicht besser: verlernt wurde, braucht Präsenz oft eine bewusste Entscheidung. In dieser Präsenz richtet sich die Aufmerksamkeit gleichzeitig auf das Gegenüber, auf die Beziehung und auf die Situation.

Das klingt einfach, es ist auch kinderleicht. Und in der Tat: Säuglinge und kleine Kinder können Präsenz am besten. Aber diese Fähigkeit geht offenbar allmählich verloren. Nichtpräsenz wird erlernt, Erziehung, gesellschaftliche Erwartungen und eine Menge von Reizen führen dazu, dass die Fähigkeit zur Präsenz dem selbstbezogenen Denken weicht und Ablenkungen folgen. In jeder Sekunde werden Gedanken, Erinnerungen, Gefühle, Zukunftsvorstellungen, Analysen, Deutungen und vor allem Wertungen mobilisiert; Reaktionsmechanismen setzen sich in Gang. Damit sind wir nicht tatsächlich präsent, sondern hängen mit der Wahrnehmung im Irgendwo, in der Vergangenheit oder Zukunft.

Eine Art Selbstüberschätzung suggeriert oft, es käme vor allem darauf an, was wir tun oder sagen. Die Sehnsucht oder das tiefere Bedürfnis vieler Jungen ist aber, nicht alleine, sondern verbunden zu sein, dass also einfach jemand da ist. Bevor jemand etwas tut, und damit das Richtige getan werden kann, ist es deshalb hilfreich dafür zu sorgen, da zu sein und dies zu signalisieren. Präsenz kann dabei Platz schaffen. Er entsteht beim Reden, findet sich zwischen Sätzen, zwischen den Worten. Bisweilen sind solche Abstände fast wichtiger als die Worte und Sätze. (Allerdings ist es hilfreich, sich dessen bewusst zu sein, sonst machen solche Abstände die Gegenüber leicht ungeduldig).

Wie können wir präsenter werden?

Mehr präsent zu sein erfordert Selbstdisziplin und entschiedenes Bemühen. Es kann entwickelt und geübt werden, indem das Abschweifen, das Nicht-Präsentsein registriert und wahrgenommen wird, und diese Reflexion uns immer wieder zurückführt ins Hier und Jetzt.

- Mehr Präsenz entsteht durch bewusstes Wahrnehmen; es kann helfen sich immer wieder zu fragen: Wo bin ich gerade? Bin ich wirklich da?
- Oft hilft es der Präsenz paradoxerweise, inneren Abstand zu gewinnen. Präsenter zu werden bedeutet, das Theater in Gehirn oder Körper als das zu betrachten, was es ist: Theater. Man kann die Show genießen, die sich im Hirn abspielt: die bissige Bemerkung, die Abwertung, die sadistischen, sexistischen, gewaltförmigen oder die unmöglichen Gedanken: »Aha, so denke ich gerade, so reagiert mein Kopf-Automat.« Dann kann aber bewusst entschieden und passend reagiert werden. Mit dem Abstand oder der Außensicht verhalten wir uns weniger automatisch, was Präsenz fördert und Einfühlung und Friedfertigkeit erleichtert. .
- Wenn Sie zu Hektik, Multitasking oder mentaler Abwesenheit neigen: Sagen Sie zu sich selbst die drei Worte: »Lass dir Zeit«. Besonders wenn wir emotional erregt sind,

etwa wenn wir ärgerlich werden, wenn die Gefahr besteht, dass die Emotionen uns beherrschen und wir automatisch reagieren, wenn ich zornig bin – dann ist es notwendig, sich viel Zeit zu lassen.
- Hilfreich ist es, wenn Präsenz nicht als »Muss« gesehen und nicht instrumentalisiert wird. Es motiviert eher zu entdecken, dass über mehr Präsenz Gutes und Neues entsteht: eine bessere Qualität des Kontakts oder auch die Kraft der Wahlfreiheit, weil dadurch Automatismen unterbrochen werden, Reaktionen werden bewusster (z.B. wenn nicht automatisch aus dem Ärger heraus agiert wird).
- »Ich bin da« sind weitere Worte, die zur räumlichen Präsenz führen. »Lass dir Zeit. Ich bin da.« So entsteht Präsenz und ein Raum, um Bedürfnisse und Gefühle wahrnehmen zu können, die eigenen und die des Gegenübers.

Respekt

Basis der guten Beziehung zwischen Schüler und Lehrkraft ist der beidseitige Respekt, die Autoritätsbeziehung funktioniert in wechselseitiger Anerkennung. Respektvolles Verhalten ist ein Gleitmittel in der Bindung zwischen Lehrkraft und Junge; zeigt der Junge Respekt, fällt es der Lehrkraft leichter, in Kontakt zu sein. Lehrerinnen und Lehrer erwarten, dass Jungen sich respektvoll verhalten. Beim Respekt geht die Autorität allerdings in Vorleistung: Nur wenn mit Jungen respektvoll umgegangen wird, kann auch erwartet werden, dass sie das ebenso mit den Lehrkräften tun.

Idealerweise bekommen Jungen von ihren Eltern durch deren Modellverhalten die nötigen Informationen mit auf den Weg in die Schule, und zwar gleich mehrfach: im Umgang, den Eltern untereinander pflegen; wie sie zuhause mit dem Sohn umgehen; und darin, wie Eltern Lehrkräften gegenüber ihren Respekt ausdrücken. Wenn nicht, wenn Jungen von Eltern respektlos behandelt werden und keine guten Vorbilder sind, tun sich Jungen in der Schule selbst mit dem Respekt schwer. Lehrkräfte sind dann aufgefordert, respektvolles Verhalten zu vermitteln.

Lehrerinnen und Lehrer sind Autoritätspersonen. Sie haben einen Auftrag von der Gesellschaft und von den Eltern erteilt bekommen und deshalb Respekt verdient. Jungen müssen Lehrer und Lehrerinnen nicht lieben, aber sie sollten sich ihnen gegenüber respektvoll verhalten, was sie selbstverständlich auch für sich selbst erwarten können. Respekt ist die Basis jeder guten Beziehung; ihr Fehlen kann durch nichts ausgeglichen werden.

Der Begriff »Respekt« (lat. »respectus«) meint Rücksichtnahme, Berücksichtigung, Wertschätzung, Aufmerksamkeit, Achtung, aber auch Ehrerbietung. Hier wird Respekt eher als ein »horizontales« Verhältnis bedeutsam, das die Wechselseitigkeit betont. Dieser Respekt ist Beziehung in Nähe, er beinhaltet den Dialog und beruht auf Vertrauen; den Jungen anzuschauen, Blickkontakt mit ihm aufzunehmen schenkt ihm bereits Aufmerksamkeit – und vermittelt ihm damit Achtung. Einem Jungen mit Respekt zu begegnen meint, ihn ernst zu nehmen, ihn zu sehen und mit seinen Bedürfnissen zu akzeptieren.

Umgekehrt sind Formen der Geringschätzung oder Abwertung respektlos; wie manchmal über Jungen geredet wird – über ihre Körperexperimente, ihre Kleidung, ihre Konfliktinteressen –, drückt Respektlosigkeit aus, von grundlegender Wertschätzung bleibt wenig übrig. Jungen spüren das und nehmen unterschwellig wahr, dass sie missachtet werden, wenn sie es auch nicht selbst hören. Im Gegenzug beantworten sie diesen Eindruck ihrerseits in Respektlosigkeiten.

Eine wichtige Alltagsfrage lautet dementsprechend: Respektiere ich die Jungen wirklich? Nehme ich sie tatsächlich ernst? Und woran können sie das merken?

Respektvolles Handeln hängt mit Werten zusammen und unterstreicht die Würde und die Rechte anderer. Egoistisches Verhalten wird damit ausgeschlossen, weil der oder die andere miteinbezogen, also berücksichtigt wird. Konkret zeigt sich Respekt in der Haltung, dass das Gegenüber wertvoll, ein Geschenk und genauso »richtig« ist, wie es ist. Das fällt Lehrerinnen und Lehrern oft nicht so leicht. Wenn der Junge »ja schon richtig« ist, würde das ja bedeuten: Er kann so bleiben, wie er ist! Mit dem schulischen Defizitblick ist genau dies nicht gestattet, Jungen sollen und müssen sich doch ständig ändern und verbessern! Damit geht aber etwas vom Respekt verloren. Nicht die Jungen müssen *sich* verändern, sondern nur ein Teil ihres Verhaltens. Respekt fragt zuerst: Wer ist der Junge? (und nicht: Warum macht er dieses und jenes?). Dahinter steht die Überzeugung, dass er prinzipiell so in Ordnung ist, auch wenn manche Verhaltensweisen abgelehnt oder sogar bekämpft werden.

Die Qualität von Anerkennung und Respekt ist aufgrund ihrer unterschiedlichen Beziehungsweisen und geschlechtlichen Lebenserfahrungen bei Männern etwas anders als bei Frauen: Vielen Männern kommt es mehr auf ihren Status, auf Respekt als Wertschätzung an, und das kann auch im Konflikt, im Zurechtweisen erfahren werden. Männer können deshalb sehr empfindlich reagieren, wenn sie diese Form des Respekts vermissen. Weniger wichtig sind ihnen häufig die gegenseitigen Vergewisserungen und Beziehungsbestätigungen über Harmonie, fürsorgliche Zuwendung oder Wertschätzung der Führungskraft durch Bescheidenheit.

Auch wenn sie mit respektvollen Erwachsenen umgeben sind, erhalten Jungen reichlich Anregungen, wie sie sich respektlos verhalten könnten, gerade durch männliche Figuren aus den Medien (Moderatoren, Comedy, Serien) oder der Politik (Populismus, »Trumpismus«) und besonders von Gleichaltrigen. Vor allem während der Pubertät ist es für Jungen manchmal schwierig, Situationen richtig zuzuordnen. Dann pöbeln sie den Lehrer so an, wie sie es mit dem Kumpel aus der Clique tun würden, d. h. im erregt-verärgerten Zustand macht ein impulsiver Junge schnell mal eine abfällige Geste oder sagt zur Lehrerin »Halt‹s Maul«. Je nachdem, auf welchem Fuß die Lehrkraft erwischt wird, reagiert sie dann: im Idealfall konfrontierend und im Rahmen Ihres Respekts. Hinter »Unverschämtheiten« oder »Respektlosigkeiten« durch Jungen können sich aber auch Missverständnisse verbergen, z. B. der ungeschickte Versuch, die Arbeit der Lehrerinnen und Lehrer zu unterstützen (z. B. Technik bedienen, Licht ein- oder ausschalten, Jalousien öffnen oder schließen). (Ley 2012, S. 125)

Meistens wissen Jungen aber ziemlich gut, welches Verhalten respektvoll ist und welches nicht; manchmal sind sie unsicher, wenn oder weil es Konflikte gibt oder sie die Lehrkräfte gern provozieren, um darüber mit ihnen in Beziehung zu sein. Rebellische, impulsive, aufmüpfige oder auch unwillige Jungen benötigen manchmal Nachhilfe. Dann können Lehrkräfte durchaus Respekt zum Thema machen und ihre Bedürfnisse oder ihre Haltung dazu klarstellen. Denn Respektlosigkeiten vergiften die Beziehung zu Lehrkräften. Dies gilt auch, wenn Jungen als Mitläufer agieren und sich nicht offensiv gegen andere Jungen stellen, die sich unmöglich verhalten. Auch darüber brauchen Jungen Aufklärung, es handelt sich dann nicht um Unterwürfigkeit oder »Einschleimen«, sondern um Zivilcourage und soziale Kompetenz.

Wie können wir respektvoller werden?

Die Lehrkraft gewinnt selbst Ansehen (Autorität), wenn sie Jungen sieht, sich für sie interessiert, sie wahrnimmt; Respekt drücken sie mit ihrer Haltung aus: »Ich sehe dich, nehme dich wahr.« Anerkennung zu geben und Wertschätzung zu äußern sind ebenfalls Formen des Sehens, des respektvollen Umgangs.

- Selbstachtung lässt uns respektvoll werden: Menschen, die sich selbst achten, können auch andere leichter respektieren.
- Selbstbeherrschung und -reflexion hilft beim Respekt; respektvolles Handeln erfordert es, die eigenen Impulse zu kontrollieren oder Begierden zurückzustellen. Emotionen sollen erkennbar sein und dürfen geäußert werden, Gefühle müssen aber nicht wild oder hysterisch agiert und damit neu befeuert werden.
- Wer Konflikte annimmt und kompetent bewältigt (statt sie zu übergehen oder machtvoll zu dominieren), drückt damit Respekt aus.
- Versuche, sie zu überzeugen (statt sie zu beherrschen), vermittelt den Jungen den Eindruck, geachtet zu werden.
- Unterschiede zu achten ist ebenfalls eine Form des Respekts: Es ist lebendig, wenn Menschen sich unterscheiden; respektvoll ist es, Unterschiede allenfalls zu benennen, sie aber nicht zu bewerten.
- Hilfreich für den Respekt ist die Fähigkeit zum Perspektivwechsel: sich selbst aus den Augen der Jungen sehen zu können lässt bei ihnen den Eindruck entstehen, respektiert zu werden

Ruhe bewahren

Im Umgang mit der Zeit verfügen Lehrkräfte über ein weiteres Instrument, um Jungen gegenüber Autorität darzustellen. Wer gute Autoritätsfiguren beobachtet, kann dies an der Ruhe erkennen, die sie auch in hektischen oder stressigen Situationen ausstrahlen. Die Autorität verfügt über ihre Zeit und über die Verwendung ihrer Zeit. Sie hat genügend davon, weil sie sich ihre Zeit-Räume nimmt und über die Zeitverfügung bestimmt. Dabei geht es um Zeitsouveränität, nicht um eine Demonstration der Zeitmacht, die auf ein Selbstüberhöhung der eigenen Bedeutung verweist (deshalb kommen Politiker eigentlich immer zu spät, was in der Schule zurecht als unhöflich und gegenüber der Klasse respektlos interpretiert wird). Gute Autorität hat darüber hinaus Ausdauer, einen langen Atem und auch Geduld, sie kann abwarten und vor allem: Sie ist gelassen, weil sie die Ruhe bewahrt. Ein hoher Anspruch? Sicher, aber deshalb sind Lehrkräfte ja professionelle Fachleute!

Zeitsouveränität zeigt sich durch ihr Tempo in Verhalten, Ausdruck, Bewegungen: Die Autorität hat Zeit, sie bewegt sich deshalb majestätisch, also relativ langsam, betont oder bewusst, eher im »Adagio«, wie Geschwindigkeit eines Flusses oder des Führungsstroms. Ein positiver Nebeneffekt: Die entspannte Haltung überträgt sich allmählich auf die Jungen (wie umgekehrt hektisches oder stressiges Verhalten beim Gegenüber Unruhe und Unsicherheit verursacht).

Ständig für alle – für Jungen, für Eltern, für Kolleginnen und Kollegen – ansprechbar und damit verfügbar zu sein, schwächt den Wert der Autorität; ihre Zeit wirkt unbegrenzt vorhanden und wird gerade durch dieses Überangebot entwertet. Termine zu planen und mit ausreichend Zeit zu vergeben, Aufgaben bewusst zu übernehmen oder auch abzulehnen sorgt für die ruhige Gelassenheit im Alltag und lässt die Zeit der Lehrkraft als etwas Wertvolles erscheinen. Dieses Prinzip verbietet es natürlich nicht, in echten Notfällen (z. B. Blut fließt, Jungen weinen, Feueralarm, Gewalt …) sofort in Aktion zu treten, wirklich alles stehen und liegen zu lassen und Zeitpläne über den Haufen zu werfen – denn auch das ist zeitsouverän.

Ihre Zeitsouveränität hängt mit der Entschlossenheit zur Autorität zusammen. Sie wird durch Entscheidungen markiert, wofür die Zeit verwendet wird. Dabei muss Wichtiges von Unwichtigem unterschieden werden. Für Wichtiges – etwa dafür, einem Jungen zuzuhören, oder für ein Beratungsgespräch – ist dann immer Zeit, für Unwichtiges aber nicht. Unwichtig sind immer Dinge, die überflüssig sind oder die andere erledigen können: Viele Schüler freuen sich, wenn sie helfen können, der Klassensprecher übernimmt Funktionsaufgaben, die die Lehrkraft entlasten. Gut delegieren zu können ist eine Stärke der Autorität. Und viel Unwichtiges kann einfach weggelassen werden. Wer zum Perfektionismus neigt, zahlt dafür meist einen hohen Zeitpreis. Niemand muss absolut toll oder fehlerfrei sein und es ist nicht nötig, Schüler überzuversorgen.

Diese Zeit-Entschiedenheit gilt es auch gegenüber anderen durchzuhalten, die gerne etwas von der raren Zeit abhaben wollen, seien es Kollegen oder Eltern. Es ist sich selbst gegenüber zeitfreundlich, bei den entsprechenden Anfragen (»Kannst du mal kurz …«; »Könntest du für mich …«) zuerst und fast schon kategorisch Nein (oder (»Leider gerade nicht«) zu sagen – natürlich vorausgesetzt, dass man selbst nicht zu vergleichbaren Zeiträubereien bei anderen neigt.

Gerade in anspruchsvollen, leistungsorientierten und hektischen Zeiten ist Ruhe ein sehr wertvolles Gut. Leistungsdruck und Stress haben Jungen genug. Eine bei manchen

Jungen beliebte Antwort darauf ist so gesehen auch gesund: eine grundentspannte Haltung, betonte Langsamkeit, Chillen als Hauptbeschäftigung, Vernachlässigen von Pflichten. Redewendungen verweisen auf den hohen Wert der Ruhe: Ruhe *bewahren* – zur Ruhe *kommen* – *immer* mit der Ruhe – für Ruhe *sorgen*. Sorge tragen wir für Wichtiges; es geht nicht ums Durchgreifen, Disziplin oder um Strenge, sondern um etwas Bedeutsames und Wirkungsvolles, für das wir uns hier einsetzen. So ist die Autorität für Ruhe mit verantwortlich, indem sie Ruhe bewahrt. Sie lässt Jungen zur Ruhe kommen, eine schönes Bild: Die Ruhe ist schon da, die Jungen können zu ihr kommen. Ruhe gilt dabei einerseits als Leitidee für sich selbst, andererseits als Ziel für die Jungen.

Wie können wir mehr Ruhe ausstrahlen?

Im stressigen Schulalltag sind Lehrkräfte stark dabei herausgefordert, in sich zu ruhen und Jungen Ruhe zu vermitteln, die ja ihrerseits mit einem hohen Maß an Umtriebigkeit unterwegs sind. Um Jungen mehr Ruhe zu vermitteln hilft es z. B.;

- Schüler durch Lesen und (Ab-)Schreiben zur Ruhe kommen lassen; Abschreiben ist bei vielen Schülern zwar nicht beliebt, aber eine wichtige Form, wie Schüler lernen und gleichzeitig konzentriert bei sich sind.
- Geregelte Abläufe und Rituale vermeiden Langeweile bei Jungen (Sprengstoff!), sie schaffen Ruhe durch Bekanntes und vermitteln Sicherheit: das Begrüßungsritual zum Stundenbeginn und am Ende der Stunde (Rückblick, Frage: Was haben wir heute geschafft/gelernt); im Verfahren mit Schülerwünschen (Essen, Trinken, Toilettengang), beim Zuspätkommen, bei Störungen, Regelverstößen, Verteilen von Materialien usw.
- Auch bei Störungen gilt es, Ruhe auszustrahlen und zu bewahren. Zur Störung gehören immer mindestens zwei: Ein Junge, der stört und eine Lehrkraft, die sich stören lässt. Die Autorität bestimmt also auch, wie viel Zeit sie der Störung beimisst und ob sie sich aus der Ruhe bringen lässt. Das heißt: Auf Störungen kurz und knapp eingehen, sich nicht stören *lassen*, sondern im Fluss (des Unterrichts) bleiben (Beispiel: »Sebastian, bitte!«; »Semi, hör sofort auf damit«) – also nicht lange und ausführlich erklären, nicht moralisieren und lamentieren; auch nicht auf Diskussionsangebote eingehen.
- Auch als Inszenierung kann die Autorität die Geführten warten lassen. Sie bittet z. B. den vor der Tür des Rektorats wartenden Jungen nach einer angemessenen Zeit herein.
- Der Anspruch, Störungen in der Hitze der Situation grundsätzlich und final zu bewältigen, kostet Zeit und produziert Stress. Natürlich braucht die Störung sofort eine Intervention; das ist aber nicht die zeitraubende Diskussion, sondern schon der Hinweis auf den Regelverstoß: »Niko, setz dich wieder hin.« Um nicht in Hektik zu kommen oder unüberlegt zu handeln verhängt eine gute »Jungen-Führungskraft« die nötigen zeitaufwändigeren Konsequenzen mit einem Zeitabstand: »Wir reden nachher darüber«; »Nach der Stunde kommst du zu mir.« Das gilt vor allem auch dann, wenn Provokationen Blutdruck und Adrenalinspiegel steigen lassen.

Und die Lehrkraft selbst: Merken Sie es, wenn Sie in Stress oder Hektik kommen? Sie befinden sich in innerer Unruhe, werden nervös, fühlen sich unkonzentriert, gereizt oder werden vergesslich? Sie haben das Gefühl, die Zeit läuft oder rennt Ihnen davon, und Sie erhöhen deshalb das Tempo? Alarmsignale sind Probleme mit dem Einschlafen, längere Wachphasen in der Nacht, Abgeschlagenheit, schnelle Erschöpfung, Müdigkeit oder kreisende Gedanken und Sorgen (»Gedankenkarussell«); auch der Körper reagiert, z. B. mit Kopfschmerzen, Appetitlosigkeit, Verdauungsbeschwerden. Höchste Zeit, selbst zur Ruhe zu kommen – aber wie? Folgendes können Sie einmal ausprobieren:

- bewusst langsam werden – dazu passend an folgende fernöstliche Weisheit erinnern: »Wenn du es eilig hast, geh langsam. Wenn du es noch eiliger hast, mach einen Umweg.«
- aufmerksam werden und bewusst wahrnehmen, wann und wie sich Unruhe einstellt – und passend dazu Rituale entwickeln und anwenden, wenn die Unruhe sich breit machen will, z. B. langsam tief ein- und wieder ausatmen
- sich strecken und räkeln, immer wieder und ausgiebig (besser im Lehrerzimmer als im Unterricht, dort eher gemeinsam mit den Schülern)
- Entspannungsübungen lernen (z. B. Muskelentspannung, MBSR-Methode)
- in den Pausen Yoga machen oder Meditieren
- täglich Zeit für sich nehmen, z. B. für ein entspannendes Voll- oder Fußbad, die Sauna, einen Abendspaziergang, Singen, Musikmachen, sinnliche Körperpflege, Lesen, das Hobby …
- halten Sie sich so oft es geht (Leitschnur: täglich mindestens eine halbe Stunde) bei Tageslicht im Freien auf, in der Natur, im Garten, im Wald oder in einem Park – das beruhigt und hilft regenerieren
- im Stress (ver-)braucht der Körper Mineralstoffe und Vitamine: deshalb reichlich Nüsse, frisches Obst, Gemüse essen. Das gilt auch für Männer.

3.3 Beziehung im Guten und Schwierigen

In jeder Autoritätsbeziehung sind Krisen angelegt, spätestens wenn Reifung und Entwicklung geschieht. Viele Jungen folgen der Lehrerin oder dem Lehrer, weil oder wenn sie gut führen. Wenn nicht, sehen sie darin Nischen für eigene Führungsansprüche und Gelegenheiten für Machtkämpfe. Aber auch in der gut gestalteten Autoritätsbeziehung muss es Konflikte und damit Krisen geben. Die Beziehung zu Lehrkräften ist für Jungen auch eine Möglichkeit, ihren Status oder ihre Position zu klären und zu behaupten. Jungen erwarten von der Autorität, dass sie sich in kritischen Situationen, bei Störungen oder Regelverstößen durchsetzen kann.

Gelingendes zuerst

Die gute Beziehung zwischen Lehrkraft und Junge festigt sich besonders dadurch, dass das registriert und rückgemeldet wird, was gelingt und funktioniert, was kompetent und wünschenswert ist. Nah und klar gilt also genauso in Bezug auf die positive Substanz, die jeder Junge in sich trägt. Rückmeldungen auf Starkes und Gelingendes, ein Lob, eine wertschätzende Bemerkung erreichen nicht nur den oder die Jungen, der/die damit angesprochen ist/sind; sie wirkt auch auf alle anderen, die gleichsam zwischen den Zeilen lesen können, welche Normen gelten, welches Verhalten erwünscht ist. Es kann sie anspornen, sich ebenfalls danach zu verhalten. Nicht zuletzt sorgen Wertschätzung und Anerkennung des Gelingenden für eine positive Grundstimmung, die von der Lehrkraft herschwingt. Auf diesem Teppich können dann auch Konflikte leichter bewältigt werden, weil dadurch der Wunsch wächst, wieder ins Wohlig-Positive zurückzukehren.

Gleichwohl sind manche Jungen anstrengend (auch nicht immer, aber oft), weil sie viel Misslingendes präsentieren. Sie verlangen den ganzen pädagogischen oder auch psychologischen Einsatz. Leider verstellt das Anstrengende oft den Blick aufs Gelingende. Dann sehen Lehrkräfte nur noch Löcher, und nicht, dass es da ja auch Käse gibt. Die Beziehung zur Autorität leidet darunter, die Lehrkraft wird als überkritisch, nörgelnd oder unfair wahrgenommen. Hier gilt es bewusst gegenzusteuern und dem (wenigen) Gelingenden umso mehr Resonanz zu geben.

Viele Jungen verfolgen das Handlungsmuster: Besser es beschäftigt sich jemand mit mir wegen meines negativen Verhaltens als gar nicht. Es ist meistens ihr trauriger familiärer Erfahrungshintergrund, der sie zu diesem hilflosen Heischen nach negativem Kontakt gebracht hat, weil das eigentliche Bedürfnis nach unbedingter Liebe und Wertschätzung ihres So-seins nicht beantwortet wurde. In Kindergarten und Schule setzt sich dieses Muster fort und schleift sich ein. Ihr Verhalten macht es schwer, eine andere Orientierung im Blick zu behalten. Das negative Rad wird aber von Lehrkräften dann aktiv am Laufen gehalten, wenn Gelingendes als selbstverständlich bewertet und deshalb nicht mit Aufmerksamkeit belohnt wird, während sie bei negativen Auffälligkeiten zuverlässig reagieren. Umgekehrt wärmt ein Blickkontakt, der »gut gemacht« oder »Ich bin gerade mit dir zufrieden« ausdrückt, oder ein Wort des Lobs vor anderen das Herz des Jungen und festigt die Beziehung.

Aufmerksamkeit ist die Beziehungswährung der Lehrerinnen und Lehrer, die das Handeln der Jungen honoriert. Dies gilt insbesondere für schwieriges und unerwünschtes Verhalten. Reflexartig reagieren viele Lehrkräfte ausgiebig auf Fehlverhalten, während prosoziales Verhalten keine Resonanz erhält. Das sorgt für eine problematische Dynamik, indem die Aufmerksamkeit letztlich negatives Verhalten belohnt. Die umgekehrte Gewichtung sorgt (zumindest mittelfristig) für soziale Kompetenz und für weniger Störungen.

Beispiel: Kontaktaufnahme und Rückmeldung

Nach der Pause geht es in der Klasse mäßig turbulent zu. Die Lehrerin kommt herein und lässt ihren Blick über die Szenerie schweifen, manche Schülerinnen und Schüler schauen zu ihr, sie nimmt kurz Blickkontakt auf. Die meisten Jungen sind auf ihren Plätzen, Sebastian setzt sich gleich hin, als er die Lehrerin reinkommen sieht. Mirko – natürlich, wieder Mirko! – steht auf dem Tisch, zeigt seinen Körper in Body-Building-Stellungen. Manche Mädchen und Jungen schauen ihm zu, kichern, schielen aber auch zur Lehrerin. Sie sagt laut und deutlich »Guten Morgen«, nimmt betont Blickkontakt mit den sitzenden Schülern auf, die zu ihr schauen, bemerkt dabei Raoul: »Wieder gesund? Schön, dass du wieder da bist!«, und formuliert dann zu allen gerichtet: »Gut, fangen wir an.« Die Klasse ist präsent. Mit einem ganz kurzen Blick zu Mirko sagt sie: »Setz dich hin.« Mirko setzt sich.

Die Konzentration aufs Positive, der Kontakt und die Rückmeldungen, die Jungen erhalten, sind für eine Verhaltensveränderung oft ausschlaggebend. Lehrkräfte und Jungen werden dadurch aufmerksamer für das Vorteilhafte, für das was gut gelingt. Das Selbstbild »schwieriger« Jungen verändert und verbessert sich, eine alternative Identität kann sich herausbilden: »Ich bin einer, der sich sozial verhalten kann, ich bin einer, dem etwas gelingt« (statt: »Bei mir klappt wirklich gar nichts, ich bin schlecht, unfähig, böse …«).

Folgende Verhaltensweisen helfen Ihnen dabei, das Positive im Blick zu behalten:

- Gerade bei »schwierigen« Jungen sollte bewusst der Blick auf das Gelingende gerichtet und ihnen ihr prosoziales Verhalten rückgemeldet werden (z. B. nonverbal mit »Daumen hoch«, einem Lächeln oder verbal mit einer kurzen Bemerkung: »gut gemacht«, »das gefällt mir«)
- nach dem Unterricht bewusst die »lichten Momenten« und gelungenen Situationen wahrnehmen
- ritualisiertes Sammeln von Gelungenem, Beglückendem in Unterricht und Schulalltag – z. B. kurz vor Unterrichtsende, bei regelmäßigen Gesprächs- oder Auswertungsrunden, bei der Verabschiedung vor dem Wochenende
- kleinere Jungen werden durch etwas »Begreifbares« unterstützt, z. B. ein schöner »Glücksstein«, den der Junge in die Hand nimmt, während er die Frage beantwortet: »Worüber habe ich (die erziehende Person) mich an dir heute gefreut?«

Krisen und Konflikte

Harmonische Beziehungen zu pflegen ist relativ einfach, die Motivation dazu ist hoch; interessant wird es erst in der Disharmonie. Jede Beziehung beinhaltet Konfliktpotenzial, in der Dissonanz und dem Umgang damit erweist sich ihre Qualität. Viele Jungen sehen konflikthafte Momente im Kontakt als Prüfstein für die Beziehung und provozieren sie (meist unbewusst). Ein Grund dafür liegt in ihrer Erfahrung mit selbstbehauptender Aggression beim Rangeln und Raufen und im stärkeren Akzent der Nein-Identität, die dabei angesprochen ist. Status- und Positionskonflikte mit Lehrkräften bieten sich dafür geradezu an. Reibungen, Widerstand, Provokationen und Konflikte sind selbstverständlich auch Formen des Kontakts. Deshalb sollten Lehrkräfte froh darum sein, wenn es Streit gibt, das beinhaltet Chancen, oft die einzige: Also besser eine Konfliktbeziehung als gar keine.

Mit ihren Männlichkeitsbildern im Hintergrund sind Jungen oft auch eine Art Seismograf der anzeigt, wenn Schule nicht gut läuft. Mangelhafter, schlecht strukturierter Unterricht, Über- oder Unterforderung, schwach aufbereitete oder uninteressant präsentierte Inhalte, keine spürbare Beziehung: So etwas ärgert Jungen, und sie haben Recht. Weil sie in Beziehungen nicht so nett sein müssen (wie Mädchen das aufgrund ihrer Weiblichkeitsbilder eher sind), zeigen Jungen ihren Ärger mehr. Die Art, wie sie solche Kritik äußern, ist oft nicht formvollendet, sondern zeigt sich in Unruhe, Nebenbeschäftigungen, Gesten, auch mal durch freche Bemerkungen. Als Indikator für Mängel ist das gut so, es gilt, dahinterliegende Bedürfnisse aufzunehmen

Fragen oder Kritik äußern Jungen oft pointiert, direkt und statusorientiert mit der verdeckten Frage: Wer hat Recht? Wer führt? Wer ist hier Chef, Sie oder ich?

Die offensive Form, mit der Jungen kritisieren, missfällt vielen Lehrerinnen und Lehrern. Sie lehnen ihre Direktheit ab – und verweigern sich damit in den Augen der Jungen. Jungen irritiert das in ihren Beziehungswünschen, sie interpretieren das Verhalten der Lehrkräfte als persönliche Ablehnung oder Verweigerung. Solche Missverständnisse führen zu Beziehungsstörungen; dann kann es sein, dass Jungen das Interesse verlieren, sich aus der Bindung zurückziehen oder aber noch heftiger werden, um sich endlich in Kontakt zu fühlen.

Auch regel- oder normüberschreitendes Verhalten von Jungen transportiert indirekt Beziehungswünsche oder -anträge an pädagogische Fachkräfte in der Lebenswelt Schule: Sie verlangen von ihnen gerade durch ihr Verhalten eine akzentuierte Führungsstärke, eine Art »gerechte Strenge«.

3.4 Aufgabenbeziehungen

Jungen kommen untereinander, aber auch mit Eltern oder Erwachsenen häufig gut über Aktivitäten und über das Bewältigen von Aufgaben in Kontakt und Beziehung: Es gibt etwas zu tun, eine Aufgabe will oder muss erledigt werden, man kann es alleine oder man macht es gemeinsam. Über das Tun, Machen, Erledigen entsteht Verbindung und Beziehung, Bezüge auf- und zueinander, etwas Gemeinsames wächst. Im Vordergrund steht dabei die Sache, das Problem oder der (auch selbstgewählte) Auftrag. Beziehung geschieht und entwickelt sich dabei gleichsam nebenher, ein passender Begriff dafür ist »Aufgabenbeziehung«. Diese Beziehungsform wird auch im Spiel sichtbar. Beim Lego- oder Playmobilspielen finden sich ja durchaus Figuren, eine Art Puppen für Jungen, aber sie sind in ihrer Bedeutung relativiert: Sie sitzen im Auto, das fährt, im Flugzeug, im Raumschiff usw., sind also über Aufgaben und handlungsbezogen definiert.

Die Angelegenheiten, in denen Beziehung entsteht, sind dabei so vielfältig wie die Umwelt: etwas aus Spielsteinen oder aus Holzteilen bauen, ein Fußballspiel gewinnen, ein Computerspiel bewältigen, den Gegner beim Kickern, mit den Pokemon-Karten oder an der Playstation besiegen. Aufgabenbeziehungen sind »Side-by-side«-Beziehungen (im Gegensatz zum Gegenüber bei Face-to-face-Beziehungen). Bildlich übersetzt wird dabei gemeinsam und nebeneinander in eine Richtung gegangen. Das gilt auch dann, wenn gerade nichts Aktives gemacht wird, wenn Jungen (und später Männer) miteinander reden: über Geleistetes, über bewältigte Aufgaben (Sport, Beruf), über künftige Aufgaben, über Herausforderungen, Abenteuer, Siegen und Scheitern, über Heldentaten und Missionen usw.

Vielen Jungen liegt das Prinzip Aufgabenbeziehung näher, dieses ist in der Schule allerdings weniger gefragt, Raum für Handeln gibt es dort nur wenig. Und die Aufgaben in der Schule zählen in Jungenaugen oft nicht als »richtige« Herausforderungen, sondern sind theoretische Trockenübungen. Dass Jungen Aufgabenbeziehungen auch mit Lehrkräften schätzen zeigt sich, wenn etwas Besonderes zu tun ist: die schweren Atlanten tragen, Tische umstellen, den Beamer einstellen. Über gemeinsames Tun geschieht etwas, Jungen binden sich an ihre Lehrerinnen und Lehrer.

Im Modus der Aufgabenbeziehung hat das Reden selbst keine beziehungsstiftende Bedeutung; es ist wichtig als Informationsträger, für Anweisungen oder Absprachen. Eine Aufgabenbeziehung kann sich sogar als Schweigebeziehung erweisen. Es muss nicht unbedingt geredet werden, damit Beziehung bestehen bleibt, die Beziehung existiert »einfach so«, übers Handeln oder die Aufgabe. So ist es Jungen häufig nicht besonders wichtig zu reden, es genügt, einfach so zusammen zu sein – irgendwohin zu gehen, etwas tun, zu sitzen und zu schauen –, die Beziehung bleibt. Das ist durchaus etwas Schönes, aber es bekommt in Jungen- und Männerkulturen gern eine einseitige Tendenz.

Reden ist nicht per se gut, aber auch nicht immer schlecht. Der Gegenpol zur Aktion ist die Reflexion: Reden vor dem Handeln, während dem Tun und gleich danach trägt dazu bei, das Erlebte zu integrieren. Ohne Reden geht vieles verloren, Handeln hängt schnell im leeren Raum, weil es Selbstzweck wird. Reflexion im Reden über eine Aktion ist ein Entwicklungsaspekt, der in der Aufgabenbeziehung angelegt ist. Diesen Part können Lehrkräfte gut anregen, fördern und unterstützen, indem sie sich interessieren, nachfragen, auch die emotionalen Erlebnisqualitäten mitfühlen und sie verbalisieren helfen, bei Herausforderungen mitfiebern, sich erzählen lassen, wie der Junge oder die Freunde die schwierige Aufgabe gemeistert haben.

Lehrerinnen haben aufgrund der geringeren Erfahrungstiefe manchmal Probleme mit dieser Form der Beziehungsgestaltung. Das eher weibliche Gegenstück dieses Beziehungsmodells ist die einander zugewandte Redebeziehung, sie besteht, indem und wenn miteinander geredet wird; Schweigen wird bedrohlich, weil es als Beziehungsabbruch gedeutet wird. Tendenziell leben Mädchen und Frauen mehr das Prinzip der »Beziehungsaufgabe«: Diese stellt die Beziehung selbst in den Vordergrund und Mittelpunkt; die zu bewältigende Aufgabe heißt Beziehung, sie ist häufiger auch Thema von Reflexion und Gespräch. Dieses Modell ist bei Jungen weit weniger ausgeprägt, kommt aber selbstverständlich auch vor.

Beziehungsaufgabe wie Aufgabenbeziehung sind verschiedene Modi (nur tendenziell männliche bzw. weibliche), um in Beziehung zu sein oder zu kommen. Wenn es unterschiedliche Beziehungsweisen gibt, liegen jedoch Missverständnisse nahe. Jungen muss bisweilen erklärt werden und in der Regel verstehen sie es: Beziehungen selbst können eine wesentliche Aufgabe sein; in der »Beziehungsaufgabe« liegt eine oft sinnvolle Ergänzung und Erweiterung von Aufgabenbeziehungen. Und manchen Jungen hilft es, auch diesen Modus zu verstehen, wenn sie mit Mädchen in Beziehung sind oder es sein möchten (umgekehrt gilt das genauso für die weibliche Seite und Aufgabenbeziehungen).

Aufgabenbeziehung ist eine Tendenz bei Jungen und Männern – aber kein männliches Schicksal. Ihre Stärke entfaltet diese Beziehungsweise dann, wenn das Gegenstück ebenfalls verfügbar ist. Bei Jungen ist deshalb eine Entwicklung in Richtung Beziehungsaufgabe sinnvoll und durchaus möglich. Dies gilt besonders, wenn es um Freundschaft und Liebe geht, aber auch in der Berufsarbeit schaden breitere Beziehungskompetenzen nicht. Um sich weiterzuentwickeln, können Jungen Anregungen gebrauchen, vor allem dann, wenn sie sich viel in männlichen Milieus bewegen: eine Art »Beziehungs-Aufklärung«. Weiter gedacht, erleichtern und verbessern Beziehungskompetenzen auch Aufgabenbeziehungen, ohne dass sich der Beziehungsaspekt nun in den Vordergrund schieben müsste.

Wie können in der Schule Aufgabenbeziehungen entstehen?

Über Aufgaben in Beziehung kommen, dafür gibt es in vielen Schulen Angebote und Initiativen, die durchaus auch auf vorhandene Interessen von Jungen zugeschnitten sein dürfen, z. B.:

- In einer Gesamtschule in Hessen gibt es eine »Roboter-AG«, die ein Physiklehrer anbietet: Die wenigen Plätze sind hochbegehrt bei Jungen, jedes Jahr ist die AG überfüllt und es gibt Wartelisten. In der AG bilden sich Teams, die Jungen kommen übers gemeinsame Tun in Kontakt und Beziehung.
- Viele Sportarten nutzen das Prinzip der Aufgabenbeziehung, über das gemeinsame Interesse und Ziel werden Mannschaften gebildet, hier entstehen Freundschaften, die manchmal lebenslang halten.
- Wettbewerbe wie »Jugend forscht« oder ein »Modellbrückenwettbewerb« bieten Jungen Aufgaben, Herausforderungen und die Möglichkeit zu kultivierter Konkurrenz; hier entwickeln Jungen gleichermaßen Beziehungen zueinander wie auch Wetteifer und Begeisterung.
- Auch Musik ist eine Sache, Aufgabe oder Handeln, das Jungen faszinieren kann, wo sie sich begeistern können und nebenher Beziehungen entstehen, insbesondere Perkussion, Musikwerkstatt, Rockmusik.

3.5 Lehrerinnen und Lehrer als Frauen und Männer

Die Geschlechterverteilung in Schulen hat sich innerhalb weniger Jahrzehnte gravierend verändert; heute arbeiten dort sehr viele Lehrerinnen und immer weniger Lehrer. Neun von zehn Lehrkräften an Grundschulen sind Frauen (89,4 Prozent, Schuljahr 2016/17). In allen allgemeinbildenden Schulen waren im Schuljahr 2015/16 nur noch 28 Prozent der Lehrkräfte Männer. Ist also die »weibliche« Schule der Kern des Problems vieler Jungen? Bezogen auf die Zensuren und die Leistungen scheint das nicht der Fall zu sein, denn für Noten und den direkten Schulerfolg von Jungen ist das Geschlecht der Lehrkräfte nicht ausschlaggebend. Wenn sich Unterschiede in der Benotung zeigen, dann bekommen Jungen von Männern im Durchschnitt sogar etwas schlechtere Zensuren.

Auch wenn Jungen selbst danach gefragt werden, ist das Geschlecht der Lehrkräfte für sie zunächst zweitrangig. Sie wünschen sich in erster Linie Personen, denen eine gute Beziehung zu ihnen wichtig ist und die über die nötigen Kompetenzen verfügen wie Gerechtigkeit, die Fähigkeit, Sachverhalte gut vermitteln zu können, emotionale Ansprechbarkeit. Die oft zitierte Schnellschusslösung auf Jungenprobleme in der Schule greift also sicher zu kurz, die »einfach mehr männliche Lehrer« verlangt. »Feminisierung der Schule« ist ein Begriff, der gern von Personen verwendet wird, die mit dem Wandel der Geschlechterrollen nicht klar kommen. Populisten schieben Schulprobleme von Jungen darauf, dass die Zahl der Lehrerinnen stetig zugenommen hat; dadurch sei es zu einer »Feminisierung« gekommen, die Jungen und ihr Männlichsein systematisch unterdrücke. Für diese Kausalität gibt es keine Belege, es handelt sich um eine Verschwörungstheorie, nach der bösartige Mächte im Hintergrund durch Feminismus und Gender Mainstreaming alles Männliche eliminieren möchten.

Dennoch lässt sich mit dem Notenargument das Geschlechterthema der Lehrkräfte nicht einfach vom Tisch wischen. Das Geschlecht der Lehrerin und des Lehrers und die unausgewogene Geschlechterverteilung der Lehrkräfte zeigen durchaus Wirkungen, wenn auch nicht direkt auf Noten und Leistung. Bei Beziehungen, Interessen und beim Image der Schule für Jungen kann es aber eine Rolle spielen, dass – vor allem in der Grundschule – ganz überwiegend weibliche Lehrkräfte wirken. Allein dieses Geschlechterbild des Personals prägt den Eindruck und auch den Wert von Schule in Jungenaugen.

Das Geschlecht der Lehrkraft hat Gewicht

Jede Lehrkraft bringt sich auch mit ihrem Frau- oder Mannsein in die Beziehung zum Jungen »als (männlicher) Junge« ein, sie stellen ihre Fachlichkeit, Beziehung und Autorität darauf ein. Dabei geht es weniger um die individuelle Gestaltung des Geschlechtlichen, es sind mehr die Auswirkungen von Geschlechterstrukturen durch eine Unter- oder Überzahl eines Geschlechterteils. Finden sich an Grundschulen nur zehn Prozent Männer, sind es an beruflichen Schulen fast die Hälfte (48 Prozent) – das hat sicherlich Auswirkungen auf den Schulalltag, z. B. sind Interessen oder Kommunikationsstile auch geschlechtlich mitgeprägt. Und auch im Verhalten können Geschlechterthemen durchscheinen: Männer werden vielleicht schneller laut, rigide oder autoritär, weil sie das mit »männlich« assoziieren; Frauen denken möglicherweise, autoritatives Verhalten vertrage sich nicht mit ihrem Weiblichsein und verhalten sich deshalb überfürsorglich oder sind zu nett.

In jedem Fall wird die Beziehung zur Lehrkraft auch geschlechtlich repräsentiert und Jungen reagieren darauf: Manche Jungen akzeptieren weibliche Lehrkräfte weniger als männliche, andere werden gerade von Männern gereizt, deren Autorität zu hinterfragen oder zu attackieren. Insbesondere gegenüber weiblichen Lehrkräften können Jungen aber auch versuchen, sich charmant zu zeigen oder als »Kavaliere« darzustellen; sie wollen damit die Lehrerinnen unterstützen oder ihnen gefallen. Bisweilen erleben weibliche Lehrkräfte dieses Verhalten als Überforderung, weil die Beziehung zu Jungen eine intimere, fast erotisch gefärbte Komponente annehmen kann. Solche Beispiele zeigen, dass das Geschlecht der Lehrkraft ein beachtliches Gewicht bekommen kann. Im Alltag stellen viele Lehrerinnen und Lehrer fest, dass ihr Geschlecht ein ernstzunehmender Faktor in der Beziehung zu Jungen ist. Manche spielen – eher unbewusst – damit, andere versuchen, diesen Einfluss zu neutralisieren.

Interessanterweise gibt es zu dieser Dynamik aus der Schule keine aktuellen Studien, wissenschaftlich scheint das Thema unter den Teppich gekehrt zu werden, in der Ausbildung von Lehrkräften spielt es keine Rolle. Überträgt man die Ergebnisse der Forschung aus dem Kindergartenbereich auf die Schule so kann angenommen werden, dass die Lehrerin-Mädchen-Beziehung einfacher herzustellen und tiefer ausgeprägt ist als die Lehrerin-Jungen-Beziehung. Auch so ließe sich erklären, warum sich Jungen in Grundschulen weniger wohlfühlen. Beobachtungen von Erzieherinnen mit Mädchen und Jungen belegen, dass deren Beziehungsqualität durch das Geschlecht beeinflusst wird; zu Jungen fühlen sich Erzieherinnen weniger hingezogen, selbst schwierige oder »ferne« Mädchen sind ihnen noch näher als »nahe« Jungen. In der Erzieherin-Junge-Beziehung sind zudem Assistenz- und Explorationsunterstützung weniger ausgeprägt, das sind aber bedeutsame Prädiktoren für schulischen Erfolg (Ahnert et al 2006; Ahnert 2006). Sicher unterscheiden sich die Beziehungen zu Kindern zwischen Kindergarten und Schule; dennoch sind solche Ergebnisse und Hinweise wichtig und ernst zu nehmen, zumal es keine vergleichbaren Studien aus der Schule gibt.

Jungen registrieren es, wenn der Kontakt zu ihnen weniger intensiv ist, also weniger mit Verständnis, Mitgefühl oder echtem Interesse aufgeladen wird. Sie spüren es beispielsweise, wie sich die Lehrerin im Stuhlkreis am Montag dafür begeistert, wenn Leonie vom Zoo- oder Schwimmbadbesuch mit der ganzen Familie erzählt, während sie wenig damit anfangen kann, wenn Leon von seinen Erlebnissen an der Playstation berichten möchte. Für diesen thematisch-inhaltlichen Beziehungsdraht zu Jungen wären männliche Lehrkräfte durchaus hilfreich.

Es ist schwer zu untersuchen, und ich kenne dazu keine belastbaren Daten, aber es könnte durchaus sein, dass viele (nicht alle) Lehrerinnen mit den »männlichen« Interessen der Jungen weniger anfangen können. Dann ist zu erwarten, dass die Beziehung der Lehrerin zu Jungen schlechter ist als zu Mädchen. Viele Jungen wünschen sich gleichgeschlechtliche Beziehungs-Gegenüber, oft verknüpft mit der Hoffnung, dass in bestimmten Bereichen mehr Verstehen möglich wäre (selbst unabhängig davon, ob das wirklich so ist). Jungen, die nach einigen Schuljahren endlich einen Mann als Lehrer bekommen, noch dazu als Klassenlehrer, freuen sich darüber, weil ein Bedürfnis befriedigt wird: nach nahen und realen Erfahrungen mit Lehrkräften desselben Geschlechts.

Natürlich sind Lehrerinnen (wie auch Erzieherinnen) fachlich nicht schädlich für Jungen, weil sie weiblich sind. Vielen gelingt es auch, gut in Kontakt mit Jungen zu kommen und auf sie einzugehen. Aber wenn Studien nahelegen, dass die Beziehung zwischen Fachkraft und Junge unterschwellig in der Tendenz weniger nah und intensiv ausgeprägt ist, sollte dies fachlich reflektiert und berücksichtigt werden. Wie bei anderen strukturellen Aspekten in der Schule ist der bewusste Umgang mit dem Geschlechtlichen der Lehrkräfte professionell sinnvoll, wozu auch aktives Gegensteuern gehören kann. Folgendes kann bei der Bewusstmachung helfen:

- persönliches Reflektieren der Lehrkräfte: Wo gelingt mir der Kontakt zu Jungen? Welche Jungen mag ich? Mit welchen kann ich gar nicht?
- (auch) Aufgabenbeziehungen zu Jungen aufnehmen oder diese inszenieren und sich inhaltlich auf Jungeninteressen einstellen. Achtung, Stereotypenalarm! Dabei geht es nicht darum, männliche Stereotype zu bedienen! Aber ohne weiteres können Sachtexte oder Sportnachrichten verwendet werden, um Inhalte zu vermitteln.
- Für mehr Männer im Lehrerberuf können Schulen meistens nicht sorgen, aber sie können Kompensierungen initiieren: Sie können politische Forderungen stellen und die unterstützen, die dafür sorgen, dass mehr Männer als Lehrkräfte eingestellt werden; sie können externe Fachmänner für die Schule organisieren und fordern, dass Männer in der Schule auftauchen; sie können männliche Studenten oder Honorarkräfte als Hausaufgaben-Betreuung suchen.
- das Image der Lehrer stützen, den Lehrerberuf wertschätzen, auch in der Grundschule: Lehrkräfte sind Profis – das hilft vielleicht langfristig, dass der Lehrerberuf für Männer wieder attraktiver wird.
- Jungen darin unterstützen, pädagogisch-fürsorgliche Aufgaben zu übernehmen (als Leiter in der Jugendarbeit, als Trainer im Sport, beim Berufsorientierungs-Praktikum …)
- Was dem männlichen Image der Schule in den Augen der Jungen nützt, ist das Engagement der Väter. Aufgabe der Schule dabei ist, Väter offensiv anzusprechen, sie explizit einzuladen, ihnen Aufgaben zu geben, Elternabende gut zu strukturieren und straff zu leiten.

4 Jungenbildung: Ansätze und Bezugspunkte

Neben dem zentralen Moment der Beziehung zwischen Lehrkraft und Junge(n) lassen sich aus dem Männlichen der Jungen einerseits, aus den Schwierigkeiten von und mit Jungen in der Schule andererseits Ansätze entwickeln, die dazu beitragen, Jungenerziehung und -bildung zu verbessern, zu erleichtern oder sie zu ermöglichen. Nach meiner Erfahrung findet sich dabei in jeder Schule schon Verwirklichtes und Gelingendes; gleichermaßen habe ich bisher aber noch keine Schule kennengelernt, die sich im Hinblick auf Jungenbildung oder -förderung nicht auch noch weiter entwickeln könnte. Dabei geht es nicht um große Umwälzungen. Die Ursachen der Jungenmisere sind ja keinesfalls so schlicht und grobschlächtig, wie Vereinfachungen in Medien; populistische Vorschlaghämmer sind in der Praxis wenig hilfreich. Notwendig sind Feinheiten und Nuancen, es geht um pädagogische Kunst, um professionelles Handwerk.

Sicher ist: Es gibt nicht »die« Jungenpädagogik in der bzw. für die Schule, auch keine Methoden oder gar Tricks, die immer und überall garantiert funktionieren. Eine gute Qualität der Jungenerziehung ist abhängig von den Lehrkräften mit ihren Kompetenzen, Fächern, Stärken und Interessen, von den Schülern, von schulischen Bedingungen, den Eltern, der Region, dem sozialen Umfeld der Schule usw. Deshalb sind es immer mehrere Aspekte oder unterschiedliche »Stellschrauben«, die Jungen in der Schule nützen, auch kleinere und feine Interventionen zählen dazu.

Bei den praktischen Ansätzen und Bezugsfeldern der Jungenbildung gibt es – abgesehen vom Stellenwert der Beziehung zwischen Jungen und Lehrkräften – keine Hierarchie oder Prioritäten: Alles kann ähnlich wichtig sein. Häufig finden sich an der einen oder anderen Stelle auffällig schwach entwickelte Gebiete, dann bietet es sich an, mit der jungenpädagogischen Weiterentwicklung dort zu beginnen, auch um die pädagogische Führung bei den Lehrkräften zu belassen. Es kann aber auch sinnvoll sein, in dem Bereich verstärkt anzusetzen, den die Jungen mit Vehemenz (oder mit den dicksten Problemen) ins Spiel bringen.

Jungenbildung und -förderung heißt vor allem Praxis: Am wichtigsten ist, nicht nur über Probleme von oder mit Jungen zu lamentieren, sondern die fachliche Weiterentwicklung voranzutreiben und tatsächlich mit Veränderungen zu beginnen!

4.1 Klarheit

Viele Jungen schätzen und brauchen Eindeutigkeiten, das gilt auch für die Schule. Konfusion, Unordnung oder Beziehungsdiffusionen bringen Jungen selbst mit. Klarheit im Außen ermöglicht es ihnen deshalb, besser in der Schule zurechtzukommen. Unklare Verhältnisse interpretieren sie gern als mangelndes Engagement, Führungsschwäche oder Desinteresse der Lehrkräfte (nicht selten zu Recht).

Für Klarheit sorgen die Lehrkräfte in ihrem Unterricht, wie auch in Bezug auf die ganze Schulorganisation; Jungen profitieren immer, wenn sie es dabei mit Deutlichkeit, Anschaulichkeit, Bestimmtheit, Eindeutigkeit zu tun haben. Leider haben viele Lehrkräfte in ihrer Ausbildung nur wenig Möglichkeit, die geforderte Prägnanz in ihrem Unterrichtsmanagement und -verhalten oder auch in ihrer Persönlichkeit zu entwickeln und müssen sich dies in der Praxis selbst erarbeiten. So kann in der Beziehung zu Jungen bei der Klarheit oft noch nachgesteuert werden.

Was Jungen in Bezug auf Beziehungen zu Lehrkräften brauchen, gilt auch für den Unterricht und für das Zusammenleben, die Umgangskulturen: Sie benötigen und schätzen klare Führungsrollen, eine gewisse Stringenz, eine gute Taktung, unzweideutige Abläufe, genaue Regeln, unmissverständliche Arbeitsformen oder wiederholte Rituale. Solche erkennbaren Rahmenbedingungen helfen Jungen, gut durch die Schule zu kommen.

Transparenz und Klarheit sind bei Lehr-Lern-Strategien entscheidende Kategorien (Hattie 2013), wozu gut strukturierte Modelle fürs Lernen, direkte Instruktionen und eine erkennbare Klassenführung gehören. Lehrkräfte sind für die Lernbedingungen in der Schule und damit auch für Klarheit verantwortlich. Für solche Grundstrukturen zu sorgen ist eine Aufgabe der Schule, sie sich anzueignen oder zu übernehmen die der Jungen. Wie andere soziale Bildungsprozesse gelingt dies nicht von heute auf morgen, sondern verlangt Ausdauer, Geduld, Verankerungsprozesse und Wiederholung.

Jungen müssen auch solche sozialen Kompetenzen erwerben, die aufgrund ihres Jungeseins oft eher schwach entwickelt sind. Dazu gehört die Fähigkeit, Autoritätspersonen als »Führungskräfte« zu folgen – nicht im Sinne von unbedingtem Gehorsam, sondern mehr als Gefolgschaft, als Anerkennung der Autorität; eine Voraussetzung für viele Jungen, um sich in dieser Beziehung einfügen zu können ist die Klarheit. Jungen diese Follower-Kompetenz zu vermitteln ist aus zwei Gründen notwendig: damit Jungen lernen, wie das geht, sofern sie es aus anderen sozialen Zusammenhängen noch nicht kennen; und damit sie merken, dass sie das können, ohne dabei ihr Männlichsein zu verlieren.

Mehr Klarheit für Jungen

Auch in Praxisversuchen und Projekten zeigt sich, dass Jungen (mehr) Klarheit brauchen (z. B. Jonczyk-Buch, S. 175). Aber wie kann sie erkennbar hergestellt werden? Erprobte und wirksame Vorschläge für mehr Klarheit in der Arbeit mit Jungen sind:

- Erkennbare Haltungen und Einstellungen der Lehrkräfte helfen Jungen, sich zu orientieren. Sie wollen wissen, woran sie bei einer Lehrkraft sind.
- Es vermittelt Klarheit, wenn alle Lehrkräfte einigermaßen an einem Strang ziehen und wenn durch die Einstellung der einzelnen Lehrkräfte die Haltung der Schule erkennbar wird.
- Im Unterricht helfen Jungen klare Strukturen, z. B. zu Beginn des Unterrichts einen kurzen Überblick über den Verlauf geben, zwischendurch eine Verortung, klare Signale, wenn eine neue Phase beginnt.

- Klare (Rollen-)Strukturen beziehen sich auf eindeutige Rollenverteilungen zwischen Lehrkraft und Junge(n). Die Verantwortung fürs Lernen liegt bei der Lehrkraft, sie leitet und führt die Klasse wie auch einzelne Schüler. Deshalb formuliert sie klare Erwartungen, etwa was Zusammenarbeit, Respekt oder Höflichkeit angeht.
- Klare Abläufe und Rituale: Unterrichtsabläufe; Wochenabläufe (Beginn/Ende); Begrüßungs- und Verabschiedungsrituale; Form des Moduswechsels, z.B. zwischen dem Wiederholen und der Präsentation des neuen Stoffs
- Vor angstbesetzten, stressigen Anforderungen wie Leistungstests helfen manchen Jungen Rituale – eine Information, die ihnen hilfreiche Lehrkräfte als privaten »Geheimtipp« geben können: Vor Beginn der Klassenarbeit im Angstfach führt der Junge für sich ein kleines Ritual durch, z.B. mit dem Zeigefinger der Schreibhand dreimal auf den Tisch klopfen, dann mit demselben Finger dreimal um den Klopfpunkt kreisen, dabei die Richtung wechseln, dann die ganze Hand drauf legen und auf drei Zählen; oder: ein kleines Bild auf einen Zettel zeichnen, darauf Sand oder Salz streuen, das Papier zusammenfalten und unter den Tisch legen (das hilft natürlich nur, wenn der Junge sich auch vorbereitet hat). (Nebenbei: Solche Rituale helfen wirklich, weil sie die Aufmerksamkeit fokussieren).
- Jungen lernen gern handlungsorientiert, manche neigen zum verfrühten Losstürme; es kann ihnen helfen, Aufträge oder Aufgaben nur Schritt für Schritt bearbeiten zu können: Deshalb bekommen sie den folgenden Auftrag erst, wenn der vorhergehende abgearbeitet wurde; oder sie erhalten das Material für ein Experiment erst dann, wenn sie die Aufgabenbeschreibung durchgearbeitet und verstanden haben
- Diffusen Jungen helfen klare, angeleitete Schritte, in Kurzform: Was muss ich jetzt machen? Was muss ich bringen? Und hinterher: habe ich die Aufgabe erfüllt? Nötig sind klare Arbeitsanweisungen (ggf. mit transparenten Leistungserwartungen), die keine Spielräume für Alternativen bieten. Eindeutige Aufgabenstellungen vermitteln: Was ist verlangt? Wann muss es erledigt sein? Was genau soll der Schüler machen? Neben präzisen Anweisungen (1., 2., 3.) muss manchen Jungen erst vermittelt werden, wie Kompetenzaneignung passiert – also z.B. wie man sich selbst in den Sachverhalt »hineinvertiefen« kann:
  - Lies den Text und markiere dabei das Wichtigste.
  - Mache eine Zusammenfassung, einen »Spickzettel«.
  - Erkläre deinem Lernpartner, was du erarbeitet hast.
  - Gestaltet zusammen ein Lernplakat und präsentiert es beide vor allen.
- Evaluative Vorgehensweisen wirken ebenfalls klärend; Feedback gibt es besser nicht erst am Schluss eines langen Lernprozesses über mehrere Wochen bei der Klassenarbeit, sondern es wird im laufenden Lernvorgang evaluiert: Lernprozesse und -erträge, Stärken (!) und noch vorhandene Schwächen von Jungen usw. werden reflektiert und rückgemeldet. Das Vermitteln, Trainieren und Überprüfen gehören zusammen: Was ist hängen geblieben? Vorher – Nachher: Was wirkt? Was muss noch geübt oder vertieft werden?

- Klarheit im Kompetenzzugewinn meint, das Lernen sichtbar, den Zugewinn erkennbar werden zu lassen: Ah, das habe ich heute gelernt = meine Kompetenz ist gewachsen. Nach Lernprozessen hilft dabei Reflexion: Wie habe ich, wie haben wir gearbeitet? Was habe ich gelernt und verstanden? Sie ist die Form der Nach-Klärung, der Kompetenzzuwachs bleibt nicht im Dunklen, sondern wird erkennbar
- Gut in Gruppen zu arbeiten müssen viele Jungen erst trainieren. Hier helfen ihnen klar formulierte Erwartungen und lesbare »Fahrpläne« für die Zusammenarbeit, also klare Abläufe (erst Lesen, dann Steuerungsrollen verteilen, dann Zeit planen, dann an die Arbeit machen). Auch definierte Rollen helfen Jungen bei Gruppenarbeiten:
  - Regelwächter (dieser kontrolliert die Einhaltung der Regeln)
  - Ablauf-/Fahrplanwächter (kontrolliert das Einhalten der Abläufe, Schrittfolgen)
  - Zeitwächter (kontrolliert die Zeit)
  - Themenwächter (kontrolliert, ob beim Thema geblieben wird)
- Bei Kleingruppenaufträgen könnte ein Fahrplan lauten:
  1. Schritt: Arbeitsauftrag lesen und klären
  2. Schritt: Steuerungsrollen verteilen
  3. Schritt: Zeitbedarf vorhersehen und planen: Was braucht wieviel Zeit?
  4. Schritt: an die Arbeit machen
- Die andere Seite der Klarheit bezieht sich darauf, Schwammiges und Nebliges zu reduzieren. Dabei gilt es, störende »Diffusoren« zu minimieren, die von der Lehrkraft ausgehen: Bei Störungen sollte nicht zu viel »Wirbel« entstehen, der Verweis geschieht, ohne den Fluss zu unterbrechen, das Aufarbeiten folgt später; thematisches »Rausspringen« sorgt ebenfalls für Diffusion (»Ach, das habe ich vorher vergessen: morgen Turnbeutel mitbringen«); gut geplanter Unterricht hilft, solche Diffusion zu minimieren; auch entstehende Unruhe-Herde sollten kurz und knapp und zügig beseitigt werden, sodass der rote Faden nicht verloren geht.

Klare Haltung zu Medienfragen

Die Einstellungen und Haltungen der Lehrkräfte vermitteln eine transparente Grundstimmung. Viele Jungen interessieren sich dafür, was Lehrkräfte meinen und denken, wie sie werten, auch wenn sie selbst anderer Meinung sind. Der Umgang mit Medien ist ein Feld, bei dem es auf Klarheit ankommt (vergleichbare Themen wären etwa Alkohol, illegale Drogen, Risikoverhalten, Sexualität); für den Schulerfolg scheint gerade das Medien-Nutzerverhalten von Jungen mit ausschlaggebend.

Selbstverständlich stellt die Nutzung elektronischer Medien *grundsätzlich* kein Risiko für schulische Leistungen dar. Problematisch sind für einen vermutlich großen Teil der Jungen die Nutzungsdauer (zu viel), die Bedeutung der Medien im Alltag (zu hoch), die Art der genutzten Inhalte (nicht altersgemäß) sowie die wechselseitige Potenzierung dieser Einflussgrößen. Dazu kommen geringere Zugänge in Bildungs-, Sozial- und Kommunikationsressourcen, die ausgleichend wirken könnten. Bildschirmgeräte lenken ab, sie ziehen die Aufmerksamkeit an und wirken deshalb potenziell lernverhindernd. Entgegen häufigen Ängsten liegen digitale Risiken nicht darin, dass Jungen zu Amokläufern werden, sondern dass ihnen das Mitgefühl abtrainiert wird, dass ihnen Zeit für anderes fehlt oder dass sie sich vergessen und verlieren, indem sie sich endlos zerstreuen.

Dass elektronische Medien die schulische Leistung beeinträchtigen, ist bekannt (viele Jungen wollen es allerdings lieber nicht wissen) und durch Studien nachgewiesen. Jungen werden z. B. in der Schule schlechter, wenn sie eine Spielkonsole erhalten. Intensive Mediennutzung bremst das Lernen, was vor allem das Spielen am PC oder an der Konsole ausmacht: Das Nutzen audiovisueller Medien schluckt Zeit, die dann für anderes nicht mehr vorhanden ist; Medien konkurrieren mit Schulaufgaben und anderen Beschäftigungen um die knappe Zeit des Jungen. Je mehr Medienzeit verbraucht wird, desto weniger bleibt übrig, auch für die Schule.

Zudem wird vor allem beim Gamen die Verarbeitungskapazität des Jungengehirns schnell überschritten, was zu einem Informations- und Gefühls-Overflow führt. Das Belohnungszentrum wird in einer Intensität bedient, die anerkennende Lehrkräfte oder eine gute Schulnote nicht bieten können. Audiovisuelle Medien beanspruchen das Gehirn durch intensive Reize und Anforderungen, sind spannungsgeladen und emotional – kein Schulstoff kann da mithalten. Zudem geht der Lernprozess weiter, nachdem Vokabelheft oder Buch weggelegt werden. Emotionale Erlebnisse werden dabei als wichtig bewertet. Spielt der Junge also z. B. nach dem Vokabellernen an der Konsole, wird dieses Erlebnis im Gehirn abgelegt, nicht die Vokabeln. Nutzen Jungen Medien ohne ausreichenden Abstand direkt nach Lernphasen, wird Gelerntes nicht ins Langzeitgedächtnis befördert. (Chatten dagegen, was bei Mädchen mehr Medienzeit schluckt, ist nicht so intensiv und gefühlsgeladen).

Medien plus männlich

Viele der Medien bedienen männliche Bedürfnisse. Möglicherweise hängt die hohe Attraktivität solcher Spielwelten für Jungen damit zusammen, dass Jungen ihre »männlichen« Impulse in ihren Lebenswelten wenig gestattet oder abgewöhnt werden (Stichworte: Wettkampf-Aggression, regelüberschreitendes Verhalten, Handeln, Bewegung …). Die Spiele sind gezielt auf Jungen- und Männersehnsüchte ausgelegt: sich beweisen, eine Aufgabe verfolgen, kämpfen, etwas aushalten, durch Leistung vorankommen usw. FIFA oder Counterstrike auf der Konsole, Eroberungsspiele auf dem Smartphone, Sport oder DMAX im Fernsehen, Erotik- und Pornovideos: Beim Nutzen und Konsumieren erhält das Männliche der Jungen Resonanz. Der Junge kann sich männlich fühlen und sich dem Männlichen zugehörig definieren (teils in der Abgrenzung zu Mädchen und Frauen). Die Attraktivität dieses Faktors steigt vor allem dann, wenn Alternativen im wirklichen Leben fehlen, auch in der Schule.

Vor allem bei elektronischen Spielen (Gamen) fallen Jungen- und Mädchenverhalten extrem auseinander: Kaum eine Statistik, bei der sich Mädchen und Jungen so gravierend unterscheiden, wie bei der Frage nach Konsolen-, Computer- oder Onlinespielen.: 72 Prozent der Jungen spielen »mehrmals in der Woche oder täglich« solche Spiele, aber nur 14 Prozent der Mädchen (Daten: JIM-Studie, MPFS 2016). Der Faszination dieser Verführung können sich viele Jungen kaum entziehen. Und das Angebot wächst: Fernsehen, Computer, Konsolenspiele, Internet, soziale Medien, kommerzielle Spiele und Smartphones, damit steigt die Menge an potenziellen Lernsaboteuren und Zeitfressern, die schulisches Lernen verhindern. Dennoch sollten Lehrkräfte die Spiele nicht dämonisieren, aber sie auch nicht verharmlosen.

Der soziale Status ist für das Nutzerverhalten der Jungen mit entscheidend. Jungen mit einem niedrigen Sozialstatus sehen mehr fern und spielen mehr Konsolenspiele als Jungen aus der Mittel- oder Oberschicht. Auch Armut ist ein Risikofaktor: Im Durchschnitt sehen rund 21 Prozent der Jungen an Schultagen mehr als vier Stunden fern, bei armen Jungen sind es 32 Prozent (Daten: HBSC-Studie 2002). Auch wenn Addierungseffekte durch Mehrfachnutzungen eine Rolle spielen dürften: Über fünf Stunden durchschnittliche Nutzung dieser Medien am Tag ist mit Sicherheit zu viel. Es ist Zeit, die für anderes fehlt: für Bewegung, unmittelbare soziale Kontakte mit Gleichaltrigen und eben auch für die Schule.

Jugendliche wurden in den vergangenen 20 Jahren unfähiger zur Empathie, sie können sich weniger in andere einfühlen. Häufiges und exzessives Computerspiel kann dazu beigetragen haben. Viel und intensiv Ego-Shooter-Spiele zu spielen führt nämlich nachweislich dazu, dass die Hirnregionen weniger aktiviert werden, die für Empathie zuständig sind. Extremes Spielen kann dazu führen, dass Menschen emotionsloser werden, sie werden kälter, härter, können sich weniger in andere hineinversetzen und entwickeln weniger Mitgefühl – Fähigkeiten, die bei Jungen aufgrund von Männlichkeitsvorgaben oft ohnehin nicht so stabil verankert sind. Bei Jungen, die sehr häufig und sehr viel spielen, nimmt die Empathiefähigkeit ab, aber für gelegentliche Spieler trifft das nicht zu. Deshalb sollten Zehnjährige einfach keine Ego-Shooter-Spiele nutzen, auch für 13-Jährige kann das problematisch sein, während 18-Jährige oder Erwachsene viel besser damit umgehen können, weil (bzw. wenn) sie leichter den Abschaltknopf finden.

Schule gegen Medien verteidigen

Die legitimen Gründe für die Medienattraktivität bei Jungen müssen gesehen und in gewissen Grenzen auch respektiert werden – es sollte also weder Verdammnis noch Abwertung stattfinden. Dennoch gehört zur klaren Haltung, dass Lehrkräfte dazu beitragen, den Schulerfolg von Jungen gegen die Geräte zu verteidigen: Eine klare Positionierung Jungen gegenüber und Information vor allem solcher Eltern, die wegen ihres sozialen oder Bildungsstatus nicht über das notwendige Wissen verfügen, sind notwendige Schritte. Ein umfassenderes, längerfristig angelegtes und speziell auf Jungen bezogenes Konzept zur Entwicklung von Medienkompetenzen – von Jungen wie von Eltern – müsste in jeder Schule entwickelt und umgesetzt werden, damit Jungen Medien so nutzen lernen, dass sie für ihren Schulerfolg nicht schädlich sind.

Eine Aufgabe, und die oft einzigartige Chance, der Schule liegt neben dem Liefern von Informationen in der Anregung und Befähigung zur Reflexion und Kommunikation:

- In der Schule können Jungen lernen, über Erfahrungen und Erlebnisse mit Medien zu sprechen.
- Medienklarheit vermittelt Jungen Kompetenzen, Medieninhalte selbst zu werten und zu filtern.
- Schule regt Jungen dabei an, die Fähigkeit zur Selbstkontrolle zu erlernen oder zu erweitern, also die Geräte bewusst ein-, aber auch wieder auszuschalten, ohne sich in Automatismen zu bewegen.
- Die klare Medienhaltung der Lehrkräfte trägt dazu bei, dass Jungen in ihrem Medienverhalten einen Schritt zurücktreten, in Distanz kommen. Sie führt dazu, dass jeder Junge bewusst entscheiden kann, was er will und was er lässt, weil es ihm nicht guttut. Ziel sind Selbstkontrolle, Reflexion, Bewusstheit, auch Askese; aus der Schule – woher sonst? – können Jungen auch gute Impulse für digitales Fasten oder Geräte-Enthaltsamkeit bekommen.
- Jungen erfahren Schule als sinnvoll, wenn sie dort hilfreiche Medieninformationen erhalten, z.B. wenn während dem Erledigen der Hausaufgaben das Smartphone griffbereit liegt und genutzt wird, leidet die Konzentration, das Unterbrechen einer Aufgabe verlängert sie, das Gehirn wird abgelenkt, befasst sich mit etwas anderem und braucht Energie, um wieder zur Aufgabe zurückzukehren. Das Gerät verringert die Aufmerksamkeit, erhöht die Fehlerzahl, die Leistung nimmt ab.
- Schule kann Jungen kompetenter in der Mediennutzung machen, indem sie Medienwissen vermittelt; sie regt Verstehen und Verständnis an, auch darüber, was die Geräte mit dem Verhalten machen, wie sie auf Emotionen und Fähigkeiten Einfluss nehmen.
- Eine klare Haltung der Schule wertet selbst nicht ab, gibt aber den medienkritischen Stimmen der Jungen Raum, die es ja durchaus gibt, und die wahrnehmen und darüber reflektieren, wie schnell im Netz der größte Unsinn die Runde macht oder dass sich jeder unkontrolliert zum Sprachrohr von Ideologien machen kann.
- Wo, wenn nicht in der Schule können Jungen »cyberpsychologische« Prozesse verstehen und lebensnah besprechen: Warum bin ich online dreister, aggressiver, gemeiner? Welches Verhalten lerne ich im Netz? Durch die »unechte« Präsenz im Netz können sich Hemmschwellen absenken oder ganz fallen, das gilt es zu thematisieren.

Diese klare Haltung schließt allerdings nicht aus, das mediale Erfahrungswelten von Jungen auch für die Schule adaptiert werden können, wenn sie didaktisch sinnvoll sind und dazu beitragen, die Motivation von Jungen zu steigern, etwa mit dem Unterrichtsspiel »Classcraft« (mehr dazu am Ende des Kapitel 4.8).

Eindeutige Kommunikation

Anweisungen und Appelle von Lehrkräften werden häufig unklar und zu umfangreich formuliert. Jungen sind aber – vielleicht wegen des Testosterons, sicher aber wegen männlicher Kommunikationskulturen und -erfahrungen (»ein Mann, ein Wort«) – auf Prägnanz und Verständlichkeit angewiesen. In der Kürze liegt für Jungen die Würze, und darin die Chance, dass Botschaften ankommen.

Wir haben in Trainings die Statements von Lehrkräften aufgezeichnet, in denen sie ihre Wünsche an Jungen in Bezug auf deren Verhalten formuliert haben: Es waren lange Ansprachen, bei denen sogar Erwachsenen selbst nach mehrmaligem Anhören unklar war, wie eigentlich die Kernbotschaft lautet. Zu lange Ausführungen, Wiederholungsschleifen, zu viele Wörter und Sätze bewirken, dass Jungen – besonders in der Pubertät, wenn der vordere Cortex nur bedingt einsatzfähig ist – nur kommunikatives Rauschen wahrnehmen und den Kern der Botschaft nicht entschlüsseln können. Deshalb schalten sie ab wenn es besser wäre hinzuhören. Wenn im Unterricht gekreist und mäandert wird, wenn der rote Faden nicht erkennbar ist, klinken sich Jungen aus: zu viel Text, zu viel Diffusität.

Ganz besonders im Konfliktmodus, also in der selbstbehauptenden Kommunikation, vernebeln zu viele Worte in der Wahrnehmung von Jungen die Szenerie. In Statuskonflikten wird von Lehrern häufig eins an das andere gereiht, statt auf den Punkt zu kommen. Besonders im Konflikt sind Jungen auf klare Botschaften und auf Konfrontation angewiesen. Hier gilt es, die Sprache zu reduzieren und zu fokussieren: Was ist wesentlich, wo liegt der Kern?

Natürlich beschränkt sich klare Kommunikation der Lehrkräfte nicht auf Anweisungen oder Statuskonflikte. Die Autorität zeichnet sich dadurch aus, dass sie gut zuhören kann und dass sie positive Rückmeldungen gibt; aber auch diese Aussagen gewinnen mit Prägnanz, auch hier empfiehlt sich, auf den Punkt zu kommen.

Zu viel Erklärendes klingt in Jungenohren schnell wie Entschuldigungen; sie schwächen die Botschaft ab, es wird verschwommen, worum es eigentlich geht. Natürlich sollten Lehrkräfte auch fachlich benennen können, warum sie einen Auftrag erteilen, kritisieren oder etwas vom Jungen verlangen. Es genügt aber meistens, wenn sie das auf Nachfrage, wenn es der Junge wirklich nicht weiß, erklären.

> *In der Status- oder Behauptungskommunikation kommt es darauf an, die Aussagen kurz zu fassen. Es hat sich bewährt, dafür maximal sieben Worte zu verwenden: »Pack sofort die Trinkflasche weg!«, »Ich lasse mich nicht beleidigen, Marc!«, »Setz dich hin und hör zu.«*

Worin liegt der Grund dafür, dass viele pädagogische Fachkräfte so ausschweifend sind? Vielleicht weil sie meinen, ihre Autorität begründen oder erklären zu müssen, vielleicht weil sie sich dafür entschuldigen möchten, dass sie führen? Unklare Kommunikation ist (nicht nur für Jungen) verwirrend, klare Kommunikation muss gelernt und trainiert werden. Besonders bei Störungen und Regelverstößen (s. Kapitel 4.4.) ist diese Prägnanz entscheidend für die Entwicklungen der Jungen, wie auch für den Umgang und die Kultur in der Schule.

Ein Missverständnis wäre es, dass klare Kommunikation immer nüchtern, ernsthaft oder gar griesgrämig daher kommen müsste. Wenn die Lehrkraft etwas freut oder wenn sie gut drauf ist, kann sie das klar mitteilen: »Leute, ist das nicht ein super Wetter heute – da macht mir Bio gleich noch mehr Spaß.« Gefühle sind Beziehungsträger, durch Emotionen wissen Jungen noch besser Bescheid, können sich einhängen oder auch muffelig abgrenzen: »Ihnen vielleicht, aber mir nicht!«

In gewissen Grenzen geht klare Kommunikation auch bei Regelverstößen mit Humor. Nicht jedes Verletzen von Regeln ist ja wirklich schlimm, oft ist es eine Art Beziehungsspiel der Jungen mit Normgrenzen. Wer gut in Beziehung ist kann es leicht erkennen, ob ein ernsthaftes Stirnrunzeln, ein grimmiger Blick oder eine Anweisung auf den Regelverstoß angemessen ist.

Klarer Umgang mit Regelverstößen und Störungen

Regelverletzungen und Störungen sind ein Element des Männlichen von Jungen, kosten aber Zeit und Kraft. Klarheit verhindert keine Störungen aber hilft, den dadurch entstehenden Aufwand zu reduzieren. Auch wenn sie sich oft provozierend verhalten, wünschen sich Jungen Lehrkräfte, die sich behaupten und Regeln durchsetzen können. Beim Vereinbaren von Regeln gilt deshalb zuerst, dass sie nicht utopisch sein dürfen, sondern tatsächlich durchsetzbar sein sollten. Ob Regeln wirken, ist eine Frage der Klarheit, zuerst ist deshalb Eindeutigkeit und Reduktion der Regeln aufs Wesentliche sinnvoll. Es gibt Schulen mit mehrseitigen Hausordnungen, in denen Oberthemen, moralische Überlegungen, allgemeine Leitsätze, detaillierte Bestimmungen mit zahlreichen Unterparagraphen, drohende Konsequenzen und präzise Handlungsvorschriften festgehalten sind. Kein Junge kann das je überblicken, sogar Lehrkräfte tun sich damit schwer.

Für Jungen ist der Umgang mit Regeln ein Forum für Statusklärungen. Deshalb wollen sie wissen: Welche Regeln gelten? Und oft auch: Wer setzt sie durch? Was passiert, wenn ich sie überschreite? Gut, wenn dies überschaubar bleibt.

Idealerweise werden die Schüler beim Vereinbaren von Regeln mit beteiligt. Ihre Vorschläge für Konsequenzen nach Regelverstößen sind dabei oft drastisch und müssen bisweilen von den begleitenden Lehrkräften abgemildert werden. Nach dem Entwickeln und der Vereinbarung sind Regeln noch nicht wirksam, es gilt, den Regelerwerb als Prozess zu sehen und zu unterstützen: durch wiederholen, erinnern (»Regel der Woche«), einüben, verankern.

Eine Schule in den USA hat angeblich gute Erfahrung gemacht mit einer einzigen Regel, die lautete: »Du sollst deine Lehrer nicht ärgern«

Bei Regelverletzungen legen es viele Jungen darauf an, die Folgen kennenzulernen. Werden sie zu Recht erwischt sind sie meistens bereit, angemessene Konsequenzen zu tragen. Dabei nehmen sie besonders handlungsorientierte Konsequenzen ernst, alles andere sind folgenlose Verwarnungen, Bewährungsstrafen und deshalb »Gelaber«. Statt der Verwarnung, statt Ansprachen und Ermahnungen sollten Regelverstöße Folgen zeigen, z. B. einen anderen Platz einnehmen, eine Aufgabe erfüllen. Es empfiehlt sich, bei Störungen möglichst früh zu intervenieren: sofort dort ermahnen, von wo die Störung ausgeht, sich dabei eher kurz halten, also keine Begründungen oder moralische Ansprachen abliefern. Wenn nötig werden Klärungen oder die Ansprache in ein anderes Zeitfenster verlegt. Unklar und problematisch ist es, Regelverstöße zu ignorieren oder erst mit Verspätung auf Störungen zu reagieren. Und auch wenn die Störungen die Lehrkraft nerven gilt es, sich im Griff zu behalten: Wer emotional eskaliert bekommt keine disziplinierteren Jungen, nur verängstigte Schüler. (Weiterführende Literatur: Nolting 2017; Hoegg 2012)

Konfrontieren

Jeder Mensch hat das Recht auf körperliche und mentale Unversehrtheit, auf Wahrung seiner oder ihrer Integrität. Umgekehrt hat deshalb kein Mensch das Recht, andere abzuwerten, auszugrenzen, zu beleidigen oder zu verletzen. Dieser Grundsatz wird von Jungen häufig missachtet – wegen zweifelhafter männlicher Anregungen im Umgang miteinander und in Medien, aber auch deshalb, weil Erwachsene zu wenig intervenieren und sie bei heftigen Verstößen nicht angemessen konfrontieren. Bei der Konfrontation handelt es sich um ein massiveres Gewicht in der Kommunikation, um ein größeres Kaliber als lediglich ein Verweis oder das Vereinbaren von Konsequenzen.

Klare Konfrontation ist bei manchen Jungen ein notwendiges Instrument begrenzender Kommunikation und der Markierung persönlicher Autorität. »Harte« Jungen sind oft besonders deshalb so erfolgreich, weil sie Lehrerinnen und Lehrer überraschen oder überfordern. Wenn es zu lange dauert, bis sie konfrontiert werden, haben sich ihre Spielräume bereits ausgeweitet. Umgekehrt sind in anfänglichen Situationen Störungsaktionen zügig beendet, wenn klar reagiert wird. Wahrscheinlich nehmen Jungen schon die Bereitschaft oder die Fähigkeit zur Konfrontation wahr und reagieren darauf, auch wenn sie gar nicht aktiviert wird. Lehrkräfte sollten Fähigkeiten zu unterschiedlichen Formen der Konfrontation im Handlungsrepertoire zur Verfügung haben, wenn sie mit Jungen arbeiten (und dürfen dennoch darauf hoffen, ohne sie auszukommen).

Es kommt weniger zu Szenen, die Konfrontation erfordern, wenn Lehrkräfte bereit und auch darin geübt sind, zu konfrontieren!

Konfrontative Gesprächsführung ist kein Alltagsgeplänkel, sondern eher das letzte kommunikative Mittel, wenn akzeptierende, erklärende, auffordernde Interventionen keine positive Wirkung (mehr) haben oder hatten. Gewalttätige Jungen fangen klein an, Gewalt tendiert zur Eskalation. Deshalb ist hilfreich, dass eher früh reagiert wird, um Größeres zu verhindern. Auch leichtere Konfrontationen lassen Jungen ahnen, dass ihnen hier viel Stabilität entgegenkommt, dass die Autorität mentales Gewicht in die Waagschale wirft und es schwer sein wird, etwas dagegen zu setzen.

Beispiel: »Leichte« Konfrontation

Alle Schüler haben einen einfachen und leistbaren Auftrag bekommen, sie sollen Verben aus einem Text heraussuchen. Jonathan fängt kurz an, unterbricht sich aber gleich, zieht sein Handy aus der Tasche und beginnt zu tippen.

Lehrkraft:	Jonathan, was ist Deine Aufgabe?
Jonathan:	Ja gleich, ich muss nur noch schnell eine SMS schreiben, ich –
Lehrkraft:	Nein. Was ist Deine Aufgabe?
Jonathan:	Ja, ich weiß, aber es ist echt wichtig, ich muss meiner Mutter –
Lehrkraft:	Jonathan, was ist jetzt Deine Aufgabe?
Jonathan:	(genervt) Mach ich doch gleich, nur –
Lehrkraft:	(strengerer Tonfall) Nein! Hör mir zu: Was ist jetzt deine Aufgabe? Sag es mir!
Jonathan:	Jaaaa – ich soll die Tätigkeits-Wörter raussuchen.
Lehrkraft:	Genau. Dann mach das, und nichts andres! Klar?
Jonathan:	Okay, okay, ja, ist gut.

Jonathan macht sich wieder an die Aufgabe.

Auch Konfrontation braucht Kontakt, tragfähige Beziehungen vertragen auch direkte Konfrontation. Das Grundprinzip ist die Akzeptanz und Wertschätzung der grenzüberschreitenden Person, bei klarer Verurteilung des Fehlverhaltens. »Täter« und »Tat« werden gesondert betrachtet, mit der Haltung: »Ich mag dich, du bist in Ordnung; dieses Verhalten toleriere ich aber nicht und dagegen werde ich mich mit all meiner Kraft stellen!«

In der Konfrontation wird mit ritualisierter Grenzziehung gearbeitet. Dabei sollte nicht locker gelassen werden, das erwünschte Verhalten wird konsequent und immer wieder eingefordert. Gegebenenfalls erfolgen die für ein Fehlverhalten angekündigten Konsequenzen unbedingt und zeitnah, da sonst die Glaubwürdigkeit in Frage gestellt ist. Rechtfertigungsstrategien des Jungen sind nicht zugelassen und werden deshalb auch nicht durch Warum-Fragen gestützt. Die konfrontierende Lehrkraft lässt sich auf keine Diskussionen ein, die Jungen anbieten, wie z. B. »Ich habe ja nur getreten, weil der Matti zu mir ›schwule Sau‹ gesagt hat.« Es gibt keine legitimen Gründe für Gewaltverhalten, deshalb sind Warum-Fragen unangemessen. (Quelle: nach Toprak/Weitzel 2015)

Verbale Angriffe und Provokationen gibt es in vielen Schulen fast täglich; sie können schnell das Klima und die Kultur bestimmen und vergiften. Lehrkräfte sollten sich auch hier klar positionieren und konfrontieren. Unter Jungen herrscht oft ein etwas rauer Ton; das ist als selbstbehauptende Aggression zu tolerieren, solange es nicht verletzend wird. Werden Grenzen der Kränkung, Verletzung oder verbaler Gewalt überschritten, müssen die Fachkräfte intervenieren.

Standardkonzepte zum Umgang damit kann es nicht geben, weil jede Lehrkraft als Person anders davon berührt wird und auch unterschiedlich reagiert. Außerdem hemmt der Anspruch, so eine Situation genau richtig und perfekt zu meistern, die Spontaneität. In leichteren Fällen hilft Gelassenheit, ein dezenter Hinweis, eine humorvolle Bemerkung oder die Aufforderung, es noch einmal zu probieren, nun aber ohne die Ausfälligkeit.

Heftige Angriffe gehen so aber nicht durch, da braucht es standhafte Gegenwehr. Auch wenn solches Verhalten an vielen Schulen nicht alltäglich ist, werden innere Konzepte und Übung benötigt, um in der entsprechenden Situation handlungsfähig zu bleiben und sich nicht überfordert zu fühlen. Was ist zu tun? Rangehen! Gerade verbale Aggressionen und Grenzüberschreitungen verlangen Einsatz, Präsenz und Klarheit! Hier zählen nicht aufgesetzte Souveränität oder pädagogische Ansprachen, sondern es wird Tacheles geredet.

Dabei muss man sich überhaupt nicht hinter einer professionell-nüchternen Maske verstecken: Wenn eine Lehrkraft ärgerlich, verletzt oder wütend ist, darf das beim Jungen ruhig auch so ankommen! Es verlangt Mut, sich mit seinen Gefühlen als Person zu zeigen; das ist aber bedeutsam, weil Gefühle wichtige Beziehungsträger sind, deshalb dürfen sie erkennbar sein und ausgedrückt werden, gerade bei Gewalt: »Der Gewalttätigkeit […] muss voll und emotional gegenübergetreten werden, oder das Kind kann nicht empfinden, dass die anderen Menschen wirklich lebendig sind« (Omer/v. Schlippe 2017, S. 78).

Der erhoffte Erfolg von Konfrontation mit erkennbaren Gefühlen liegt darin, von den Jungen ernst genommen zu werden, weil sie die Beziehung erleben und dabei wissen, woran sie sind. Lehrkräfte die sich freuen können, die auch mal laut lachen, oder solche, die es zeigen, wenn sie empört sind, sich ärgern oder wenn der Kamm schwillt, sind mit ihren Gefühlen erkennbar und wirken authentisch. Das schafft neben der Klarheit auch Verbindung, es sind Menschen, mit denen wir es hier zu tun haben, und das verstärkt Nähe, Beziehung und Sympathie. Klarheit meint genau dies: »Bei ihr/ihm weiß man, woran man ist.« Die entsprechenden Situationen zu provozieren, die Grenzen auszutesten, um genau dies zu erfahren, gehört bei vielen Jungen als Interesse und Beziehungsweise dazu.

Beispiel: Konfrontation bei verbaler Aggression

Herr Schuler kritisiert Jakob, weil er seine Hausaufgaben nicht vollständig erledigt hat. Außerdem sieht seine Schrift krakelig und unleserlich aus, wahrscheinlich hat er sie im Bus gemacht oder vor dem Unterricht schnell abgeschrieben. Bei der Kritik von Herrn Schuler rastet Jakob aus, er wischt sein Heft auf den Boden und herrscht Herrn Schuler an: »Ihnen passt ja überhaupt nichts, dann mach den Mist doch selbst, Idiot.«

Das ging eindeutig viel zu weit, Jakob braucht eine klare Rückmeldung – sonst verliert Herr Schuler seine Autorität. Fünf Schritte und Konfrontations-Elemente sind dabei hilfreich:

- Markieren, was Sache ist – konfrontieren und klar formulieren, was gilt: »He, Jakob, ich toleriere keine Schimpfworte«; »Ich will nicht von dir geduzt werden, Jakob!«
- Gefühle? Raus damit: Gefühle sind Beziehungsträger – sie dürfen und sollen erkennbar sein! Eigene Gefühle wahrnehmen und äußern: »Ich bin kein Idiot, mich verletzt das, da werde ich wütend!«; »Ich bin stinkesauer, hörst du, Jakob?«; »Mich ärgert es, wenn du mich beleidigst«
- Alternativen erfragen (aber keine Warum-Nachfragen!): Hilfreich sind lösungsorientiertes Nachfragen: »Was kannst du denn machen oder sagen, wenn du sauer bist, ohne jemand zu beleidigen?« Gut ist es, die Ideen positiv zu kommentieren, und vertiefend weiter nachfragen: »Aha, gut! Und was würde das verändern?« Wie bei jeder Form von Übergriffen oder Gewalt geht es nicht darum, das beleidigende oder gewalttätige Verhalten zu verstehen, weil es da nichts zu verstehen gibt, es ist einfach falsch. Deshalb keine Warum-Nachfragen (»Warum hast du das gesagt/gemacht?«).
- Die Gruppe beteiligen, sofern – wie häufig – die Aggression im Gruppenkontext stattfand (Gruppe, Klasse): Nach der Gruppenmeinung fragen: »Vielleicht wollen sich auch andere nicht beleidigen lassen, könnt ihr mal sagen, wie so ein Verhalten bei euch ankommt?«, »Was denkt ihr, wie Jakob es in so einer Situation besser machen könnte?«
- Wiedergutmachung: Nach der Konfrontation und Klarstellung geht es darum, die Sache wieder in Ordnung zu bringen. Auch hier darf an die Kompetenz des Jungen angeschlossen werden: »Ich lasse mich nicht beleidigen Jakob, das ist geklärt. Ok, jetzt geht es darum, wie du die Sache wieder in Ordnung bringst. Dafür gib es gute Möglichkeiten. Was meinst du, was hier passt, Jakob?«, »Fällt dir was ein, Jakob, wie du die Sache wieder zurechtbiegen kannst? Überleg mal!«

Nicht nur nebenbei: Auch für die emotionale Erkennbarkeit gelten selbstverständlich professionelle Grenzen. Jungen (und Mädchen) wollen lernen, wie mit Gefühlen gelebt werden kann, nicht wie sie unterdrückt werden, genauso wenig, wie sie überzogen ausagiert und befeuert werden. Authentisch und klar zu sein bedeutet nicht, die eigene Gefühlslage cholerisch auszuagieren! Was Kindern oder Jugendlichen Angst macht, beschämt, beleidigt oder sie entwürdigt, geht gar nicht! Also kein Ausrasten oder Austicken, keine grenzenlosen Wutausbrüche, kein lächerlich machen von Schülern, keine fliegende Kreide, kein Schwamm oder Schlüsselbund als Wurfgeschoss, kein wildes Rumbrüllen, keinen Terror von Lehrern, die sich nicht im Griff haben! Wer dazu neigt (das gibt es, wir sind Menschen), sollte solche Impulse als Hinweise sehr ernst nehmen, hier helfen Weiterbildung, Beratung, Supervision, Therapie. Wenn von solchen Vorfällen mit Lehrkräften berichtet wird, ist dringender Handlungsbedarf angezeigt:

Die Kollegen oder Kolleginnen sollten angesprochen, die Schulleitung sollte informiert werden.

4.2 Bewegung

Beobachtungen zum Bewegungsdrang gehören zu den Standardbeschreibungen von Jungen in der Schule: »Jungen sind unruhiger«, »Jungen wollen sich mehr bewegen« oder auch: »Jungen rennen, wo Mädchen gehen.« Das sind zum Teil Stereotypen und selektive Wahrnehmungen, aber viele Jungen spüren tatsächlich relativ schnell Bewegungsimpulse, besonders wenn sie lange sitzen oder sich ruhig verhalten müssen. Ihre Bewegungswünsche werden gerne problematisiert und vorwurfsvoll kommentiert als »Zappeln« abgewertet. Bewegung ist aber zuerst ein Bedürfnis, wie das nach Atmen oder Schlaf, wie Hunger, Durst oder gemocht zu werden. Und das Bewegungsbedürfnis von Kindern und Jugendlichen will gesehen werden – schön, dass Jungen es zeigen.

Immer mehr Jungen werden bezogen auf Stillsitzen-können und Sich-Bewegen-wollen als »auffällig« etikettiert. Die Normgrenzen des angemessenen ruhigen Verhaltens in der Schule werden dabei jedoch relativ beliebig gezogen: Vielleicht sind Jungen zum Teil tatsächlich unruhiger, unkontrollierter geworden? Möglicherweise hat sich aber in einer sitzenden Wissensgesellschaft diese Grenze in Richtung der ruhigeren »Mädchennorm« verschoben? Es ist so denkbar wie einleuchtend, dass viele Jungen heute deshalb als hyperaktiv bezeichnet werden, weil die Schule sich hypoaktiv entwickelt hat und Bewegung wie auch Handeln gegenüber dem kognitiv-akademischen Lernen entwertet sind.

Neutral beschrieben sind Jungen oft motorisch motiviert und kinästhetisch interessiert und scheinen Lernen (auch) durch und mit Bewegung oder Aktivität zu bevorzugen. Ihre Bewegungsinteressen sind überdies mit Männlichkeitsbildern verknüpft, Bewegung und Handeln wird hier oft höher bewertet als Denken, Reden oder Reflektieren, was in gewissen Grenzen durchaus so in Ordnung ist. Viele Jungen spüren und erleben sich gut über ihren Körper. Moderne Erwartungen an Jungen im Bildungssystem sind aber meist vernunftorientiert und richten sich primär an den Verstand. Der restliche Körper mit seinen Impulsen und Bedürfnissen soll hinten anstehen. Das passt zu vielen Jungen nicht! Sie wünschen Bewegung, sind lebhaft, werden bei zu wenig Körpererlebnissen unruhig.

Bewegungsbedürfnisse und Körpersozialisation als zwei widersprüchliche Aspekte gegeneinander auszuspielen ist nicht sinnvoll, es braucht vielmehr beides: Jungen müssen einerseits lernen, sich kognitiv und konzentriert zu beschäftigen, natürlich ist es ein Ziel von Erziehung, dass Jungen auch längere Phasen ohne Bewegung durchstehen können. Andererseits sind ihre körperlichen Bedürfnisse berechtigt, wer vorher oder andernorts den Körper vernachlässigen musste, hat danach ein höheres Bewegungsbedürfnis, ein Aktionswunsch will über den Körper ins Leben.

Unterschätzte Bewegung

Im schulischen Lernen ist Bewegtes allerdings nur wenig vorgesehen. Hier wird Lernen kognitiv beschränkt, als statische Anhäufung von Fakten und Kompetenzen verstanden, die vom Körper gelöst sind. Bewegungsmöglichkeiten werden – meist mit erheblicher Einschränkung durch strenge Schulordnungen – auf Pausenzeiten verschoben. Oder es sollen die ganzen Bewegungsbedürfnisse aus dem ansonsten statischen Unterricht im Sport befriedigt werden. So herrscht häufig das Missverständnis, dass die wenigen Sportstunden der Kompensation anderer Fächer dienen sollen. Der Sportunterricht verkommt damit zur bewegten Beschäftigung, bei der alle immer möglichst viel schwitzen sollen. Die eigentlich wichtigen pädagogischen Perspektiven des Sportunterrichts können sich nicht entfalten (wie z. B. gesundheitliche und soziale Aspekte, Körperwahrnehmung und -ausdruck oder die direkte Erfahrung, dass ein Junge etwas erreichen kann, wenn er trainiert). Außerhalb von Pausen und Sport macht Lehrkräften und Eltern Bewegung sogar Angst, sie befürchten Ausschreitungen, Verletzungen und fehlende Zeit fürs »richtige Lernen«. Risikofeindlichkeit, Unsicherheiten und befürchtete Haftungsfragen dominieren die Diskussionen und in Schulen herrscht ein Anspruch der Bewegungslosigkeit.

Bewegung wird manchmal als Zuckerchen verabreicht und gewährt, damit hinterher wieder Ruhe ist; das genügt Jungen aber nicht und ist deshalb der falsche Ansatz. Der Unterrichtsstil zielt aufs Stillsitzen; in fast allen Fächern sitzen Schüler an Tischen und bewegen sich kaum. Das registrieren Jungen und ziehen ihre Konsequenzen, z. B. indem sie Schule abwerten oder ihren Bewegungsimpulsen an der falschen Stelle nachgeben. Gut möglich, dass die durchgängige Unterdrückung der Bewegungsimpulse mit der Zunahme von ADHS-Diagnosen bei Jungen zusammen hängt.

> *Vielleicht sind actionreiche Computerspiele für viele Jungen auch deshalb so attraktiv, weil sie dort ihre Bewegungsimpulse wenigstens stellvertretend und unbeschränkt ausagieren (lassen) können?*

Jungen lernen nicht nur, wenn sie stocksteif auf einem Stuhl sitzen, im Gegenteil. Beim Lernen lassen sich Körper und Bewegung nutzen, es ermöglicht tieferes Verstehen. Nachweislich wirken sich wenig Bewegung und viel Sitzen – und besonders die Kombination dieser beiden Faktoren – bei Jungen (nicht oder weniger bei Mädchen) auf die Lesefähigkeiten und ihr arithmetisches Verständnis aus (Haapala u. a. 2017). Auch andere Studien belegen eindrücklich: Nicht Stillsitzen, sondern Bewegung macht Kinder schlau. Körperbewegungen hängen mit dem Lernen zusammen und trainieren das Gehirn. So gesehen sind Jungen mit ihren Bewegungsimpulsen wichtige Indikatoren, die auf falsche Konzepte in der Schule hinweisen.

In einem Modellversuch wurde herausgefunden, dass eine (!) tägliche Sport- und Bewegungsstunde zu besserem Sozialverhalten und einer Steigerung der Leistungsfähigkeit führen; das Zeitbudget anderer Fächer wurde für diese Stunde der Bewegung gekürzt, die Leistungen in diesen Fächern wurden dennoch nicht schlechter. In einer anderen Schulstudie konnte nachgewiesen werden, dass Kinder, die vor dem Unterricht freiwillig (außerhalb der Schulzeit) an einem Fitnesstraining teilnehmen und danach den Unterricht in einem Fach besuchen, in dem sie große Probleme haben, viel bessere Leistungen bringen, und außerdem körperlich durchtrainierter und weniger übergewichtig sind.

Nun geht es keinesfalls darum, immer und ständig in Bewegung zu sein. Bewegung ist selbstverständlich nicht alles und hat Grenzen, allein durchs Umhergehen lernt der Junge noch keine Vokabeln, ständig rumhüpfende Jungen, die keine zehn Minuten stillsitzen können, beweisen damit Entwicklungs- und Erziehungsbedarf. Natürlich müssen Jungen lernen, ihre Bewegungsimpulse zu steuern und zu kultivieren, sich zu konzentrieren und zur Ruhe zu kommen: »In der Ruhe liegt die Kraft«. Das Problem liegt in der Einseitigkeit der Schule, es geht nicht um entweder – oder, sondern mehr um sowohl stilles als auch bewegtes Lernen.

Praxis: Bewegung und Körper einsetzen

Körperbezüge und Bewegung können wie Üben oder Wiederholen als selbstverständliches Element zur Lernkultur gehören: Jetzt kurz Aufstehen, sich strecken, auf einem Bein stehend balancieren, Muskeln anspannen und lösen. Sie müssen aber wie andere Lernformen eingeführt, geübt und verankert werden; auch dass es nach Bewegungspausen wieder ruhig wird, dass sie wieder »runterkommen« lernen Jungen durch Erfahrung. Gerade weil der Mainstream des Unterrichtens anders angelegt ist, benötigt dies Zeit und eine gewisse Ausdauer. Vor allem in der Grundschule und der in Sekundarstufe I lassen sich auch viele Unterrichtsinhalte mit Bewegungen verbinden. In der Pubertät dagegen sind Bewegungsübungen vielen Jungen peinlich, sie wollen sich weder präsentieren, noch spüren, sondern in Ruhe gelassen werden (und sich nicht »zum Affen machen«); das ist dann zu respektieren.

Kleine Bewegungseinheiten im Unterricht zwischendurch geben dem Körper Resonanz und bringen ihn wieder ins Bewusstsein, z. B. kurz den Körper ausschütteln, sich strecken, am Platz hüpfen, mit den Lippen prusten, kleine Yogaübungen im Stehen, auf der Stelle laufen, zehnmal die Schultern heben und wieder fallen lassen. Die Bewegungen müssen dabei nicht unbedingt raumfüllend oder schnell ausgeführt werden. »Mikrobewegungen« sind kleine und kleinste Körperbewegungen, die nicht so raumgreifend sind, aber das Bewegungsbedürfnis bedienen; Jungen können sich so sogar während des Unterrichts bewegen, ohne dabei zu stören, indem sie z. B. die Faust anspannen und lösen, die Finger spreizen und lösen, die Fußspitze Richtung Knie ziehen; mit den Ohren wackeln; die Stirn runzeln und wieder entspannen; die Knie langsam zusammenpressen und wieder auseinander bewegen usw. Mikrobewegungen lassen sich selbstverständlich offen im Unterricht einsetzen, ohne dass dabei eine turbulente Stimmung entsteht. (Weitere Mikrobewegungen und Körperübungen finden sich im Kapitel 5.2 im Anhang bei den Spielen und Übungen).

Gerade wegen der Kampfeslüste vieler Jungen müsste der Sportunterricht dagegen anders als bisher gestaltet werden. Für viele Jungen ist Sport zwar das Bewegungshighlight im tristen Schulalltag, aber darin oft zu einseitig auf Leistung, Konkurrenz und Noten ausgerichtet. So entsteht nichts Neues, sondern Männlichkeitsbekanntes wird lediglich wiederholt und verfestigt. Eine Weiterentwicklung für Jungen beinhaltet auch eine Erweiterung der Körper- und Bewegungserfahrung, manchmal ein Antiprogramm, das nicht nur auf Siegen oder Egomanie geeicht ist, sondern alternative Formen von Körperbezügen enthält: mehr Körperempfindung und -achtsamkeit, mehr Körperwissen und -bildung, breitere leibliche Erfahrung, mehr Entspannung, Dehnung (Yoga) oder auch Wohltuendes wie eine lockernde Massage.

In der Akzeptanz des Bewegungsdrangs vieler Jungen verbirgt sich auf der anderen Seite noch ein weiterer Auftrag in die andere Richtung, zum Gegenpol der Bewegungskompetenz: zur Ruhe kommen, Achtsamkeit, Reflexionsfähigkeit. Das »Runterkommen« nach Bewegungsphasen oder nach Kämpfen ist ebenfalls Teil der Jungenbildung, und für manche Jungen eine echte Herausforderung. Gerade wenn Bewegungen kämpferisch inspiriert sind, steigt ihr Testosteronspiegel, Kampfeslüste werden angestachelt. Es gehört zur Körperkultivierung, trotz aufgeladener Stimmung und auch ohne absolute körperliche Erschöpfung wieder in den Ruhemodus kommen zu können. Wegen fehlender Erfahrungen liegt auch darin ein Bildungsauftrag der Schule: dass Jungen sich entspannen, Stille aushalten lernen, die Aufmerksamkeit auf ihr Inneres richten, sich und ihren Körper wahrnehmen, Ruhe als Bedürfnis erkennen usw.

4.3 Kämpfen: Die Kräfte spielen lassen!

Viele Jungen bringen Interesse und Lust an Wettbewerben und am Kämpfen in die Schule mit. Bei jüngeren Jungen geht es dabei um das Balgen, Raufen, wilde Toben, bei älteren auch um verbales Kräftemessen, Prahlen, Imponieren oder Beeindrucken mit Sprachwitz oder Schimpfworten, die auch außerhalb von Bildungsmilieus durchaus als »robust« oder gar »roh« bezeichnet werden können. Es trifft nie auf alle Jungen zu, aber markiert eine deutliche Tendenz: Statusklärungen, Kämpfen, Raufen ist für nicht wenige Jungen interessant und attraktiv. Bei vielen Jungen ist das akzentuiert vorhandene Interesse an solchen »Spaßkämpfen« ein Merkmal, das Jungen von Mädchen zumindest tendenziell unterscheidet. Es ist Wettkampf-Aggression, Konkurrenz, bei der es um Kräftemessen und auch um Imponiergehabe geht.

Kultivierte Konkurrenz ist nicht schädlich, sondern ein Motor sozialer und wirtschaftlicher Entwicklung. Dennoch brauchen Jungen Unterstützung – in Form von Aggressionskultivierung – darin, auf sozial verträgliche Weise zu konkurrieren, aber gleichermaßen auch Anregungen für eine Erweiterung des Männlichen, also Informationen darüber, was Männlichsein in einem positiven Sinn neben dem Kämpfen noch bedeutet. Diese Formen der Selbstbehauptung werden als »assertive« (selbstbehauptende) Aggressionen bezeichnet. Anders als Gewalt ist der auch körperlich ausgetragene Wettbewerb, dieses »rough and tumble play« (DiPietro 1981) nicht auf Schädigung oder Verletzung angelegt und feindselig inspiriert, sondern spielerisch motiviert. Es geht im wörtlichen Sinne darum, die Kräfte spielen zu lassen, tatsächlich ein prosoziales Verhalten im Rahmen des Männlichen. Denn im Gegensatz zu anderen Formen der Aggression kommt die assertive Form überwiegend bei Jungen vor und ist wechselseitig angeregt.

Die Präferenz für männliche Spielgefährten und für wildere Spiele wird durch die positive Erregung beeinflusst, in die Jungen durch solche Anforderungen versetzt werden. In einer Art Rückkoppelung werden Jungen durch andere Jungen zu höheren Aktivitäsniveaus und Rivalitäten stimuliert. Spiel- oder Spaßkämpfe sind keine individuelle Eigenschaft, sondern ein Merkmal männlicher Paare oder Gruppen. Ein wichtiges Element sind dabei Begeisterung, positive Affekte und Enthusiasmus – also keineswegs Verletzungen, Ängste oder Unterlegenheitsgefühle.

Dabei stellen Kampf und Kooperation für Jungen keinen Widerspruch dar, sondern ergänzen sich. Die Formen der assertiven Aggression unter Jungen setzen Kooperation voraus, Jungen verabreden und vereinbaren sich, entwickeln Spielverläufe und Regeln, halten sich daran oder verhandeln Verstöße usw. Auch wenn Spaßkämpfe auf den ersten Blick traditionell männlich im Sinne des Dominanzstrebens scheinen, funktionieren sie nur, wenn die Positionen wechseln und nicht immer nur derselbe der Sieger ist.

In Spaßkämpfen spüren sich Jungen körperlich. Sie lernen ihre Grenzen kennen, handeln Regeln aus, erwerben Risikokompetenz usw. Nicht zuletzt scheint sich die Möglichkeit, auch kultivierte Formen assertiver Aggression leben zu können, positiv auf die Motivation bei Jungen auszuwirken. Dementsprechend sind Jungen auf eine Lebenswelt Schule angewiesen, in der zwischen verschiedenen Formen der Aggression differenziert wird und in der Jungen (und Mädchen), die das möchten, auch die Möglichkeit erhalten, ihre gewünschten Formen assertiver Aggression zu leben.

Praxis: Kämpfen als Methode

In einer jungengerechten Schule ist es akzeptiert, dass viele Jungen ein Interesse an Status- und Rangfragen haben und dass sie gern in Positionen und Hierarchien denken. Jungen erhalten deshalb Verständnis für Rangeleien, ohne dass diese bewundert werden müssten. Aber die dahinter stehenden Bedürfnisse und Energien werden aufgenommen und es wird versucht, diese zu kanalisieren und zu kultivieren.

Jungengruppen sind manchmal regelrecht geladen, energisch aufgeheizt und entsprechend laut und unkonzentriert. Üblicherweise wird versucht, solche Jungen ruhig zu stellen, sie zu bremsen. Das kann gelingen und gehört auch zur Anpassungskompetenz, zur Fähigkeit, sich in Regelsysteme einzufinden. Oft zeigt alles Bremsen, Strafen, Moralisieren und Regulieren keinen Erfolg – die Jungen brauchen zusätzlich etwas anderes. Bei vielen Jungen gibt es ein starkes Bedürfnis danach, mit ihrem Spannungshaushalt umzugehen, was sie aber nicht unter sich regeln können; auch der Klassenverband und die Schule können diesen Ausgleich nicht bringen. Bremsen und Eindämmen kann hier nicht gelingen, weil die Jungen ihre Spannung nicht abbauen können.

Deshalb kommt es in der Praxis darauf an, assertive Aggression als Bedürfnis vieler Jungen zu akzeptieren und konzeptionell in der Schule zu entwickeln. Umsetzen lässt sich dies dadurch, dass Räume und Möglichkeiten angeboten werden: Toben, Rangeln, Raufen, Kämpfen – immer in kultivierter Form auf der Basis von Wertschätzung und Regeln. Dafür benötigen Jungen Räume, z. B. Bereiche auf dem Pausenhof, Turnräume oder -hallen mit Matten; oft helfen ihnen aber auch (alternative) Kampf-Angebote, die Lust am Raufen ermöglichen. Ziel ist es, Aggression zu kultivieren. Körperlich münden die Kampflüste allmählich in Regelsportarten, kommunikativ in Formen der Debatte und des argumentativen Wettstreits.

In der »Aggressionskultivierung« wird also nicht moralisch-informativ Gewalt bekämpft, sondern konstruktives Streiten und faires Kämpfen ermöglicht, ausprobiert und eingeübt. Assertive Aggressionen, Streiten, Rangeln und Raufen – das ist nicht nur erlaubt, sondern auch gewollt, es gehört einfach selbstverständlich und in vielen Formen (d. h. unbedingt auch leise) mit dazu. Gerade im Kämpfen besteht die Chance, sich handlungsorientiert und hautnah kennen zu lernen, Erfahrungen mit den jeweils anderen Jungen und sich selbst zu machen um zu wissen, wo Grenzen liegen, die eigenen und die des anderen.

Spätestens beim Verlassen des Schulhofs werden diese Kompetenzen für die Kinder wichtig. Vor und nach der Schule kommt es unter Jungen immer wieder zu der offenen, nicht durch die Lehrkraft oder andere Erwachsene strukturierte Situation, in der Streit und oft auch körperliche Auseinandersetzungen dazugehören. Diese Erfahrungen werden von den Jungen mit in die Schule gebracht. Das lediglich moralische oder disziplinarische Verhindern solcher Konflikte hilft den Jungen nicht weiter – am wenigsten denjenigen, die körperlich nicht zu den Stärkeren gehören.

Fruchtbar ist es, Bedürfnisse von Kindern nach Spaßkämpfen und dazu passende Regeln und Räume gemeinsam auszuhandeln. Selbstverständlich sollten dabei Geschlechtstypisierungen vermieden werden: Nicht »die« Jungen wollen immer Spaßkämpfe, es sind einige oder viele von ihnen, und manche Mädchen mögen das auch. Allzu rigide und kampffeindliche Schulordnungen gehören gründlich durchgeforstet. Eltern müssen in die konzeptionelle Erweiterung eingeweiht und eingebunden werden: Wo assertive Aggression positiv bewertet wird, kann es auch mal zu blauen Flecken, blutigen Nasen oder zerrissener Kleidung kommen. Überbehütende Eltern tun sich manchmal damit schwer, andere drohen gar mit dem Anwalt, wenn sie ihre Haltung nicht durchsetzen können oder sich finanzielle Vorteile versprechen: ärgerliche Zeitphänomene, mit denen Schule auch bei diesem Thema umgehen muss.

»Gewalt an Schulen« beschränkt sich nicht nur auf Schüler. Viele Jungen erleben auch gewaltsames Lehrerverhalten: Sie schreien Kinder an, verspotten sie, erklären sie für dumm oder völlig unbegabt; sie stellen Schülerinnen oder Schüler bloß, ignorieren sie offensiv, demütigen oder beschimpfen sie.

Solches Verhalten kann zu Angst, Alpträumen oder psychosomatischen Störungen führen. Es darf nicht toleriert oder tabuisiert, sondern muss mit vereinten Kräften aufgedeckt und abgestellt werden.

4.4 Normgrenzen überschreiten: anomisches Verhalten

Störungen, Regelverstöße und Disziplinschwierigkeiten sind in den meisten Schulen mit deutlichem Übergewicht eher ein Jungenphänomen: Unpünktlich sein, im Unterricht Kaugummi kauen oder trinken, einen Unterrichtsbeitrag leisten ohne sich zu melden, störende Aktivitäten, Blödsinn machen, sich mit dem Smartphone beschäftigen, Hausaufgaben nicht erledigen, mit Bällen spielen oder Schneebälle werfen usw. – eine ganze Reihe solcher Vergehen ist schnell aufgezählt. Auch wenn Mädchen und Jungen nach Unterschieden in der Schule gefragt werden, kommt meist die Antwort: »Jungen machen mehr Quatsch.« Und das können Lehrkräfte nur bestätigen.

Fachlich gesprochen handelt es sich dabei um »anomisches«, also regel- oder normwidriges Verhalten, in den allermeisten Fällen in eher leichteren Formen; Ziel ist dabei nicht die Schädigung, wie es persönliche Beleidigungen, Sachbeschädigungen oder körperliche Attacken wären. Jungen geht es dabei mehr um ein Herantasten – was passiert, wenn ich diese Regel überschreite? –, reizvoll ist das zündeln, experimentieren und provozieren. Das Verhalten der Jungen zielt nicht auf Chaos oder Umsturz, sondern spielt mit dem leichten Maß; auch als »rebellisch« wahrgenommenes Verhalten befindet sich ja meist noch im Rahmen relativer sozialer Verträglichkeit, obwohl es auf das Überschreiten von Normen und Regeln zielt.

Jungen verhalten sich darin mal schlicht, mal durchaus kreativ, selbst wenn dies z. B. den Unterricht »lebendig« macht oder phasenweise verunmöglicht, seien es witzig gemeinte Wortspiele, körperliche Attacken, Essen, Trinken oder gezielte Störung. In der Schule kann solches Verhalten erheblich stören, Lehrkräfte sind davon genervt, Eltern in der Folge ebenso (wenn sie wiederholt benachrichtigt werden).

Das grenzüberschreitende Verhalten der Jungen hat allerdings Ursachen und Vorteile die so gravierend sein müssen, dass Jungen die negativen Folgen in Kauf nehmen: Es ist funktional. Anomisches Verhalten in der Schule wird dagegen von Lehrkräften meist als nur problematisch gewertet. Aus der Jungenperspektive verbergen sich dahinter jedoch Entwicklungswünsche und -möglichkeiten. Nicht nur individuell, auch kollektiv bietet anomisches Verhalten Entwicklungschancen. Regelüberschreitungen hinterfragen Normen und Erwartungen und ermöglichen damit Innovation.

Jungen profitieren, wenn sie Grenzen überschreiten, darin verbergen sich Lernmöglichkeiten und Entwicklungspotenziale für Jungen.

Für Jungen beinhaltet anomisches Verhalten einerseits das Zelebrieren von Abgrenzung, also ihrer Nein-Identität, und darin zudem den Ausdruck von Spaß, Lebensfreude und Erlebnishunger, sie bekommen dafür Resonanz und Anerkennung von Lehrkräften in der Währung Aufmerksamkeit. Auch von Gleichaltrigen beziehen sie

Wertschätzung und Statuspunkte. Zudem öffnen sich dabei Entwicklungsmöglichkeiten, die sie für ihr späteres Männerleben gebrauchen können. Sie zeigen sich, werden gesehen, erhalten Aufmerksamkeit, lernen eigene Grenzen und die von anderen kennen, müssen die Reaktionen der Erwachsenen aushalten usw.

Über Regelverletzungen und sozial auffälliges Verhalten erleben Jungen hautnah, dass Innovation möglich ist oder Veränderung entsteht, sie erfahren sich als selbstwirksam. Mit dem anomischen Verhalten wird Schule zum Ernstfall, lebendig und voller Emotionen. Während der Provokation, aber vor allem in der Konfrontation und Begrenzung können Jungen persönlich wachsen. Möglicherweise profitieren sie dabei mehr, als sie durch bessere Noten gewinnen würden.

Und auch das Männliche wird damit aufgeladen. Vielen Jungen ist es wichtig, sich als selbstständig zu markieren. Sie umgeben sich mit einem Nimbus der Autonomie, nach dem sie demonstrativ nicht auf Erwachsene angewiesen sind und es sich leisten können, deren Regeln zu brechen. Zu dieser Aura kann es gehören, sich abzusetzen, also kein angepasster, erwachsenenorientierter Streber zu sein. Hinter offensiven und dadurch erkennbaren Attacken auf Normen und Regeln verbirgt sich ein positiver Gehalt; es sind sozialere Angriffe als nur verdeckte, indirekte oder intrigante Aggressionen und auch als heuchlerisch-angepasstes Verhalten.

Disziplinstörungen und Provokationen gibt es – in geringerem Ausmaß – auch bei Mädchen, sie nehmen bei allen Jugendlichen in der Pubertät zu. Aber es finden sich erhebliche Geschlechterunterschiede. Bei Jungen kommt anomisches Verhalten öfter vor als bei Mädchen, und auch in der extremeren Zuspitzung, nämlich bei der Kriminalität, führen Jungen bekanntlich die meisten Statistiken an. Grenzen zu überschreiten, Autoritätspersonen oder »das System« herauszufordern, ist mit dem Männlichen verknüpft, vielleicht biologisch und psychisch inspiriert, sicher aber von Männlichkeitsbildern befeuert.

Verantwortliche in der Schule versuchen oft, solches Verhalten ohne eine Anerkennung ihres Werts zu unterbinden oder zu eliminieren. Dementsprechend werden Jungen nur ausgebremst, abgewertet oder moralisch diszipliniert, wenn sie sich mit solchem Verhalten zeigen. Selbstverständlich sind Reaktionen und Interventionen unbedingt sinnvoll, es kommt dabei aber auch auf die Haltung an. Es scheint vernünftig und hilfreich, anomisches Verhalten als eine Form des ernsthaften Beziehungsspiels zu verstehen, das Jungen nützt, wenn es gut gemacht wird: Regelüberschreitung – Konsequenz – prosoziales Verhalten, Regelüberschreitung – Konsequenz – prosoziales Verhalten und so weiter. Eine vielleicht manchmal lästige, aber eben über weite Strecken auch normale Form des Kontakts.

Praxis: Umgehen mit Regelverletzungen und Störungen

Auch wenn sich Lehrkräfte gerne über regelwidriges Verhalten von Jungen aufregen, ist ein gewisser Teil davon von der Schule hausgemacht. In der Tendenz erhalten nämlich auffällige und leistungsschwächere Jungen am meisten Aufmerksamkeit und (vor allem negative) Resonanz; unauffällige Jungen gehen eher unter. Das hat mit dem Geschlecht zu tun, denn in Bezug auf Mädchen ist die Richtung der Wahrnehmung umgekehrt gerichtet, auf unauffällige und leistungsstarke Schülerinnen.

- Selbstverständlich sollte anomisches Verhalten nicht unbeantwortet bleiben, wenn es entdeckt wird. Gut, wenn Lehrkräfte passendes und vor allem handlungsorientiertes Handwerkszeug dazu kennen und anwenden (Nolting 2017): Jungen müssen an einem Einzelplatz sitzen, bekommen Zusatzarbeiten aufgebrummt, müssen Nachsitzen oder Ausgleichstätigkeiten erledigen (z. B. aufräumen, den Hof kehren); bei Renitenz oder heftigeren Vergehen erhalten sie einen Laufzettel und müssen bei der Rektorin vorsprechen usw.
- Anomisches Verhalten ist eine Form der Beziehung, nichts Böses oder Schlechtes des Jungen. Auch mit einer akzeptierenden Haltung geht es jedoch nicht darum, solches Verhalten von Jungen einfach zu erdulden. Deshalb wird es sinnvollerweise aus der Beziehung heraus stabil und wenn nötig konfrontierend beantwortet, immer mit der Idee: auch Streit und Konflikte sind Kontakt, es sind sogar Formen liebevollen in Bezugseins, selbst wenn sich das gar nicht harmonisch anfühlt.
- Regelüberschreitungen und Störungen verlangen zügige Reaktionen, schnelle Intervention und gute Konsequenzen. Sie beginnen schon mit einem missbilligenden Blickkontakt, der ausdrückt: »Das habe ich gesehen, lass das bitte«. Durch Konsequenzen erleben sich Jungen als Handelnde in ihrem Leben: Ich tue etwas und das hat Folgen, ich bin Ursache, das zeigt Wirkung – sie erfahren Selbstwirksamkeit.
- Gute Konsequenzen stellen in der Psyche des Jungen und in Beziehungen einen Ausgleich her, wenn er etwas angestellt hat: Danach ist eine Bereinigung geschaffen, die Schuld getilgt und alles wieder gut, er gehört wieder dazu.
- Handlungsorientierte Konsequenzen bei regelwidrigem Verhalten nehmen Jungen ernster als Ansprachen und Ermahnungen: Joel ärgert seinen Tischnachbarn – er bekommt eine Verwarnung (im Schiedsrichtermodell: die gelbe Karte); kurze Zeit später piesackt er ihn schon wieder – nun folgt eine handlungsorientierte Konsequenz (die rote Karte): Du setzt dich jetzt vor in die erste Reihe.
- Womöglich sind Wiedergutmachungen ein guter Ausgleich für Regelverletzungen, sofern ein erkennbarer Schaden entstanden ist. Der Missetäter ist spätestens dann wieder mit dabei, wenn ein entstandener Schaden wiedergutgemacht ist: Schwamm drüber.

4.5 Handlungsorientierung

Jungen sind in der Tendenz eher forschend, experimentell oder explorativ orientiert. Viele Jungen beginnen in neuen Situationen schneller, und ohne vorher groß zu planen, einfach etwas auszuprobieren nach der Devise: mal schauen, was passiert. Bei diesem forschen Herangehen liegt die Idee des Erforschens nicht weit, also herauszufinden, was dahinter oder drin steckt. Gleichwohl ist es nicht »typisch männlich«, alles zu zerlegen oder immer sofort zu handeln – Nachdenken ist ja ebenso »männlich«, was mit männlichen Denkern und Philosophen leicht nachzuweisen ist – aber das direkte Handeln kommt bei Jungen mehr vor, sie zeigen mehr handlungsorientierte Interessen und Verhalten.

Von den Lerntypen her gesehen sind Jungen häufig eher praktisch-anschauliche Lerner, bei denen das Tun für die Aneignung von Kompetenzen Priorität erhält; sie brauchen deshalb in der Schule Lernangebote, die typgerecht angelegt sind. Wenn wir wahrnehmen, wie leidenschaftlich Jungen und männliche Jugendliche in anderen, außerschulischen Zusammenhängen beim Bewältigen von Aufgaben sein können, erscheinen jungenpädagogische Lösungen von selbst am Horizont: Dort, wo sie Erfahrungen machen, in den Pausen mit dem Ball, gemeinsam mit Gleichaltrigen, bei ihrem Sport oder Hobby, aber auch dann, wenn sie von Projekten oder Praktika schwärmen. Für viele Jungen wird Interesse besonders dort spürbar, wo sie handgreiflich werden können, wenn sie etwas herstellen, verarbeiten, experimentieren, wo sie planen und durchführen und Resultate am eigenen Leib erleben können, wo es Ernstfälle und nicht nur Spielwiesen gibt.

Handlungsorientierte Konzepte treffen zwar auf das Interesse vieler Jungen, sind aber nicht »jungenspezifisch«, denn auch viele Mädchen mögen das und profitieren davon (so gesehen ist eine gute Jungenschule vielleicht einfach eine gute Schule?). Konkrete Erfahrungen kommen jedenfalls den Bedürfnissen und dem Entwicklungsstand von Jungen spürbar entgegen. Das muss nicht immer so sein, aber immer wieder ermöglicht werden.

Praxis: Jungen tun lassen

Viele Jungen streben nach Lernen in echt, statt nach Wissen aus zweiter Hand und Trockenübungen, also danach, selbst Erfahrungen machen zu können. Vor allem in der Grundschule ist »bewegtes« Lernen für viele Jungen spannender; nachweislich fördert Bewegung die Lernleistung, z. B. verbessert Hüpfen beim Vokabellernen den Lernerfolg. Sehr viele Inhalte und Themen in der Schule lassen sich mit handlungsorientierten Aspekten anreichern.

Alle Schulen, auch die optimalsten, sind in ihren Möglichkeiten beschränkt. Den Handlungsinteressen vieler Jungen kommt es entgegen, wenn die Enge der Schule verlassen werden kann. Es ist zwar aufwändig, aber von Zeit zu Zeit kann Schule außerhalb des Schulgebäudes stattfinden; viele Jungen wären schon damit zufrieden, wenn sie ab und zu, sogar einmal wöchentlich, Schule an anderen Orten erleben, die vielleicht sogar wie ein Waldkindergarten funktioniert (natürlich nicht nur im Wald oder in natürlicher Umgebung, sondern auch in anderen Lebenswelten und -kulturen; Renz-Polster/Hüther 2013).

Zusammengefasst brauchen Jungen einfach mehr handlungsorientiertes Lernen, mehr Ernstsituationen und den Kontakt im wirklichen Leben außerhalb der Schule. Vorschläge für mehr Handeln könnten so aussehen:

- in jeder Unterrichtsstunde eine handlungsorientierte Lernaktivität einbauen
- handwerkliche oder künstlerische Aktivitäten oder solche in natürliche Umgebungen verstärkt integrieren, z.B. Landwirtschaft, Fahrzeugbau, Handwerk, Hausbau oder -renovierung usw.
- Viele Schulen verfügen über Erfahrungen mit Schülerfirmen: Unternehmen, die von Schülerinnen und Schülern initiiert werden, Produkte werden entwickelt, hergestellt und vertrieben (Scheufele 2003). Eine solche Schülerfirma zu gründen und erfolgreich zu führen, kann ein vielfältiges Praxiserlebnis mit vielschichtigen Lernmöglichkeiten und Kontakt zum wirklichen Leben sein – auch auf Dauer: Eine große Buchhandlung in Tübingen kooperiert seit langem mit einer solchen Firma, Schüler fahren Bücher aus und verdienen sich ein zusätzliches Taschengeld.
- Als gymnasialen Lichtblick gibt es z.B. das »BOGY«, die Berufsorientierung am Gymnasium: Es besteht aus einer Praktikumswoche, mit Vor- und Nachbereitung. Dieser Ansatz kann gut ausgebaut werden.
- Aber warum nicht größer denken? In der »Jugendschule Schlänitzsee« verbringen Schüler der siebten und achten Jahrgangsstufe große Teile des Schuljahres in unterschiedlichen Projekten auf einem Schulbauernhof. Dort pflegen sie – begleitet von Lehr- und anderen Fachkräften – Tiere, sorgen für sich selbst und arbeiten in der Landwirtschaft (Kegler 2014, 2009).
- In einer Gemeinschaftsschule wird regelmäßig das »Projekt Herausforderungen« durchgeführt, bei dem Schülerinnen und Schüler der Lernstufen sieben und acht zwei Wochen lang sich selbst gewählten (!) Herausforderungen stellen: auf einem Bauernhof mitarbeiten, über die Alpen wandern, ein Theaterprogramm ausarbeiten und an anderen Schulen aufführen, mit Kanus unterwegs sein, sich in 200 Kilometer Entfernung aussetzen lassen und nur mithilfe eines Kompasses den Weg zurück zu finden. Begleitet werden die Gruppen von Studierenden, die aber nur im Notfall eingreifen.

4.6 Beziehungen unter Jungen (mit)gestalten

Im Kindes- und Jugendalter entwickelt sich das geschlechtliche Selbstverständnis auch in Bezug auf die Gleichaltrigen desselben Geschlechts. Sind Gleichaltrige dafür in der Kindheit schon bedeutsam, werden sie in der Jugendphase für alle Jugendlichen noch wichtiger. Ab dem dritten Lebensjahr haben viele Jungen eine stärkere Vorliebe für gleichgeschlechtliche Gruppen. Dort spielen dann auch Hierarchie, Rangordnungen und Konkurrenzverhalten eine größere Rolle. Wegen ihrer gruppenorientierten Beziehungsgestaltung und ihrer stärkeren »Hordenorientierung« ist der Einfluss der Gleichaltrigen bei Jungen oft größer als bei Mädchen.

Hier, im unreflektierten, meist nicht pädagogisch begleiteten homogenen Setting bildet und formt sich Geschlecht auch als Segment der persönlichen Identität: in Cliquen, gleichgeschlechtlichen Freundschaften, in Sportteams, fachlich-sachlichen Interessengruppen usw. Schon Kindergruppen zerfallen in Unterstrukturen, die stark durchs Geschlecht geprägt sind. Jungengruppen zeichnen sich dabei – wie könnte es anders sein? – durch erhöhtes Aktivitäts- und Dominanzverhalten sowie durch eher hierarchische Strukturen aus (Maccoby 2000).

Die anderen Jungen geben den Ton an

Dem entsprechend sind die Beziehungen von Jungen zu gleichaltrigen Geschlechtsgenossen für ihre Lebenswelt Schule eine maßgebliche Größe. Wegen der geschlechtsbezogenen Organisation gerade auch in koedukativen Settings bezieht sich der Wunsch der Jungen nach Aufmerksamkeit besonders auf die anderen Jungen. Ein Maßstab für die »männliche« Anerkennung sind die Normen der Peergruppe, nicht die der Schule. Einstellungen, die in der Gruppe der Gleichaltrigen vorherrschen, formen bei vielen Jungen auch ihr Image von Schule generell, ihr Verhalten und ihre Motivation (mit). Ab der Pubertät motivieren Mitschüler mehr zum Lernen als die Lehrkräfte, weshalb hier die Dynamik unter den Gleichaltrigen erfolgsentscheidend werden kann.

Die Peergruppe hat eine hohe Bedeutung und beeinflusst damit das Verhalten im Unterricht. Für Jungen ist die Schule immer auch ein Raum, um sich als männlich darzustellen, andere Jungen sind Zielgruppe dieser Inszenierungen. Diese wechselseitige Beeinflussung geschieht überdies meist unbewusst, es wird kaum darüber nachgedacht, ähnlich wie ja auch die Werte der Familie nicht reflektiert werden. Ein soziales Umfeld, das der Schule gegenüber positiv eingestellt ist, trägt zum Erfolg in der Schule bei, es ist soziales Kapital, das positive Folgen fürs Engagement für die Schule zeigt. Umgekehrt können sich Gleichaltrige mit starker Schulentfremdung negativ auf die Schulleistungen auswirken, Fleiß, sich bemühen oder anstrengen werden dann abgewertet.

In vielen Jungengruppen ist eine offen oder verdeckt ablehnende Haltung gegenüber Anforderungen und Erwartungen der Schule angesagt. Erwünschte Verhaltensanforderungen der Schule, die sich an Unterordnung, Fleiß oder Disziplin orientieren, sind in Jungenkulturen nicht erstrebenswert, im Gegenteil: Auf vielen Jungen lastet ein spürbarer Druck, sich solchen Erwartungen aktiv entgegen zu setzen. Ein negatives Image der Schule wird in der Jugendphase noch verstärkt. War die Schule vorher eine lästige Institution, wird sie nun phasenweise noch weniger bedeutsam, manchmal zur nichtsnutzigen Zwangsanstalt.

Einstellungen, die in der Gruppe der Gleichaltrigen vorherrschen, formen bei vielen Jungen ihr Image der Schule (mit). Ablehnung schulischer Anforderungen und Regeln und das Auflehnen gegen das System Schule versprechen Prestigegewinn unter Jungen. Auch bei der Abgrenzung gegenüber den »fleißigen« Mädchen hilft diese Haltung. Über kurz oder lang kann sich diese Einstellung auch in der Selbstdefinition oder Identität festsetzen: Viele Jungen sagen dann entschuldigend: »Ich bin halt faul«, und markieren damit nebenbei: »Ich bin männlich, weil nicht weiblich-fleißig.«

Manche Jungen haben Sorge davor, bei guten Leistungen besonders von anderen Jungen ausgegrenzt zu werden: Der Verdacht, ein »Streber« zu sein, muss vermieden werden. In der achten Klasse, so zeigte eine Untersuchung (Lupatsch/Hadjar 2011), sprechen Jungen im Unterschied zu Jüngeren weniger über ihr Leistungsverhalten und gute Noten, um nicht in der Popularität bei Gleichaltrigen zu sinken. Dies kann tendenziell zum »Underachievement« führen, also dass Jungen unter den Leistungen bleiben, zu denen sie eigentlich fähig wären. Das betrifft nicht alle Jungen, sondern besonders solche, bei denen die Peergruppe traditionell orientiert ist (auf Kraft, Mut oder Kameradschaft). Diese Dynamik unterscheidet sich auch nach Schultypen, tendenziell sind Hauptschüler stärker schulentfremdet als Gymnasiasten.

Die Peergruppendynamik besteht jedoch nicht unabhängig von schulischen Strukturen und den Lehrkräften. Im Gegenteil reagieren Jungen auf die Beziehung zur Lehrkraft in der Art, wie sie in den Peergruppen miteinander umgehen. So sind männliche Gruppenhierarchien auch eine Reaktion auf die Autorität der Lehrkräfte und die Formen, wie in der Schule mit Macht umgegangen wird.

Jungen-Beziehungsstress

Soziales Leben mit anderen ist kompliziert und oft anstrengend. Viele Jungen sind mehr auf die Gruppe der Jungen oder Teile davon bezogen (side-by-side), als auf einzelne, intimere Face-to-face-Beziehungen. Die Herausforderung an Jungen in diesem Bezugssystem wächst dabei mit der Größe bzw. Komplexität einer Gruppe exponentiell. Nicht wenige Jungen sind durch Gruppen überfordert: wegen der großen Menge der Beziehungen, die es zu »managen« gilt, und das insbesondere in engen Räumen ohne soziale Abstandswahrung und ohne Rückzugsmöglichkeit (was leider in vielen Schulen gegeben ist).

Je größer und komplexer die Gruppe der Jungen, desto schwieriger ist es für sie, Positionen zu klären, einen angemessenen Status zu erhalten und ihn zu behaupten. Dies kann zu Druck und Überforderung führen, was ein Teil der Jungen aktiv ausagiert und abbaut: motorisch, aber auch durch verbale Aggressivität und Abwertung, bisweilen durch Übergriffe und Gewalt. Für Jungen, die mit einer größeren Zahl Gleichaltriger zurechtkommen, ist diese soziale Situation ebenfalls strapazierend. Bei vielen, vor allem jüngeren Jungen entstehen dadurch innere Spannungen, die auch körperlich abreagiert werden wollen. Außer meist unzulänglichen Schulhöfen können hier die meisten Schulen nichts anbieten, wie ihre Besucher solche Spannungen kultiviert lösen oder ausagieren können.

Durch die Vielzahl möglicher Beziehungen unter Jungen entsteht in großen Schulklassen eine Tendenz zur Beziehungsdiffusion, ein soziales Rauschen. Beziehungsstrukturen sind durch ihre Undurchsichtigkeit aufreibend, sie müssen gemanagt, bestätigt, bewältigt werden. Eher expressive Jungen, die, weil sie sich dadurch spüren, besonders auf Reaktionen anderer angewiesen sind, »müssen« in großen Gruppen immer wieder auffallen, sich und ihre Position sichtbar markieren. Solchermaßen ist Schule für Jungen ein oft anstrengender Zustand.

Diese soziale Situation löst bei manchen Jungen Stress aus, den sie dann in Formen ausagieren, die andere Jungen wiederum unter Druck setzt, der ebenfalls ausagiert wird: Leicht kann dabei eine Kettenreaktion entstehen. Nicht wenige Jungen agieren ihren Stress mangels Alternativen nach außen gerichtet (externalisierende Bewältigung). Dabei entsteht zuerst Unruhe, dann Chaos und manchmal der soziale Kollaps, wenn Situationen entgleiten.

Jungen interpretieren solche Situationen oft als Selbstbehauptung, Durchsetzung in Konflikten und Kampf um Status, aber auch als (räumlich und konzeptionell oft nicht vorhandene) Rückzugsmöglichkeiten und Überlebensnischen. Lehrerinnen und Lehrer deuten die Situation ganz anders: Als bloße Disziplinlosigkeit, sie verstehen oft nicht, was mit den Jungen los ist, und erwarten, dass sich diese gefälligst sozialverträglich anpassen und einfügen sollen.

Eine Schule, die sich hier nicht auf Jungen einstellt, produziert bei ihnen fortwährend Stress. Im Schulkontext gibt es kaum Chancen für Jungen, auszuweichen oder sich zurückzuziehen. Allein das beengte Sitzen kann die Situation verschärfen. Für einen Teil von ihnen (und der Unterrichtenden) bedeutet Schule deshalb eine permanente Grenzerfahrung. Die ständigen Spannungen unter Jungen entstehen durch ihre Bedürfnisse nach Statusklärungen, sie erweitern sich darüber hinaus durch ihre Unsicherheit in der Qualität von Beziehungen, durch fehlendes Vertrauen und durch überhöhte Konkurrenz unter Jungen.

Ein verdeckter Grund für Koedukation ist die Möglichkeit, zwischen zwei Jungen Mädchen platzieren zu können, um für Ruhe zu sorgen. Diese Instrumentalisierung von Mädchen als »Puffer« ist zwar ein üblicher Notbehelf –pädagogisch aber ein Armutszeugnis und bezogen auf Mädchen ethisch nicht vertretbar.

In einer empathischen, subjektbezogenen Perspektive muss hier zuerst anerkannt werden, dass es gute Gründe für das Verhalten gibt, für das Jungen nicht verantwortlich sind, und Bedürfnisse, die aus dieser Lage resultieren. Zwar leiden nicht alle Jungen darunter, wenn aber der Jungenanteil in einer Klasse hoch ist, dann steigen Wahrscheinlichkeit und Anzahl von Jungen, die durch Gruppensituation und -größe gestresst sind – und die eine ganze Klasse mit ihren Aktivitäten stören, drangsalieren und beherrschen können.

Eine größere Zahl von Schülern bedeutet aber auch eine Vergrößerung der Arena, in der Statuskämpfe und Generationskonflikte ausgetragen werden. Gruppenstress und Unzufriedenheit mit der schulischen Situation können dabei in eine gleichsam archaische Kultur mutieren; hier gilt dann das Gesetz der Stärke, Machtdurchsetzung und Selbstbehauptung (Modell »Herr der Fliegen«). Hierarchiekonflikte und Positionen werden tendenziell über Abwertung und Unterdrückung ausgehandelt und markiert. Viele

Jungen benötigen einen langen Vorlauf, um in dieser aufgeladenen Sozialform leben, lernen und gut arbeiten zu können. Diese Entwicklungszeit kann mehrere Jahre dauern, vor allem dann, wenn sie nicht von vornherein aktiv unterstützt und forciert wird.

Gerade deshalb ist es eine gute Idee und eine rentable Investition, die Gleichaltrigenbeziehungen unter Jungen proaktiv zu verbessern und zu vertiefen. Für ihr Wohlbefinden in der Schule brauchen Jungen häufig ein Training sozialer Kompetenzen und das Gefühl persönlicher Sicherheit; sie herzustellen und zu garantieren ist Aufgabe der Lehrerin und des Lehrers: durch gute Beziehungen, Klarheit in den Anforderungen, Auswahl der Inhalte und gute Vorbereitung, durch ausgestrahlte Verlässlichkeit und Autorität, durch gültige Regeln und Konsequenz, durch Einrichten von Entspannungszeiten und -räumen. Die Beziehungen unter Jungen zu entwickeln und zu gestalten dient Jungen, ihren sozialen Kompetenzen, aber auch dem Herstellen einer entspannten lern- und entwicklungsförderlichen Lage für Jungen in der Schule.

Praxis: Beziehungen unter Jungen vertiefen

In manchen Schulen wird die problematische Dynamik unter Jungen durchaus wahrgenommen und ihnen vorgeworfen, allerdings ohne entwicklungsorientiert zu intervenieren, als ginge die Sache die Lehrkräfte nichts an. Aber Schule stiftet und qualifiziert auch die Beziehungen der Schüler untereinander, sie hat auch einen Auftrag fürs soziale Lernen. Insofern liegt es nahe, dass es Lehrkräfte auch als ihre Aufgabe ansehen, konzeptionell und proaktiv die Peerbeziehungen unter Jungen mitzugestalten. Das ist selbstverständlich nur bedingt möglich.

Viele Schulen versuchen, das Problem der negativen Dynamik unter Jungen auszusitzen, sie warten ab und hoffen, dass die Jungen irgendwann von selbst »kommen« oder dass die problematischen Jungen irgendwann die Schule verlassen (müssen). Diese passive Haltung können Jungen allerdings als Akzeptanz ihres problematischen Verhaltens interpretieren. Das Übergehen des Problems trägt dazu bei, es zu erhalten und zu tradieren: Jüngere Schüler lernen von älteren und übernehmen das tolerierte Verhalten, das sie als normal und legitimiert bewerten. Deshalb sind alle pädagogischen Ansätze, die dazu beitragen, die Beziehung unter Jungen zu verbessern und zu vertiefen, auch von ihrer Signalwirkung her nicht zu unterschätzen:

- Eine wichtige Voraussetzung für gute Beziehungen unter Jungen ist die Autorität der Lehrkräfte: ihre Führung, ihre Werte und ihr Vorbildverhalten wirken sich positiv auf die Beziehungen unter den Jungen aus
- Von Anfang an, vor allem bei Übergängen und Anfangsphasen wie dem Schul- oder Klassenwechsel oder nach den Ferien, sollten Beziehungsthemen für Jungen ein erkennbares, selbstverständliches Element der Schul- und Klassenkultur sein. Lehrkräfte wirken dabei aktiv in die Beziehungsgestaltung und -formung ein: über Partnerinterviews, Kennenlernspiele, Soziometrie, gemeinsames Tun in handlungsorientierter Pädagogik, Aufgaben mit Ernstfall-Charakter.

- Jungen kommen über gemeinsames Tun in Beziehung (Aufgabenbeziehung), eine Erweiterung dieses Modus' kann eine Partnerübung schaffen, die immer wieder angeleitet wird: »Erzählen« auf der einen (ggf. unterstützt durch Leitfragen) und »neutrales Zuhören« (ohne etwas zu sagen oder mimisch mitzuteilen) auf der anderen Seite; nach einer vorher festgelegten Zeit wird gewechselt.
- Offenheit und gute Beziehungen unter den Jungen lassen sich trainieren und vertiefen. Lehrkräfte können durch Aufgaben, Übungen und Spiele Jungen dabei helfen, ihr Beziehungsrepertoire zu anderen Jungen zu erweitern. Auch das regelmäßige gemeinsame Ausführen von Körperübungen wirkt sich positiv auf die Beziehungen aus.
- Spiele und Übungen mit Wettbewerbs-Charakter können gut als Einstieg dienen, weil sie ein unter Jungen gewöhntes Thema transportieren; Ziel ist es allerdings, die Perspektive zu erweitern in Richtung wechselseitigem Einfühlen, Verstehen und Kooperation.
- Jungen brauchen Unterstützung darin, sich persönliche Rückmeldungen geben zu können – positive wie auch kritische! Viele wissen nicht, dass und wie das geht, in manchen Jungenmilieus ist es fast tabuisiert, sich ernsthafte Rückmeldungen zu geben. Lehrkräfte können hier Vorbilder und Feedback-Anstifter sein
- Außerschulische Aktivitäten wie Klassenfahrten oder Übernachtungen (z.B. Lesenacht im Klassenzimmer) vertiefen auch Beziehungen unter den Jungen.
- Wenn der Verdacht auf Underachievement von Jungen besteht oder dies ein erkennbares Phänomen darstellt, sollten Lehrkräfte die Strebervorwürfe zum Thema machen (z.B. in Sozialkunde, in der Klassenlehrerstunde, in Jungenkonferenzen, in dafür anberaumten Treffen). Denn das ist nicht das Privatvergnügen einzelner Jungen, sondern ein soziales Thema (ähnlich, wie wenn es Gewalt- oder Mobbingfälle in der Schule gibt). Negative wechselseitige Beeinflussung von Jungen aufzubrechen, erhöht ihre Chancen beim Bildungserfolg.
- Eine wirklich große Herausforderung für viele Jungen besteht dabei darin, Zivilcourage zu zeigen, wenn sie mit Aktionen von Gleichaltrigen nicht einverstanden sind, hinzustehen und die eigene Meinung zu vertreten. Dafür benötigen sie Unterstützung aus der Schule und von Lehrkräften, die Jungen darin bestärken und die Erlaubnis geben, sich abzusetzen und bei der eigenen Meinung, den eigenen Werten zu bleiben.

4.7 Koedukation entschärfen

Ein meist unhinterfragtes Basisformat der Schule bildet die in den 1970er-Jahren auch in weiterführenden Schulen breit eingeführte Koedukation. Sie wurde im deutschsprachigen Raum zum Standard der geschlechtlichen Struktur der Schule. Ob das so richtig und für Jungen förderlich ist, wird heute wenig hinterfragt. Vieles spricht für, manches gegen die Koedukation (Blomberg 2016). Vor allem der Abbau von dichotomen, polaren Geschlechtervorstellungen ist ein tragendes Argument für Koedukation, Geschlechter werden dadurch nicht künstlich entfremdet, Differenz wird nicht aufgeladen. Andererseits wurde im Zusammenhang mit der Mädchenförderung an vielen Stellen nachgewiesen, dass die koedukative Struktur durchaus auch problematische Seiten hat, denen pädagogisch begegnet werden sollte.

Auch für Jungen ist Koedukation nicht nur entspannend, im Gegenteil. Deshalb gilt es zu überlegen, wie eine zeitgemäße und jungengerechte Schule Jungen phasenweise von den Mühen der Koedukation entlasten kann. Denn vielen Jungen tut eine zeitweilige oder auch dauerhafte Geschlechtertrennung gut, seien es einzelne Fächer (Sprachen, Sport, Sozialkunde), seien es längere homogene Phasen (Monoedukation) oder außerunterrichtliche Elemente (Aktivitäten, Ganztagesbetreuung, Projekte, Jungenkonferenzen).

Koedukation mit Nebenwirkungen

Entwicklungsunterschiede sind auch körperlich bedingt: Die Impulskontrolle reift bei Jungen später, der pubertäre, körperliche und mentale Entwicklungsschub setzt bei Mädchen im Durchschnitt ein bis zwei Jahre früher ein und beginnt bereits in der dritten oder vierten Grundschulklasse. Dieser Entwicklungs-»Nachsprung« von Jungen gegenüber Mädchen kann Wirkung zeigen: Wenn Mädchen im Durchschnitt weiter entwickelt sind, dann ist das Ergebnis für Jungen ein wiederkehrendes Gefühl der Unterlegenheit, schlimmstenfalls eine latente Dauerkränkung ihres kollektiven geschlechtlichen Selbstwertgefühls. Das kann Jungen demotivieren oder frustrieren, Stress produzieren und – als Form der Bewältigung – die Kränkung in Abwertung verwandeln lassen. Hinter geäußerter Abwertung von Mädchen und hinter ausagierter Aggression gegen sie verbergen sich also nicht nur geschlechterhierarchische Einstellungen. Wo solches Verhalten gezeigt wird, bekommen Jungen von Mädchen oder auch von Lehrerinnen und Lehrern vor allem Sanktionen zu spüren, mithin eine weitere Form von Stress, ohne dass sie auf Verständnis in dieser strukturell misslichen Lage hoffen können.

Zudem verschärft Koedukation nicht selten die verdeckte Geschlechtermoral der Loyalität zum eigenen Geschlecht als subtiles, ungeschriebenes Gesetz: Jungen müssen zu Jungen halten. Selbst wenn ein Junge sich so aufführt, dass andere Jungen sein Verhalten eigentlich negativ bewerten, müssen sie aufgrund der Loyalität zu ihm stehen und ihn decken oder verteidigen.

Hinzu kommt, dass vor allem wenig selbstsichere Jungen dazu neigen, ihr Geschlecht über Abgrenzung herzustellen. Was liegt näher, als das Männlichsein in einem Negativbild zu den – im Durchschnitt angepassteren, fleißigeren, strebsameren und kommunikativeren – Mädchen zu bilden? Wenn weiblich »fleißig« ist, dann ist »faul« eben männlich. Wenn männlich als Abgrenzung von weiblich produziert wird und wenn »weiblich« mit brav, angepasst und fleißig assoziiert ist, dann müssten Jungen, um »männlich« zu sein, sich rebellisch, aufsässig und nachlässig verhalten. Das stützt ein Konzept des »Underachievement«, bei dem Jungen weniger Leistung zeigen, als aufgrund ihrer Kompetenz zu erwarten wäre (vgl. Settertobulte 2013).

Solche Nebeneffekte und Lasten der Koedukation werden in Bezug auf die Befindlichkeit von Jungen bislang kaum wahrgenommen (die negativen Folgen für die Mädchen allerdings schon); die Formen aber, wie sich Jungen in der koedukativen Situation verhalten und solche Spannungen zu bewältigen versuchen, werden ihnen vorgeworfen, ohne die Ursprünge des Verhaltens zu beachten.

Geschlechtshomogenität als Lösung

Wenn Koedukation für (einen Teil der) Jungen Probleme schafft oder Stress bedeutet, dann müsste Schule strukturell reagieren: Die phasenweise Entlastung von Koedukation ist dabei eine mögliche und hilfreiche Intervention – also die zeitweilige (ggf. auch dauerhafte) Geschlechtertrennung bis zu dem Alter, in dem Jungen den Entwicklungsvorsprung von Mädchen aufgeholt haben und diese Facette der Koedukation entspannt aushalten. Immer, wenn monoedukativ, in homosozialen Gruppensettings gearbeitet wird, entschärft dies die Schattenseiten der Koedukation (genauso wie koedukative Arbeitsformen die Schattenseiten der Monoedukation entschärfen!).

Schule im geschlechtshomogenen Rahmen kann deshalb eine wichtige Ergänzung zum koedukativen Unterricht darstellen. Im homopädagogischen Kontext können mit den Jungen gezielt Kompetenzen trainiert und Themen besprochen werden, die im gemischtgeschlechtlichen Rahmen kaum einen Platz finden. Die Jungen erfahren durch die vorübergehende Aufteilung, dass Spiel und Arbeit sowohl in geschlechtshomogenen Gruppen wie auch in gemischtgeschlechtlichen Gruppen selbstverständlich ohne Abwertung des anderen Geschlechts möglich ist, ihre besondere Qualität hat und viel Spaß machen kann – auch das Streiten und Kämpfen.

Überraschenderweise wird sehr oft erkennbar, dass gerade durch die homopädagogische Arbeit der Kontakt und das Verhältnis zwischen Mädchen und Jungen besser werden. Ein respektvollerer Umgang zwischen Jungen und Mädchen sowie den Jungen untereinander sind Effekte, die auch längere Zeit nach der Trennung erhalten bleiben. Die Arbeit ist erfolgreicher und nachhaltiger, wenn diese durch die Lehrerinnen und Lehrer oder in der Schulsozialarbeit fortgesetzt wird.

Praxis: Jungenkonferenzen

An vielen Schulen wurden mittlerweile mit so genannten »Jungenkonferenzen« gute Erfahrungen gemacht. Als Jungenkonferenz werden Gesprächs- und Arbeitsgruppen mit Jungen einer Klasse in einer Schule bezeichnet, die von einem Mann – Klassenlehrer oder auch Schulsozialarbeiter – durchgeführt werden und regelmäßig stattfinden (z.B. 14-tägig, monatlich). Damit werden alle Jungen einer Klasse erreicht (und gleichzeitig in Mädchenkonferenzen auch die Mädchen). Die inhaltliche Gestaltung ist offen und an den Interessen, aber auch den anstehenden Themen der Jungen ausgerichtet.

Jungenkonferenzen trainieren bei Jungen unterschiedliche Kompetenzen: Die Fähigkeit, über sich nachzudenken und zu sprechen, sich einzufühlen, über männliche Themen und Fragen zu reflektieren, Befindlichkeiten zu benennen, Mitgefühl und Anteilnahme. Es gilt, sich vor anderen Jungen zu öffnen und zu zeigen, und dies in einem Rahmen, in dem Jungen nicht von Mädchen beschämt werden können. Die Konferenzen betonen zwar das Geschlecht, die homogene Gruppe bringt aber gerade die Vielfalt und Unterschiedlichkeit unter Jungen zum Ausdruck, zudem entfällt der Abgrenzungsdruck gegenüber Mädchen. Jungenkonferenzen ermöglichen erweiterte Beziehungen unter Jungen, aber auch zu den Lehrern, die Jungen in diesem Rahmen anders als im Unterricht erleben. Der Ablauf ist klar strukturiert, es empfiehlt sich eine feste Abfolge, die sich wiederholt und allmählich einspielt (vgl. ausführlicher Boldt 2004):

- Auftakt: Anwärmspiel oder -aktion, die als Übergangsritual eine Abgrenzung zum normalen Unterricht markiert und vielleicht schon thematisch anwärmt.
- Rederunde: Das Gespräch steht im Mittelpunkt, alle kommen zu Wort. Es kann mit einer Befindlichkeitsrunde begonnen werden (Wie geht es mir gerade?), dann folgt die thematische Erörterung, z.B. meine Stärken, Konflikte mit Jungen, Streit mit Mädchen.
- Praktische Übung/Aktion: Zum Thema wird möglichst eine handlungsorientierte Übung durchgeführt, die z.B. eine Anregung gibt, eine Kompetenz trainiert oder ein Problem exploriert; am Ende der Übung wird offen und ehrlich reflektiert, auch über Metathemen (»Der Sebi hat nur Quatsch gemacht, das hat mich geärgert, ich hätte gern was von ihm erfahren«).
- Abschluss: Zum Schluss gibt es noch eine kurze Reflexion zum Ablauf dieser Jungenkonferenz und eine Sammlung von Themen oder Wünschen fürs nächste Treffen.

4.8 Lernen: Unterrichtsinhalte und -stil

Lernen Jungen grundsätzlich anders als Mädchen? Wahrscheinlich nicht. In John Hatties Metastudien gibt es nur wenige Hinweise auf diesbezügliche Unterschiede. Wir lernen zuerst als Säugetiere, als hoch entwickelte Primaten, als Menschen. Wir sind aufs Lernen ausgerichtet, Neugier, Lernfreude, Erforschen, Erproben und Motivation sind bei beiden Geschlechtern wichtige individuelle Voraussetzungen, genauso wie Beziehungen oder Kooperation soziale Bedingungen fürs Lernen herstellen. Wenn Jungen sich mehr für ihr Lernen anstrengen wollen (oder müssen) und dabei unterstützende Informationen brauchen, können sie also getrost auf »allgemeine« Informationen zu Lerntechniken zurückgreifen.

Wieder finden sich unterhalb dieser allgemeinen Ebene jedoch Tendenzen, die bei Jungen eher vorkommen (und bei einzelnen anderen aber auch nicht): Manchen Jungen hilft es z. B. wegen ihrer Handlungsorientierung, wenn sie beim Lernen nebenher etwas machen können, mit etwas herumspielen, oder wenn sie sich dabei bewegen können, etwa wenn sie sich Vokabeln gehend einprägen. Ein Lernklima, bei dem sie sich über aktivierende Elemente auch »als Jungen« respektiert und akzeptiert fühlen, kann die Motivation von Jungen stützen und ihnen helfen, sich den Mühen des Lernens zu widmen.

Jungen unterscheiden sich ja untereinander erheblich, auch hier finden sich wieder Gruppen, etwa nach Temperament oder nach Lerntypen. Solche Typologien werden meist ziemlich überschätzt, sie zeigen – wie Geschlechter – doch eher nur Tendenzen auf. Und dennoch kann es bisweilen sinnvoll sein, solche Zugänge zu nutzen und zu kennen, weil Jungen darin Antworten auf ihre Bedürfnisse identifizieren. Jungen übernehmen damit die Verantwortung für ihr Tun, für ihren Lernfortschritt selbst, anstatt sich von außen steuern und Vorschriften machen zu lassen. Meistens ist es aber hilfreicher, seine Lernvorlieben herauszufinden, seine Lernorganisation zu stärken und seine Selbststeuerung zu verbessern. So kann das Lernen in den passenden Lernsituationen aktiv gestaltet werden.

Bei sprachlichen Fähigkeiten sind Jungen oft schwächer entwickelt als Mädchen. Es gibt Hinweise darauf, dass es dafür körperliche Ursachen gibt, aber auch solche, die in der praktischen Kommunikation mit Jungen und unter Jungen liegen. Wie Erwachsene mit Jungen reden, bildet sich in deren Sprachkompetenz ab; und ebenso die Erfahrungen, die Jungen mit anderen Jungen machen. Die grundsätzliche Sprachfähigkeit ist angeboren, Sprache selbst aber nicht und das bedeutet: Schwächere Entwicklungen lassen sich in Kindheit und Jugend häufig nachholen und ausgleichen; deshalb ist gezielte Jungenleseförderung sinnvoll.

Viele Jungen erleben Schule so, dass das, was ihnen Spaß macht, verboten ist oder nicht auftaucht. Verbales, kognitiv-akademisches Lernen und Kopfbildung dominieren, Bewegungs- oder Handlungslernen mit allen Sinnen findet sich nur selten. Beziehungen zu anderen Schülern und zu Lehrkräften sollen harmonisch sein, Konflikte stören oder müssen stets und ausschließlich verbal ausgeglichen und mediatisiert werden. Diese Art von Schule wirkt kontrolliert, artig und gezähmt – aber in vielen Jungenaugen langweilig, brav, unmännlich und leblos.

Auch zahlreiche Themen und Inhalte in der Schule erleben Jungen als eher einschläfernd und fad. Das ist nicht nur individuell, sondern auch statistisch erkennbar: Nach den IGLU-Ergebnissen (Bos u. a. 2005) ist Schule schon für Grundschuljungen ein Ort, an dem sie sich oft langweilen; fast doppelt so viele Jungen wie Mädchen stimmen der Aussage voll zu (»Ich langweile mich oft in der Schule«). Mehr als ein Drittel der Jungen (38,5 Prozent) sagt zwar, das stimme überhaupt nicht – aber mehr als die Hälfte der Mädchen (51,8 Prozent) ist dieser Meinung.

Praxis: Im Unterrichtsstil mehr (auch) auf Jungen eingehen?

Ähnlich wie bei den Inhalten ist es kaum möglich, beim Unterrichtsstil die Interessen »der« Jungen im Sinne von »alle Jungen« wirklich zu treffen. Zu groß sind die Unterschiede und Bandbreiten unter Jungen. Und dennoch finden sich Tendenzen und Häufungen, bei denen zumindest von Zeit zu Zeit überlegt werden kann, ob sie den Unterricht mit Jungen nicht verbessern und es ihnen erleichtern, sich zu motivieren:

- Vom Tempo her bevorzugen Jungen – auch im schulischen Unterricht – häufig eine höhere Schlagzahl: Beim Spielen ist Action gefragt, das schafft Gewöhnung und Erfahrung. Deshalb wünschen sich viele Jungen einen ähnlichen Unterricht. Bei raschem Unterrichtstempo soll eine Thematik nicht allzu ausführlich »durchgekaut« werden. Meinen sie (was in Wirklichkeit nicht so sein muss) die Sache kapiert zu haben, soll es gleich zum nächsten weitergehen. Viele Jungen brauchen schneller neuen Stoff, sonst fühlen sie sich gelangweilt.
- Ein Grund dafür ist die intensive Medienerfahrung: Jungenmedien verwöhnen Jungen, sie bieten Daueraction, was das Bedürfnis von Jungen noch verstärkt. Sie wünschen sich eher neue Herausforderungen. Das Bedürfnis nach Sorgfalt, Gründlichkeit oder Exaktheit ist dagegen nicht so groß. (Dagegen gibt es bei Mädchen die Tendenz: nachfragen als Vergewisserung, es tatsächlich verstanden zu haben, lange beim Thema bleiben, um es gut zu beherrschen, dann erst was Neues drannehmen.)
- Jungeninteressen bei Unterrichtsinhalten stärker berücksichtigen:
  - Inhalte erkennen und anbieten, die (auch) Jungen interessieren. Achtung, Stereotypenalarm: Es muss nicht in jedem Text ein Auto versteckt sein und in jeder Matheaufgabe Fußball vorkommen!
  - Interesse am Jungen entwickeln und zeigen – auch wenn er sich für so verquere Dinge wie Computerspiele oder den FC-Bayern begeistert –, nachfragen: Was machst du da, was genau fasziniert dich daran? Oder auch bei absurden Vorschlägen und Ideen: Wie kommst du denn darauf?
- Interessen spiegeln sich auch im Denkstil wider, der bei Jungen eher »funktionaler« angelegt ist (wichtig wieder: Das sind nur Tendenzen!). Dabei werden Funktionen in den Vordergrund gestellt: Wozu? Wie funktioniert es? Was kann man damit machen? Was bewirkt der Gegenstand? (vgl. Bischof-Köhler 2011). Das sind funktionale Fragen (im Gegensatz zu prädikativ: Eigenschaften beschreiben, *wie* der Gegenstand ist).
- Ihre Interessen beziehen Jungen im Durchschnitt stärker sachorientiert auf Dinge, Gegenstände, Technisches wie Fahrzeuge. Wirkungszusammenhänge und Prozesse sind oft interessanter als Qualitäten oder Beziehungsnetze. Der funktionale Denkstil ist prozessorientiert und mit vorwärts gerichteten Problemlösungsstrategien verknüpft. Deshalb entwickeln Jungen oft Lösungsideen im Dialog und im Handeln mit dem Gegenstand, bevor sie eine Sache strukturiert oder durchschaut haben.
- Jungen bevorzugen häufig den funktionalen Denkstil, es gibt aber natürlich auch prädikativ denkende Jungen (funktional denkende Mädchen sind dagegen seltener). Jungen tun sich in der Tendenz schwerer mit dem prädikativen Denken; deshalb

sollten sie darin unterstützt werden, immer wieder auch das Ganze in den Blick zu bekommen und Zusammenhänge, Prädikate oder Beziehungsgeflechte zu verstehen.

Wer über die technischen Voraussetzungen in der Schule verfügt (WLAN, Tablets oder Smartphones) und ältere Jungen ca. ab der 7. Klasse über die »Gamifizierung« des Unterrichts erreichen will, kann das mit einer dem Spielszenario »World of Classcraft« probieren (http://www.classcraft.com/de; in der Basisversion kostenlos).

Das Fantasy-Rollenspiel verwandelt das Klassenzimmer in ein Abenteuer und soll Schüler (und Schülerinnen) dort abholen, wo sie sich daheim fühlen: in der virtuellen Welt der Onlinespiele. Dabei handelt es sich um eine stark erweiterte Variante der Fleißbildchen. Im Spielrahmen sammeln die Schülerinnen und Schüler in Teams über Kooperation, Mitarbeit und das Erfüllen von Aufgaben Punkte, um in höhere Levels zu kommen; es droht aber auch Punktverlust, z. B. wenn sie stören oder zu spät kommen. Da das Gamen eine absolute Jungendomäne ist kann erwartet werden, dass die »Gamifizierung«, also das Übernehmen spieltypischer Elemente in den Unterricht, bei Jungen zu guten Ergebnisse führt.

4.9 Motivation

Mit der Jungenmotivation in der Schule ist es offenkundig nicht so einfach. Schon vor dem Eintritt in das Jugendalter weisen Jungen ein geringeres Maß an Lernfreude auf, zeigen eine weniger positive Haltung der Schule gegenüber. Dieser Abstand verändert sich im weiteren Schulverlauf zwar nicht weiter, Jungen verlieren in der Sekundarstufe also nicht noch mehr von ihrer ohnehin geringeren Lernfreude – aber sie stagniert auf niedrigerem Niveau.

Kein Wunder, dass Motivation deshalb ein Schlüsselthema des Jungenerfolgs in der Schule darstellt. Leider gibt es keine bewährte Methode und keinen Trick, um die Motivation bei Jungen anzuschalten, um Interesse für Unterrichtsthemen zu entwickeln, sich mehr anzustrengen oder Leistung zu bringen. So hilft auch hier eher der Umweg über Haltungen, Beziehungen und Stimmungen, über eher feine Veränderungen und Bedingungen, die Jungen und ihre Motivation beflügeln.

Leistungsmotivation ist kein einmal erworbener Zustand, sondern flexibel und veränderlich. Lehrerinnen und Lehrer kennen das im Kleinen, die Motivation einzelner Schüler oder der Klasse kann von Stunde zu Stunde schwanken und im Großen in unterschiedlichen Lebensphasen: als Kind noch hochmotiviert, aber als Pubertierender ziemlich abgehängt. Motivationsprobleme sind häufig Übergangsphänomene, die viel mit der Pubertät und mit der Auseinandersetzung mit dem Männlichsein zu tun haben. Bei vielen Jungen stellen sich in der späten Pubertät Leistungswille und Motivation wie von selbst ein, wenn die pubertären Testosteronschübe bewältigt und Männlichkeitsfragen erst einmal geklärt(er) sind.

Auch in Bezug auf Lebensbereiche oder Unterrichtsfächer kann die Motivation zum gleichen Zeitpunkt bei Jungen völlig unterschiedlich ausgeprägt sein, z. B. in den Fächern Sport und Französisch. Und in manchen Situationen geht die Motivation von »hoch« schlagartig gegen »null«, sie wird abgelöscht, oder umgekehrt, aus null Bock entsteht plötzlich eine hohe Motivation. Das kann in der Schule stark mit der Person der Lehrerin oder des Lehrers zusammenhängen, aber auch mit Signalen von Gleichaltrigen oder mit Inhalten. Bei der Frage, was schließlich motivierend wirkt, muss zudem festgestellt werden: Da sind Menschen persönlich ganz verschieden.

Ohne Motivation fällt es jedenfalls schwer, Interesse zu entwickeln, sich zu konzentrieren, Durchhaltevermögen zu beweisen, sich zielgerichtet zu organisieren oder selbstständig zu arbeiten. Viele Jungen spüren selbst, dass es an der Motivation hängt, wenn Leistungen nachlassen, haben aber keine Idee, was dabei zu ändern wäre. In jedem Fall ist das Anstrengen mit Aufwand und deshalb oft mit Unlust verknüpft, denn es bedeutet Verzicht auf Genuss oder Spaß, auf Statuspunkte in den Augen der anderen Jungen, auf Freiheiten und auf Zeit. Als Gegengewicht ist Motivation erforderlich, um bei der Leistungsstange zu bleiben.

Motivieren – Demotivieren

Grundsätzlich ist Motivation angeboren, alle Menschen wollen sich entwickeln, wachsen und lernen, Motivation ist ein Treibstoff dafür. Erfolgreiches Lernen macht deshalb nicht nur gescheit, sondern sogar glücklich, zumindest unter bestimmten Bedingungen: Wenn sich Menschen an interessante, möglichst selbstgewählte Herausforderungen wagen, die zu bewältigen sind, weil sie nur wenig über vorhandenen Fähigkeiten liegen. Trifft diese Situation zu, dann führt diese Beschäftigung zu Zufriedenheit, Selbstvergessenheit und »Flow«-Gefühlen (Csíkszentmihályi 1992); liegt die Anforderung darunter, wird es langweilig, ist sie zu hoch, wird aufgegeben. Die Schule als Lernglücks-Anstalt? Dieses Verständnis ist weit von der Realität entfernt. Schülern wird vor dem ersten Schultag damit gedroht, nun beginne der »Ernst des Lebens«, und für viele ist es tatsächlich so.

Was dabei im Jungenleben oft geschieht ist, dass ihre angeborene Motivation abgebremst wird: Wenn ihre Motive keine Antworten finden, weil sie abgewertet werden. Ihren Interessen wird weniger entsprochen und ihr unproduktiver (aber oft sympathisch kreativer) Unsinn wird versucht, ihnen auszutreiben. Hinzu kommt, dass Jungen mit ihren Männlichkeitsbildern im Nacken und mit ihrer symbolischen Erfahrung, dass Männer in pädagogischen Räumen Seltenheitswert haben, oft nicht so recht verstehen, wozu Schule fürs Männerleben gut sein soll. Den Sinn von Bildung, ihre Bedeutung für das eigene Leben verstehen zu können, ist jedoch eine weitere Voraussetzung für Motivation – und umgekehrt ein Dämpfer, wenn diese Verknüpfung fehlt.

Wenn es weniger gelingt, Jungen die Bedeutsamkeit einzelner Lerninhalte und von Schule hinreichend zu vermitteln, muss ihre Motivation notwendigerweise schwächer ausgeprägt sein.

All dies führt dazu, dass Jungen demotiviert werden. Möglicherweise ist dies ein maßgeblicher Teil des Motivationsproblems von Jungen in der Schule: Zumindest was manche ihrer Bedürfnisse zu Beginn, in den ersten sechs, sieben Jahren ihrer Schulkarriere angeht, kann das durchaus zutreffen. Wo dies so ist, sollte es als ein Ziel gelten, Jungen möglichst wenig zu demotivieren!

Umgekehrt fällt es vielen schon wegen des schlechten Images, das Schule in vielen Jungenaugen hat schwer, sich zu motivieren. Und zart aufflackerndes Interesse wird – besonders in pubertären Zeiten – mit dem Blick auf Gleichaltrige schnell wieder abgebremst, weil der Strebervorwurf droht; dann baut gute Noten zu haben Jungen nicht auf, sie werden eher davon bedroht, vor Gleichaltrigen als Streber dazustehen und deshalb ausgegrenzt zu werden.

Die Haltung der Lehrkräfte zu Lernen und Leistung ist dennoch klar und sollte im Idealfall auch von Eltern so gesehen werden: Die Aufgabe des Jungen in der Schule liegt darin, gut zu arbeiten, zu zeigen, was er kann und den Leistungserwartungen zu genügen; dazu soll er sich anstrengen. Eine solche Haltung nervt viele Jungen zwar, unterschwellig wissen sie aber, dass sie richtig ist, was ihre Motivation (eher heimlich) stärkt.

Schule muss die Dynamik zum Thema machen, die durch Strebervorwürfe entstehen kann!

Jungen motivieren? Geht nicht!

Umgekehrt ist es aussichtslos, die Motivation bei Jungen direkt anzuschieben: Denn das funktioniert nie dauerhaft. Motivation lässt sich auch nicht anordnen oder befehlen. Letztlich motivieren sich Schüler selbst oder gar nicht. Die Motivationsmöglichkeiten der anderen sind beschränkt, bildlich gesprochen: »Man kann das Pferd zur Tränke führen, saufen muss es aber selbst.« Lehrerinnen und Lehrer können Jungen weder zur Leistung zwingen, noch sie motivieren oder bilden. Das alles können sie nur selbst. Es ist deshalb immer auch eine – bewusste oder unbewusste – Entscheidung von Jungen, etwas zu tun, sich anzustrengen, sich zu interessieren, aus welchen Gründen auch immer. Weder Anreize, ein Erhöhen des Drucks noch Strafen helfen nachhaltig, um Junge zu motivieren.

Was in der Schule allerdings getan werden kann ist, die Bedingungen so zu verändern, dass es Jungen leichter fällt, sich zu motivieren, und dass sie mit ihren Motivlagen an die Schule anschließen können. Wichtige Aspekte wurden bereits hervorgehoben und behandelt: Vor allem bei jüngeren Jungen fördern beispielsweise Möglichkeiten zu Bewegung, zum Rangeln und Raufen die Motivation; auch oder eine höhere Identifikation mit der Schule ist ein Düngemittel für die Jungenmotivation.

Der Begriff »Motivation« kommt vom lateinischen Wort »movere«, das heißt »bewegen«. Motivation fragt danach, was Jungen in Bewegung setzt, sie zum Handeln bringt. Beim Stichwort »Bewegen« läuten jungenbezogene Glocken: Zumindest viele jüngere Jungen müssen tatsächlich zu Bewegendem nicht motiviert werden, sie freuen sich darauf, rennen durch die Schule zum Schulhof, um möglichst lange Zeit in Bewegung sein zu können. An vielen Stellen in der Schule ist Bewegung allerdings nicht erwünscht und erlaubt – und mit den Bewegungsmöglichkeiten wird manchen Jungen gleich die Motivation für die Schule gestutzt.

Generell werden Menschen durch das Streben nach Zielen zum Handeln gebracht, Motivation meint den Prozess der Aktivierung: Es gibt ein attraktives Ziel, das erreicht werden soll – dafür wird gehandelt. Naheliegende und direkte Motive sind körperliche Bedürfnisse wie Müdigkeit, Hunger oder Durst. Die allermeisten Jungen haben kein Problem damit, hier Motivation zu entwickeln: »Ich habe Hunger, das Ziel ist Sättigung – ich hole eine Pizzaschnitte«; Durst motiviert sie, Regeln zu überschreiten (im Unterricht ist trinken nicht erlaubt!), Harndrang lässt sie ungefragt zur Toilette stürmen usw. Hier also sind keine Motivationsprobleme erkennbar.

In der modernen Wissens- und Bildungsgesellschaft kommt es aber auf komplexere und sehr langfristig angelegte Formen der Motivation an. Das Motto der langen, langen Jugendphase lautet: Bedürfnisaufschub zugunsten späterer Gratifikationen. Leuchten diese versprochenen Belohnungen nicht stark genug, kann sich keine Motivation entwickeln, die kurzfristigeren (aber sicheren) Bedürfnisse zurückzustellen. Im ganz großen Rahmen geht es für Jugendliche darum: Wie glaubhaft kann eine Gesellschaft vermitteln, dass das Handeln im Jetzt tatsächlich wesentlich dazu beiträgt, meine Ziele in einer fernen Zukunft zu erreichen? Hier erscheint derzeit für Jungen vielleicht ein noch größeres Fragezeichen als für Mädchen: Werde ich *als Mann* zukünftig gebraucht? Lohnt sich der Bedürfnisaufschub im Jetzt zugunsten einer später so unsicheren Belohnung?

Wirkliche Ziele, die persönlich bedeutsam sind, also (die derzeitigen) Lebensziele zu finden oder zu wählen, geschieht, am besten mit Bedacht, nicht zuletzt deshalb, weil sie mit dem Lebensende zusammenhängen. Denn die Frage der Motivation lautet letztlich: Was wird am Lebensende im Rückblick von Bedeutung sein, wenn ich sterbe? Diese Frage hilft, die Wichtigkeit von Zielen besser einzuschätzen, aber auch ein Gefühl für die Bedeutung und Kraft von Zielen zu bekommen, die für die eigene Motivation mitentscheidend sind. (Zugegeben: Das sind lebenslange Fragen – die bei manchen Jungen aber besonders in der Jugendphase virulent werden: Was ist der Sinn des Lebens? Warum bin ich auf dieser Welt?)

Begeisterung, echtes Interesse und Freude am Lernen motivieren Jungen. Auch solche, die im schulischen Alltag eher desinteressiert und demotiviert wirken, entwickeln in ihrer Freizeit – etwa vor der Spielkonsole – konzentrierte Begeisterung und Lust am sich weiter Entwickeln (aufs nächste Level). Dass es möglich ist, einen ähnlichen Schwung für das ganze schulische Fächerspektrum zu bekommen, kann kaum ernsthaft erwartet werden; es wird zwar von Lehrkräften ersehnt, ist aber eine Illusion: Interessen und Vorlieben sind unterschiedlich gelagert, manche Jungen sind inselbegabt und deshalb nicht so breit aufgestellt.

Beziehung als Motivationsträger und -beschleuniger

Wo es weniger die Inhalte oder Ziele sind, die motivieren, braucht es andere oder zusätzliche Formen fürs Lohnen, als Be-Lohnung für das Gehirn. Sie findet der Junge zuerst in den Beziehungen zu Lehrkräften und zu Gleichaltrigen gleichermaßen.

Im Kontakt, in der Bindung, in Bemerkungen, Kommentaren und Reaktionen der Lehrpersonen befindet sich ein Grund für die Motivation von Jungen. Dabei spiegeln Jungen auch die Einstellung und Gemütslage der Lehrkräfte. Es ist eine schlichte Erkenntnis, die aber zutrifft: Wir können nur motivieren, wenn wir selbst motiviert sind. Lehrkräfte sind Modelle und Resonanzkörper für die Jungen, wenn sie mit ihnen in Kontakt sind.

In dieser motivierenden Beziehung geht es nicht nur um Zensuren und Leistung, sondern um aufmerksame Anerkennung und Würdigung. Dem jeweiligen Entwicklungs- und Leistungsstand entsprechend, möglichst individuell und konkret; statt »gut gemacht« wirkt es motivierender, die Selbstwirksamkeit bestätigt zu bekommen, also z. B. zu hören: »Du hast dich bei der Aufgabe echt angestrengt und richtig durchgebissen mit Ausdauer, ich hab's gemerkt!« Vor allem kleinere Jungen, zu Beginn der Schulzeit, sind auf solche Formen der Bestätigung angewiesen, auch wenn das eigentliche Ergebnis gar nicht perfekt ist, die Resonanzerfahrung wird allmählich ins Selbstbild übernommen: »Ich bin einer, der sich durchbeißen kann; ich bin einer, der Erfolg hat«. Später können sich Jungen mit dieser Erfahrung im Hintergrund auch zu ungeliebten Aufgaben selbst motivieren. Aber auch größere Jungen genießen es, wenn ihr Bemühen, natürlich auch Leistungen und Erfolge registriert, kommentiert und gewürdigt werden. Für die Motivation wirksam sind solche Rückmeldungen besonders dann, wenn das Anstrengen gewürdigt wird: »Du hast dich ja echt gut vorbereitet!« Auch bei Kritik ist dieser Faktor ins Spiel zu bringen: »Vielleicht hast du nicht genug gelernt?« Jungen weichen bei Misserfolgen gern auf Zufälle, Pech oder die eigene Unfähigkeit aus. Demgegenüber gilt es immer wieder zu betonen, dass Fortschritte vom Sich-Anstrengen kommen und Rückschritte mit zu wenig Engagement erklärt werden können.

Gleichaltrige werden für Jungen in der Schule meistens unter Motivationsrisiken verbucht. Lehrkräfte und Eltern wissen, wie stark sich andere Jungen auf Lerneifer, Konzentration oder Unterrichtsbeteiligung auswirken können. In den Augen der Jungen und ihrer Eltern liegt die Verantwortung meist bei den anderen, »bösen« Jungen, die den einzelnen Jungen vom rechten Pfad abbringen. Tatsächlich sind es meistens Beziehungsdynamiken unter Jungen, bei denen viele aktiv beteiligt sind und es schwer fällt, den Schwarzen Peter eindeutig zuzuordnen.

Ungeachtet dieses Risikos sind wegen des deutlicher ausgeprägten Interesses an größeren Gruppen bei vielen Jungen die anderen für die Grundmotivation sehr positiv wirksam: Dazu zu gehören und dabei zu sein ist nämlich nur möglich, wenn zumindest ein Minimum an Leistung gebracht wird. Ich habe einige Jungen kennengelernt, die sich aus dem einzigen Grund für die Schule engagiert haben, dass sie mit ihren gleichaltrigen Freunden zusammenbleiben konnten.

Auch die Konkurrenz kann motivieren. Die Beziehung von Jungen zu Gleichaltrigen ist oft auch durch Statusklärungen und -konflikte bestimmt, durch die Frage: Wer ist besser? Die Aussicht, in solchen Konkurrenzsituationen überlegen oder siegreich zu sein, kann Jungen ebenfalls motivieren: sich als kompetent erleben, vorankommen, besser werden – das kann dabei auch heißen, besser als andere zu sein. Schulische Inhalte stehen bei der Konkurrenz vieler Jungen zwar nicht ganz oben auf der Prioritätenliste, gleichzeitig messen sich Jungen auch über kognitive Kompetenzen. Wo sich die Aussicht, im Wettstreit zu punkten, mit Schule verknüpfen lässt, ist der Weg zur eigenen Motivation kürzer. Und auch längerfristige Perspektiven können hier eingehängt und genützt werden: Während die Angst vor dem sozialen Absturz und dem Anschlussverlust Jungen eher lähmt, motiviert die »Lust aufs Gewinnen«, längerfristig an einer guten Position in globalisierten Konkurrenzwelten zu arbeiten.

Unmotivierte Identität: Faulsein und Nachlässigkeit als Markierung

Trifft sich Demotivierendes der Schule noch mit einer bequemen Haltung des Jungen und einem entsprechenden Selbstbild, sinkt die Chance auf Motivation erheblich. »Faul sein« ist häufig eine Chiffre für eine problematische Einstellung der Schule gegenüber. Sie bietet sich an, um Schule mit dem Männlichen in Deckung zu bringen, Faulheit gilt als cool (es gibt T-Shirts mit dem Aufdruck »Wer fauler ist als ich, ist tot«). In der Arbeit mit mäßig motivierten Schülern fällt auf, dass sie sich gern mit dem Begriff »faul« charakterisieren und es deshalb schwierig finden, ihre Blockade zu überwinden.

Faulsein zählt als legitime Entschuldigung für schwache Leistung: »Ich bin halt faul« – nicht nur für Jungen selbst, auch Eltern übernehmen das: »Er ist so faul!«; und wenn der Vater sich im Rückblick so darstellt, fällt es dem Sohn noch leichter, sich so zu sehen, er hat die Eigenschaft eben geerbt. Faulheit als selbst zugeschriebene Charaktereigenschaft findet sich auch bei Mädchen, aber viel weniger.

In einem Gymnasium in Köln gibt es eine »Sprechstunde für faule Schüler«. Etwa 90 Prozent der Klienten sind Jungen.

Oft wird die Selbstdefinition »faul« Teil der Identität, erstmal mit einem positiven Nebeneffekt fürs Selbstbild: »Besser faul als doof.« Dann kann es schwierig werden, einen Teil davon wieder loszulassen, der Junge steckt in einer Falle. Sie zu erkennen, ist ein erster Schritt, die eigene Motivation zu finden und es sich zu erlauben, sich für seine Ziele anzustrengen; manchmal hilft ein Umweg: »Gut, du bist faul, das wissen wir jetzt. Aber wie kannst du mit dieser Eigenschaft was leisten und weiterkommen, also obwohl du *auch* faul bist?«

Ein ähnlich mit der Einstellung zusammenhängendes Thema ist die bisweilen sprichwörtliche, manchmal demonstrative Schlampigkeit von Jungen: Heftführung, Hausaufgaben, Schriftbild, Nachlässigkeit, die auch Ausdruck für Underachievement und mangelnde Motivation oder ein charakterliches Merkmal sein können, oft aber mit dem inneren Chaos (besonders ab der Pubertät) und mit der männlichen Fokussierung auf Wesentliches zusammenhängen. Genug Gründe, warum Jungen es mit der Ordnung oft nicht so genau nehmen (während sie ihr Sportzeug penibel kontrollieren und darauf achten, dass das Trikot zum Training frisch gewaschen bereit liegt). Manche Lehrkräfte fühlen sich hier persönlich getroffen, sind aber von den Jungen gar nicht gemeint: Die sind nicht schlampig, um die Lehrer zu missachten oder zu ärgern, sondern drücken damit mehr ihre Haltung der ganzen Angelegenheit Schule gegenüber aus.

Manchmal legt sich das, andere Jungen kultivieren die Haltung und kommen auch so durch die Schule und später durchs Leben. Auf dieser Grundlage zu Ordentlichkeit und Gründlichkeit zu motivieren ist nicht sehr aussichtsreich. Diese Haltung muss wohl ein Stück weit toleriert werden – eine einigermaßen leserliche, wenn auch nicht besonders schöne Schrift sollte keinen Grund für eine schlechte Bewertung hergeben.

Dreiklang der Motivation

Drei grundlegende Bedürfnisse sind es, die nach der Selbstbestimmungstheorie für Motivation, Lernerfolg und Wohlbefinden zentral sind (Deci/Ryan 1993), ein Dreiklang der Motivation aus Kompetenz, Selbstbestimmung, Zugehörigkeit: Menschen wollen lernen und ihre Kompetenzen erweitern, deshalb motiviert sie das Kompetenzerleben. Menschen haben das Bedürfnis, über sich zu bestimmen; Herausforderungen, die selbst gewählt wurden, sorgen für Motivation, um weiter dazu zu lernen. Als soziale Wesen sind wir auf Gruppen bezogen, Zugehörigkeit verschafft Befriedigung und Sinn; Menschen motiviert, was sie zugehörig macht. Für eine motivierende und lernförderliche Umgebung in der Schule müssen Jungen möglichst viele Gelegenheiten für Kompetenzerfahrungen, Selbstbestimmung und Zugehörigkeit geboten werden.

Warum sind Jungen dann oft weniger motiviert als Mädchen? Das Männliche einerseits, der Umgang Erwachsener mit dem Männlichen der Jungen andererseits stellt Hindernisse und Fallen auf, die sich auf die Motivation der Jungen auswirken: Durch das Gefühl fremdbestimmt zu sein, durch drohende oder reale Erfahrung der Ausgeschlossenheit, der Nicht-Zugehörigkeit und durch Inkompetenz-Erfahrung oder Zuschreibung wird Motivation blockiert.

Kompetenz

Sich als kompetent zu erleben, stützt sich auf die Erfahrung und das Vertrauen, dass gestellte Aufgaben lösbar sind. Wertschätzende Rückmeldungen unterstützen Jungen darin, sich selbst als fähig zu sehen. Jungen motiviert, wenn sie sich als kompetent und erfolgreich erleben. Die im Westen übliche bornierte Konzentration auf Defizite, Fehler und Mängel löscht diesen Motivator ab. Die Erfahrung von Selbstwirksamkeit, dass sich durch das Anstrengen Erfolg einstellt, stimmt positiv, verschafft gute Gefühle wie auch kleine Siege über das innere Faultier oder der Stolz, etwas »bringen«, etwas leisten zu können.

Zugespitzt formuliert und einseitig betrachtet kommen »männliche« Kompetenzfelder, bei denen sich Jungen auskennen, wofür sie sich begeistern können und wo sie oft reichlich Fachwissen erwerben, in der Schule oft gar nicht gut an: ob hochkomplexe Pokémon-Kartenspiele, die zahlreichen Variationen der assertiven Aggression, martialische Musikstile, riskante Sportarten oder mediale Sportereignisse, solches Wissen ist in der Schule allenfalls am Rand gefragt oder geduldet, zählt aber kaum als Kompetenz, die Jungen Resonanz geben könnte.

Eine Lösung besteht darin, auch für Jungen »nahe« Themen und Interessen in den Unterricht einzubinden – und umgekehrt, didaktisch zu überlegen, wie auch Jungen die Unterrichtsinhalte an ihre Themen und Interessen anschließen können. Vorsicht: Stereotypenalarm! Dabei geht es nicht um schlicht zugeschriebene Jungeninteressen wie Fußball, Weltraum oder Autos, sondern darum, herauszufinden, wo die Interessenlage dieser konkreten Jungen verortet sind.

Über Erfolgserlebnisse können Jungen darin unterstützt werden, sich selbst zu motivieren; dabei müssen Jungen den Erfolg ihrer eigenen Fähigkeit zuschreiben können. Dann stärken Erfolgserlebnisse das Gefühl von Selbstwirksamkeit, den Glauben an eigene Fähigkeiten: Man traut sich auch in Zukunft das Beherrschen solcher Situationen zu. Menschen mit einer hohen Selbstwirksamkeitserwartung zeigten trotz Rückschlägen eine höhere Frustrationstoleranz. Lehrkräfte sollten zwar Energie darauf verwenden, Jungen ein realistisches Bild von sich selbst zu vermitteln, aber ohne dass sie die Motivation verlieren. Denn auf der anderen Seite führen wiederholte Misserfolge – vor allem wenn die Ursachen dafür der eigenen Person zugeschrieben werden – zu einer Schwächung von Selbstwirksamkeit, weil sich Jungen als schulisch inkompetent bewerten.

Selbstverantwortung, Selbstwirksamkeit, Autonomie

Der Wunsch, sich selbst als primäre Ursache des Handelns erleben zu wollen, prägt das Bedürfnis nach Selbstbestimmung. Diese Autonomie ist mit dem Männlichen verknüpft und ikonografisch eingeprägt: der einsame Cowboy, der allein kämpfende Held, James Bond. Insofern ist Autonomie auch ein männlich inspirierter Motivator. Entscheidungen treffen zu können, sich selbst darzustellen und zu zeigen, selbst auszuwählen – das motiviert Jungen. Die Idee, selbst bestimmen zu können, eine Wahl zu haben oder in dem, was und wie es gemacht wird, einzigartig zu sein – all dies fördert das Gefühl der Autonomie.

In der Schule wird Selbstbestimmung beispielsweise in Wahlmöglichkeiten und Handlungsspielräumen lebendig. Themen auszuwählen und Arbeitsprozesse selbst zu gestalten erlaubt es, sich als selbstbestimmt wahrzunehmen. Selbstbestimmung heißt in der Schule nicht totale Freiheit oder Beliebigkeit, sondern wird institutionell und sozial eingebunden. Jungen wollen auch nicht permanent alles entscheiden – versorgt zu werden ist schließlich auch angenehm –, aber immer wieder den Eindruck zu haben, dass es offen Lernspielräume gibt, dass sie gefragt sind und mitbestimmen können, ist wichtig für sie. Ein wertschätzendes und am Einzelnen interessiertes Lernklima unterstreicht das Erleben von Autonomie.

Jungen in der Grundschule scheinen – viel deutlicher als Mädchen – noch stark extrinsisch motiviert. Nach den IGLU-Daten (Bos u. a. 2005) stimmen über zwei Drittel (67 Prozent) der Jungen (aber nur etwas mehr als die Hälfte der Mädchen) der Aussage zu, sie arbeiteten im Unterricht mit, »damit mich alle für einen guten Schüler halten«. Und »damit mich mein Lehrer lobt« bejahen 72,2 Prozent der Jungen und 58,1 Prozent der Mädchen, was auf ein deutliches Bedürfnis nach positiver Resonanz verweist (während in der Praxis diejenigen Jungen, die auffällig sind und schlechte Leistungen liefern, eher im Mittelpunkt stehen).

Je größer der Junge wird umso wichtiger ist seine Verantwortung für die eigene Motivation. Manche Eltern arbeiten dieser Selbstverantwortung allerdings fast systematisch entgegen, indem sie sich permanent für die Motivation des Jungen verantwortlich fühlen, ihn schieben, bauchpinseln und mit Versprechungen manipulieren. Im Hintergrund der Motivation der Eltern, sich so zu verhalten, stehen meistens eigene Vorstellungen und Bilder, wie der Sohn sein sollte, oder unbewusste Ängste und Leistungsdruck. Jungen geben dann die Verantwortung für die eigene Motivation ab und erwarten den Motivationsservice auch von der Schule.

Jungen mit der Vorstellung, andere – Lehrkräfte oder Eltern – seien verantwortlich für ihre Motivation und damit für ihre Laune, sind ansprüchliche Nervensägen, die es sich bequem machen und ständig von anderen motiviert, angeschoben und gepampert werden wollen. Die Folge sind ratlose, oft auch ausgebrannte Erwachsene, die ja neben der eigenen Motivation noch die des Jungen übernehmen. Jungen muss dann oft mühsam vermittelt werden, dass sie sich nur selbst motivieren können, dass ihre Motivation in der eigenen Verantwortung liegt.

Um eigene Motivation zu entwickeln brauchen Jungen Raum und Luft! Überfürsorgliche Eltern (und auch Lehrkräfte), die zu dicht auf dem Jungen hängen oder mit ihm verklebt sind, schnüren die letzten Reste der intrinsischen Motivation des Jungen ab. Ständiges Begeisterungs-Management durch Eltern geht nach hinten los; auch Kinder, die übermäßig kontrolliert werden, verlieren ihre Eigenmotivation. Die schwerste Aufgabe für solche Eltern ist es, dem Kind tatsächlich die Verantwortung zu überlassen; Lehrerinnen und Lehrer können Jungen unterstützen, , wenn sie Eltern im Interesse von Jungen informieren und bremsen.

Je größer die Selbstverantwortung des Jungen, desto stärker der Anteil an Selbstmotivation. Selbstwirksamkeitserfahrungen motivieren, weil sie eine Aufwärtsspirale in Gang setzen. Durch erste Lernerfolge stellt sich Optimismus bezogen auf die Anstrengung ein; der Junge wird selbstbewusster, empfindet vielleicht sogar Begeisterung, was zu noch größerem Lernerfolg führt und so weiter.

Vielen Jungen fällt es schwer, diese Motivationsbedingung in der Schule auf sich zu beziehen: die Einzigartigkeit und Autonomie, die Möglichkeit, sich zu unterscheiden und etwas im eigenen Stil zu erledigen. Standardisierte Aufgaben und Antwortmuster schränken die Möglichkeit ein, Lehrkräfte und Gleichaltrige wirken normierend und homogenisierend, Außergewöhnliches wird leicht als schräg oder auffällig gewertet. Umgekehrt stabilisiert es sie in ihrer Selbstwirksamkeitserwartung, wenn ihre Motive ernst genommen werden. Aber wie Jungen in ihren Motiven ernst nehmen? Wie kann das vermittelt werden?

- Durch nachfragen: Was denkst du darüber? Was ist dir dabei wichtig?
- Durch positive Reaktion: Da bist du ja schon weiter, als ich gedacht habe! Aha, da hast du dir echt was Gutes überlegt
- Durch gemeinsame Ziele: Du willst keinen Stress, ich will keinen Stress – wie kommen wir dahin? Wie können wir das herausfinden?

Zugehörigkeit

Neurobiologische Forschungen konnten zeigen, was viele intuitiv wissen, dass die Motivationssysteme im Gehirn nicht nur auf eigene Ziele oder Belohnungen ansprechen, sondern besonders durch Verbindung und Zugehörigkeit aktiviert werden: Durch Bestätigung und Wertschätzung, Zuwendung, durch die Aussicht auf soziale Anerkennung und Gemeinschaft (Bauer 2008). Erhält ein Junge den Eindruck, wirklich dazu zu gehören, ja für andere wichtig zu sein und dass es für die Gruppe gut ist, dass er dabei ist, befeuert dies seine Motivation: Dafür lohnt es sich, sich anzustrengen. Viele Jungen sind stark auf Gruppen orientiert, besonders auf die Gruppe der Gleichaltrigen (was z. B. auch dazu motiviert, Quatsch zu machen).

Die Beziehungen der Lehrkräfte zu den Jungen vermitteln eine weitere, andere Qualität der Zugehörigkeit, eine mehr offizielle Variante, die Zugehörigkeit über die Autorität. Und schließlich bilden Interesse und Anteilnahme der Eltern am schulischen Leben des Jungen eine wieder andere, eher familiäre Form der Zugehörigkeit. In allen diesen Bereichen können Lehrkräfte direkt und indirekt die eigene Motivation von Jungen anregen und fördern.

Ähnlichkeit kann die Motivation stützen: Jungen sehen andere Jungen oft als sich ähnlicher an, sie dienen deshalb eher als Modelle. Studien zeigten: Wenn ähnliche Menschen mit Fähigkeiten, die den eigenen gleichen, eine Aufgabe bewältigen, traut man dies sich selbst eher zu; damit stützt Zugehörigkeit die Selbstwirksamkeit. Weiter verstärkt werden kann dieser Effekt noch dadurch, dass die Modellpersonen öffentlich belohnt werden.

Zugehörigkeit motiviert, sie lebt aus Beziehungen, zu Lehrkräften wie Gleichaltrigen oder Eltern. Deshalb fällt es Jungen schwer, sich ohne Anerkennung, Beachtung und Zuwendung selbst zu motivieren. Jungen brauchen tragfähige und vertrauensvolle Kontakte zu Menschen, die ihr Lernen und Entwickeln begleiten, aber auch zu Gleichaltrigen, denen sie sich als Ähnliche oder Gleiche zugehörig fühlen können. Kooperatives Lernen kann diese Erfahrung unterstützen. Dazuzugehören oder etwas dafür zu tun, um dabei bleiben zu können, fördert die Motivation: Das Gefühl sozialer Einbindung schließt an Verbundenheit, Sicherheit und Resonanzerfahrung an. Ausschlusserfahrungen dagegen demotivieren. Sie sind als Strafe bedrohlich wenn es nicht gelingt, trotz der geschaffenen Distanz den Kontakt zu halten:

Beispiel: Zugehörigkeit halten trotz Schulausschluss

Timo erhält drei Tage Schulausschluss, er hat sich wirklich unmöglich verhalten, das sieht er sogar selber ein. Dennoch macht ihm der Ausschluss Angst: Drei Tage aus der Schule weg, das ist irgendwie doch eine lange Zeit. Timos Schule schließt aber nicht einfach nur aus, sondern möchte, dass Timo weiterhin integriert ist: Er wird von Mitschülern informiert , was gelaufen ist und am Ende ruft sogar seine Klassenlehrerin an um zu fragen, wie es ihm geht, ob er wieder dabei sein kann.

Eine Bedingung der Zugehörigkeit wirkt allerdings oft gegenläufig: Um zu den anderen Jungen zu gehören, darf man sich eigentlich nicht anstrengen, man darf sich nicht als »Streber« zeigen. Leistung wirkt zumindest potenziell als Zugehörigkeitsrisiko, die Motivation entwickelt sich gegenläufig zu schulischen Erwartungen eher in Richtung Coolness.

Pflicht statt Motivation in einer spaßarmen Schule?

Die Idee, dass etwas Wichtiges im Leben wie Arbeit, Beruf oder auch Schule ständig nur beglückend ist und deshalb durch intrinsische Motivation befeuert wird, ist weit entfernt von der Wirklichkeit; es sind wohl eher kommerzielle Bilder aus Werbung und Medien, vielleicht auch pädagogische Idealvorstellungen. Bei den meisten Schülern ist es über weite Strecken nicht so, im Gegenteil, Schule ist kein Zuckerschlecken. Es geht hier gewiss nicht darum zu sagen, dass die Schule möglichst viel Mühsal und Plage sein müsse und Lernen nur dann etwas wert sei, wenn es schier nicht zu schaffen ist. Aber ich bin der Meinung, auch Schülern sollte nichts Falsches vorgeschwindelt werden. Es geht um klare Verhältnisse. Vielleicht müssen manche Jungen darüber informiert werden, dass es bei der Arbeit in der Schule um einen Dreiklang geht:

- Ein Teil der schulischen Aufgaben ist einfach Arbeit, da muss man durch, und bei vielen Jungen bleibt es auch so bis zum Abschluss: Schule ist bisweilen eben auch Pflicht und ein Muss. (Später, in der Berufsausbildung, im Studium oder in der Berufsarbeit wird es meistens nicht besser).
- Ein anderer Teil ist relativ neutral, weder schlimm noch lustvoll, also einfach mal ein wenig anstrengend, mal geht's leicht von der Hand, mal interessanter, mal langweiliger; langfristige Perspektiven motivieren, diese Seite mit Motivation aufzufrischen; bildlich gesprochen ist das der normale Teig im Rosinenbrot, der eben auch abgeknabbert werden muss, um gelegentlich beim Leckersten zu landen.
- Und ein dritter Teil schließlich kann auch richtig Freude machen, da fließt etwas, es ist spannend, beglückend oder lustvoll, sich in dem Gebiet zu bewegen. Hier ist die intrinsische Motivation zuhause, sie braucht keine Energie, um wach gehalten zu werden.

Dieser dritte Teil, die Flow-Abteilung, hängt überraschenderweise nicht selten mit dem ersten Teil der Anstrengung zusammen. Es ist ein wenig wie beim Märchen vom

Schlaraffenland, wo es nötig ist, sich durch einen Berg Brei durchzuessen, bis das Ziel der endlosen Bedürfnisbefriedigung lockt.

Worum es bei der Motivation eben *auch* (!) geht, lässt sich mit einem Wort fassen, das nie Begeisterung, aber manchmal heftigen Widerspruch auslöst (bei Schülern wie bei Eltern): Pflichterfüllung! Auch das Jungenleben besteht aus mehr als nur leichten Wegen, kurzfristigem Spaß und den persönlichen Wohlgefühlen. Motivation und sogar Begeisterung können dadurch entstehen, dass sich der Junge mit einer Sache beschäftigt, sich näher mit ihr auseinandersetzt und dafür die ersten inneren Widerstände überwindet. Wer Sport treibt oder ein Instrument spielt kennt das: Immer wieder gibt es zähe Phasen, durch die man sich durchbeißen muss. Auch diesen Teil der Motivation dürfen Lehrkräfte vermitteln und darauf bestehen, dass es zum Lernen dazugehört.

»Für Mathe interessiere ich mich halt einfach nicht so«
»Aha, und warum hattest du dann trotzdem eine Eins im Zeugnis?«
»Ich hab mich halt angestrengt, obwohl es mich nicht interessiert.«
(Aus einem Interview mit Georg, 5.Klasse)

Bis weit in die Pubertät hinein ist damit zu rechnen, dass Pflichtbewusstsein, Einsicht und die Erfahrung von Flows nach Pflichterfüllung nicht so stabil entwickelt sind, dass viele Jungen von sich aus in Bezug auf ein Pflichtgefühlt aktiv werden. Auch in Bezug auf die Pflichtseite sind sie bis dahin vor allem auf Beziehungen als Motivationsträger angewiesen.

Praxis: Motivationsbedingungen für Jungen verbessern

Lehrkräfte können Wesentliches dazu beitragen, dass für Jungen förderliche Motivationsbedingungen entstehen. Umgekehrt verhalten sie sich aber nicht selten so, dass die Motivation ausgebremst wird. Eine Übung dazu, die alleine, zu zweit oder in Gruppen erledigt werden kann, macht die Formen des Demotivierens deutlich, selbstverständlich mit dem Ziel, hinterher die Gegenseite zu aktivieren: Jungen demotivieren? So wird´s gemacht! Sammeln Sie vor dem Hintergrund Ihrer Erfahrung in der Arbeit mit Jungen alle möglichen Einflüsse von Lehrkräften, der Schule insgesamt und auch von Eltern, die dazu beitragen können, Jungen zu demotivieren. Gewichten Sie und wählen Sie die wirksamsten aus. Stellen Sie Katalog der garantiert wirksamen Demotivationsstrategien für den Unterricht mit Jungen zusammen.

Tragfähige Motivation bei Jungen entsteht in ihrem Kopf. Das ist ein Lern- und Entwicklungsprozess, der in frühen Lebens- und Schuljahren angelegt wird, aber immer wieder Nahrung und neue Impulse braucht. Das menschliche Gehirn als Organ, sein Unterbewusstes und das Bewusstsein funktionieren wirtschaftlich: Es muss es sich lohnen, einen Aufwand zu betreiben, etwas zu bringen, aktiv zu werden. Interesse oder Freude an der Sache bringen den Lohn selbst mit sich. Wer Spaß an Mathe hat, muss nicht zum Rechnen getrieben werden, wer gern schreibt, braucht keine zusätzliche Belohnung für den Aufsatz.

Die Bedingungen, die Jungen es erleichtern, sich zu motivieren, können von Lehrkräften geschaffen und verbessert werden:

- Ein Ziel beim Schaffen guter Bedingungen für die Jungenselbstmotivation muss sich darauf richten, Freude an der Sache selbst zu vermitteln: am Fach, am Thema, am Erkenntniszugewinn in einem Gebiet. Das verlangt von Lehrerinnen und Lehrern, ihr Fach mit Begeisterung und Leidenschaft zu vertreten, die auch Jungen anstecken kann: Wer selbst motiviert ist, kann auch andere motivieren.
- Inhalte und Didaktik können daraufhin überprüft werden, ob sie (auch) Jungen erreichen bzw. wie das Erreichen verbessert werden kann; viele Jungen verstehen den Sinn der Sache noch nicht ganz, ihnen fehlt die Überzeugung, dass diese Kompetenzen auch in einem Männerleben gebraucht werden – dieser Anschluss sollte ihnen immer wieder vermittelt werden.
- Damit sich bei Jungen keine motivationslöschende negative Grundhaltung entwickelt, ist der Blick auf ihre Bedürfnisse vor allem in der Grundschule und bis zum Beginn der Pubertät bedeutsam. Erfolge und die Erfahrung, dass Leistungsbemühungen tatsächlich wirken, sind eine Voraussetzung, um bei der schulischen Stange zu bleiben, auch wenn die Pubertät die ganze Persönlichkeit durcheinanderwirbelt: Ist das Prinzip im Gehirn stabil gebahnt, bleibt es auch durch die Jugendphase erhalten, selbst wenn die kurzfristig Leistungen zurückgehen. Wenn ein Junge während der Pubertät keine Lust auf schulische Anstrengungen und Leistung hat, ist das in einem gewissen Rahmen normal.
- Keine Lust? Ein häufiges Argument von Jungen, um fehlende Motivation auszudrücken. Wenn es nicht überhandnimmt, ist das auch kein Problem, dann muss es eben ohne Lust gehen. Die Aufgaben müssen trotzdem erledigt werden, auch als »Pflichterfüllung« oder als Mittel zum Zweck, um nämlich damit Nebenziele zu erreichen: Zugehörigkeit zur Gruppe der Jungen oder zur Klassengemeinschaft oder eher unattraktive Erfolge wie ein ordentlicher Schulabschluss, die aber den eigenen größeren Zielen dienen (Astronaut, Rennfahrer, Influencer, Youtuber oder Fußballprofi zu werden).
- Die Lust auf Erfahrung und Lernen kann bei Jungen dazu beitragen, Unlust oder Unsicherheiten zu überwinden: Vorschläge quittieren sie gern mit der Frage: Warum soll ich das tun? Ein Argument lautet: Um Erfahrungen zu machen. Du weißt erst hinterher, wie es wirklich ist. Eine anderes: Um deinen Horizont zu erweitern; wer immer das macht, was er immer macht, erlebt auch nur das, was er schon kennt.

4.10 Männlichkeitsbildung

Gewiss ist alles, was bisher behandelt wurde, auch Teil einer Männnlichkeitsbildung von Jungen: Wenn ihnen Lernen erleichtert oder ermöglicht wird, sich ihr Wohlbefinden und ihre Motivation verbessert, wenn sie gute autoritative Beziehungen erleben, begrenzt oder konfrontiert werden, dann wirkt sich das auch positiv auf ihr Männlichsein aus. Ohne das Männliche zu thematisieren kann dies als implizite Männlichkeitsbildung bezeichnet werden. Explizit wird diese, wenn sie offen definiert wird, wenn »männlich drauf steht«. Jungen benötigen beide Formen, ihnen nützt beides.

Das Männliche ist aktuell stark in Veränderung begriffen. Traditionelle Bilder und Vorstellungen von Männlichkeit werden zwar – etwa in Medien, von Komikern oder in der Werbung – nach wie vor aufgewärmt und frisch gehalten. Aber eigentlich weiß jeder Mann: Patriarchat und echtes Machotum sind längst überholt. Aber wie soll männlich jenseits davon gelingen? Dafür hat auch die Schule nur dünne Antworten.

Die Erwachsenen geben ihr Problem mit dem Männlichen in der Moderne direkt an Jungen weiter. In einer Interviewstudie formulierte ein Junge es treffend: »Macho sein finde ich blöd. Deshalb kann ich wirklich nicht sagen, was männlich ist!«

In unübersichtlich gewordenen Geschlechterwelten brauchen Jungen Unterstützung und Orientierung, tatsächlich auch Anregungen für ihre geschlechtliche Bildung. Diese Lernwünsche beziehen sich nicht auf die Abstürze, Dramen und Notlagen männlicher Geschlechtlichkeit, die Erwachsene ständig im Blick haben, sondern auf normal zu Bewältigendes, in den Lebenswelten Anzueignendes. Männlichsein in diesem Bereich ist etwas Positives und (auch) Leichtes, wenn es von allgegenwärtigen Problemfixierungen befreit wird. Wünsche von Jungen nach Orientierung im Geschlechtlichen wollen anerkannt werden. Pädagogisch können ihnen Wege aufgezeigt werden, wie sie »männlich« ohne Abgrenzung und Abwertung, also aus sich heraus empfinden und definieren.

Männlichkeitsbilder als Falle

Reduzierte und stereotype Bilder über Männliches, wie sie von Medien, Spielen, gesellschaftlichen Strukturen (Wirtschaft, Politik) oder realen Menschen wie den Gleichaltrigen vermittelt werden, führen in der Schule Jungen geradewegs in ein Dilemma: Entweder sie agieren so, wie es die geschlechtliche Rolle von ihnen abverlangt und stehen dann in Widerspruch zu den schulischen Erwartungen, oder aber sie verhalten sich schulbezogen konform und entscheiden sich damit gegen die geschlechtsbezogenen Vorstellungen. Viele Jungen ziehen eine Orientierung am Männlichen dem (ohnehin unsicheren) Erfolg in der Schule vor. Die Bewertungskultur unter Jungen hängt auch mit traditionellen Männlichkeitsbildern zusammen: So orientierte Jungen stehen unter Druck, sich als »richtiger« Junge auszuweisen, also unabhängig, distanziert (cool), autonom; Schwächen oder Unsicherheit zu zeigen ist damit nur schlecht vereinbar. Fleiß und Sorgfalt in der Schule passen kaum zum Männlichen.

Männlichkeitsbilder sind nun aber nicht den Jungen anzulasten. Sie erhalten gesellschaftlich den Auftrag, Geschlecht zu sein und sich als »männlich« auszuweisen und Informationen, wie das geht. In den letzten Jahren und Jahrzehnten hat dies durch Medien- und kommerziellen Druck eher noch zugenommen. Spielsachen, Spielmedien, Computerspiele, »gegenderte« Waren und Produktlinien, Zeitschriften, Magazine, Internet, Fernsehserien usw. – alle reproduzieren unablässig vorgestanzte Geschlechterbilder, an die Jungen sich anpassen (wollen oder müssen). Nicht zuletzt signalisieren auch Mädchen und Frauen, dass sie nach wie vor gerne den starken Mann als »Beschützer« hätten.

Männlichkeitsbilder suggerieren Homogenität: Alle Jungen und Männer sind so und sollen auch so sein! Damit übt Männlichkeit Druck auf Jungen aus, so zu sein, sein zu wollen oder zu werden. Die Wirklichkeit ist jedoch vielfältig. Die Unterschiedlichkeit von Jungen verlangt von Lehrkräften insbesondere die Fähigkeit, mit Heterogenität und mit ihren Formen der Dramatisierung von Geschlecht umzugehen. Dabei kann es sich bewähren, gerade die Individualität und Unterschiedlichkeit offensiv in den Mittelpunkt zu rücken (z. B. durch direktes Erfragen oder durch spontanes Benennen und Hervorheben), mit der Kernbotschaft: männlich ist so und so und auch so, also verschieden. Unter Jungen ihre Unterschiedlichkeit und Vielfalt präsentieren zu dürfen, entlastet sie vom Homogenisierungsdruck.

Zu Schwierigkeiten im Umgang mit dem Männlichen führte nicht eine ominöse »Feminisierung« der Schule, sondern fehlende Reflexion und dass es noch nicht gelungen ist, Schule als Bildungs- und Entwicklungsort für modernes Männlichsein zu begreifen. Lehrkräfte projizieren in viele Bedürfnisse oder Verhaltensweisen von Jungen vorschnell traditionelle Männlichkeit und definieren dies als unerwünscht oder schädlich. Damit wird etwas aus der Schule ausgeschlossen, was Jungen lernen, klären oder weiterentwickeln wollen oder müssen.

Was Jungen helfen könnte wären stattdessen positive Orientierungen, nicht nur Demontage von Männlichkeitsbildern, sondern Alternativen, die Jungen die Frage beantworten: Wie ist es heute möglich, sozial verträglich männlich zu sein?

Auf der Suche nach dem gelingenden Männlichen

Auf ihrer Suche nach guten, tragfähigen Männlichkeitskonzepten kommen Jungen in der Schule meist nicht besonders weit. Galten etwa Mut, Durchsetzungsfähigkeit, Leistungswille oder Autonomie früher als erstrebenswert, werden solche Eigenschaften heute schnell als Aggressivität, Egoismus, Kooperations- oder Beziehungsunfähigkeit stigmatisiert und entwertet. Solche Kritik ist ja sicher nicht ganz falsch, aber Jungen orientieren sich an überholten Männlichkeitsbildern, weil ihnen keine anderen gezeigt werden. In vielen Schulen ist es auch schwierig, symbolische Markierungen für

Männliches zu entdecken; am ehesten findet sich das noch im Sport, der aber als Sonderbereich gilt. Wo Jungen den Eindruck haben, mit ihrem Männlichsein in der Schule nicht gefragt zu sein, zeigt dies Auswirkungen auf ihr Handeln und ihre Motivation.

Und nicht nur bei ihnen direkt sind Folgen davon erkennbar; immer wieder hört man von Arbeitgebern die bemängeln, gerade jungen Männern würde es an Leistungswillen, Disziplin oder Frustrationstoleranz fehlen. Wie sollen sie sich diese aneignen, wenn sie nicht auch als männlich definiert sind? Und wo sollen sie sie erwerben, wenn nicht in der Schule?

So braucht es in der Schule wie in Familien und in der Gesellschaft dringend eine neue Diskussion darüber, was als »gut männlich« bezeichnet werden könnte. Vieles von dem, was ausschließlich als Jungenprobleme bezeichnet wird, enthält auch tragfähige Elemente, die männliche Bilder und Vorstellungen inspirieren und Jungen das Schulleben erleichtern können. Von solchen Themen hat sich Schule entfernt. Dabei ist es gar nicht so schwer, Männliches in einem positiven Licht zu sehen und auf die Aufträge der Schule zu beziehen. Selbstbeherrschung zum Beispiel, »sich im Griff haben« könnte als eine männliche Idee dienen, um Jungen Impulskontrolle näher zu bringen: Nicht, weil es Mädchen so schön zeigen, sondern weil es (auch) männlich ist, sich selbst steuern und kontrollieren zu können. Oder die Bereitschaft vieler Jungen, Risiken einzugehen und sich neuen Herausforderungen zu stellen, anstatt ihnen auszuweichen – sie bringt Jungen selbst, aber langfristig auch Schule und Gesellschaft weiter.

Mit Abwertung und Abgrenzung des Alten, Traditionellen ist es nicht getan. Schule ist gefordert, solche männlichen Aspekte aufzunehmen und zu stützen. Jungen brauchen positive Perspektiven für ihr Männlichsein. Als Hilfskonstrukt wird nun gern auf negative Männlichkeit zurückgegriffen und versucht, diese umzukehren, z. B. soll aus »stark« besser »schwach« werden, oder aus Mut Ängstlichkeit. »Verkehrte Welt« hilft aber kaum zur Orientierung und ist überdies für Jungen nicht attraktiv, sondern negativ belegt. Andere kramen nach kulturellen Mustern und versuchen, diese im neuen Kleid anzubieten, z. B. archetypische Figuren wie »Krieger«, »König« oder »Magier«. Das Traditionelle bleibt hier aber verdeckt eingewoben – und damit problematisch.

Natürlich sollen Jungen in ihrem Männlichsein nicht abwertend, nicht sexistisch, nicht stereotypisch, auch nicht gewalttätig, sexualisierend, hochriskant oder selbstgefährdend sein. Allerdings genügt ein »so nicht« keineswegs als Orientierung. Jungen wollen erfahren, was und wie sie sein sollen, wenn das nicht der Fall ist. Jungen brauchen also Stoff, Informationen, Anregungen und innovatives Futter, um sich im Männlichen weiterzubilden. Und auch Lehrkräften helfen Orientierungen, in denen sie Männliches wiederfinden können, das als gelingend verstanden wird.

Tragfähige Vorstellungen und Beschreibungen sind in der Schule und in der Jungenpädagogik essenziell: Wie lauten die pädagogischen Ziele, in welche Richtung sollen Jungen sich in ihrem Männlichsein verändern? Wie »sind« Jungen, wenn die Jungenpädagogik gelingt? Zwei Vorschläge für einen begrifflichen Horizont mögen an dieser Stelle als Hinweise dienen; die eigentliche Aufgabe muss in gemeinsamen, sozialen Entwicklungsprozessen noch geleistet werden.

Affirmationen zum »guten« Männlichen

Geschlecht bildet sich auch über Vorstellungen und Ideen, die sich über schwebend gelernte Hauptsätze im Gedächtnis festsetzen und immer wieder bestätigt werden, selbst durch kritisches Betrachten. Affirmationen sind solche Leitsätze, die sich auch als Ideen des Geschlechtlichen oder als Meinungen über Geschlecht in unseren Gehirnen verankern, meist ohne dass wir das registrieren, z. B. »Ein Junge weint nicht«, »Männer wollen immer nur das eine (Sex)« oder »ein Mann muss seine Familie ernähren«. Weil sich dabei vor allem reduzierte und traditionelle Affirmationen verankert haben gilt es, modernisierte Alternativen zu entwickeln; denn um beim Blick aufs Männliche nicht in Klischees und Stereotypen hängen zu bleiben ist es wichtig, positive Alternativen zur Hand zu haben.

In einem assoziativen Verfahren mit vielen Jungen, männlichen Jugendlichen und jungen Männern habe ich mich auf die Suche nach Facetten gemacht, die als Leitideen etwas positiv Männliches repräsentieren könnten (vom Ablauf her wie in der Übung »männliche Affirmationen finden« im Kapitel 5.6). Die folgende Aufstellung ist das verdichtete Ergebnis eines längeren Prozesses mit der Frage: Wie könnte gutes Männlichsein heute als Affirmationen beschrieben werden?

Hier ist die Zusammenstellung der Affirmationen, die sich dabei entwickelt haben – keine Stereotypen, aber durchaus (auch) positive männliche Eigenschaften und erwünschte Kompetenzen, die nicht im traditionellen Dominanzbezug eingehängt sind:

- Achtsamkeit mit Wahrnehmung, Aufnahmefähigkeit, Offenheit – er nimmt wahr, er ist offen für das, was um ihn geschieht, er kann aufmerksam zuhören
- Ausgeglichenheit – er hält Balancen: zwischen dem Bezug auf sich selbst und sozialen Bezügen auf andere (incl. Anteilnahme, Rücksicht und »gesunder Egoismus«), zwischen Leistung und Entspannung; er weiß, was ihn entspannt und zur Ruhe kommen lässt
- Beharrlichkeit – er bleibt dran, wenn etwas wichtig ist; er lässt sich nicht entmutigen, verfolgt Ziele auch längerfristig
- Bescheidenheit – er ist demütig, macht sich nicht wichtig und ist sich für nichts zu schade; er akzeptiert seine Beschränktheiten – und die Kompetenzen anderer
- Durchsetzungsfähigkeit und -willigkeit – er weiß, was er will und setzt sich dafür ein; er findet immer wieder neu heraus, was er wirklich will, um sich dafür einzusetzen
- Ehre – sein Ansehen im Freundeskreis, bei Bekannten und in der Öffentlichkeit ist ihm wichtig; er verhält sich loyal; er ist integer und hält sich an Regeln und Gesetze
- Eindeutigkeit und Klarheit – er kommt auf den Punkt, äußert sich eindeutig, redet Klartext
- Ernsthaftigkeit – er spürt und weiß, wann es wichtig ist, Dinge ernst zu nehmen, geht mit eigenen Konflikten, mit Problemen oder Sorgen seiner Mitmenschen ernsthaft um
- Forschergeist – er interessiert sich, will es wissen, geht den Dingen auf den Grund

- Fürsorglichkeit – er kümmert sich um andere (seine Mitmenschen, seine Partnerin/seinen Partner), setzt sich für andere ein, schützt sie; er spürt, was andere brauchen und kann damit umgehen;
- Herzlichkeit – er ist mit dem Herzen dabei, hat herzliche und liebevolle Beziehungen und Freundschaften; er liebt
- Humor – er kann lachen, mag Spaß, bringt andere (z. B. seine Partnerin/seinen Partner) zum Lachen; er nimmt sich auch selbst nicht zu ernst, sondern lacht auch mal über sich
- Kontaktfähigkeit – er geht in Beziehung, er kann sich einfühlen, seine Bedürfnisse und Befindlichkeit mitteilen; er nimmt im Kontakt zu anderen etwas auf und gibt dabei etwas
- Pioniergeist – es drängt ihn weiter; er geht als Erstes vor, wenn es Neues zu entdecken oder zu erproben gibt
- Respekt – er achtet und wertschätzt andere Menschen, auch und gerade die, von denen er sich unterscheidet; er erkennt sie an und ihre grundsätzliche Gleichwürdigkeit
- Selbsteinschätzung – er weiß, was er kann und weiß auch, was er nicht kann; er kennt seine Schwächen und Ängste und muss beides nicht verstecken
- Selbstfürsorge – er sorgt für sich selbst, weiß was ihm gut tut; er akzeptiert seine Bedürftigkeit; er pflegt sich, kleidet sich geschmackvoll und macht was aus seinem Typ
- Selbstkontrolle – er hat sich im Griff, ist emotional, kann seinen Gefühlen Raum geben, aber agiert sie nicht und »rastet nicht aus«; er bleibt auch in hoher Beanspruchung bei sich
- Sinnlichkeit – er kennt und nützt seine Sinne, bringt sinnliche Erfahrungen auf den Begriff, kann mit seinen Sinnen genießen
- Stärke und Belastbarkeit – er hat innere und körperliche Kraft, Stärke und Stabilität, er kann etwas aushalten und geht mit Kränkungen aktiv und offensiv um
- Tatkraft – er handelt; er nimmt sich was vor, packt es an und bringt es fertig; sein Zupacken hört bei unangenehmen Arbeiten nicht auf (z. B. bei Hausarbeit)
- Verlässlichkeit – man kann sich auf ihn verlassen, er hält Absprachen ein, er ist loyal
- Verantwortung – er fühlt sich verantwortlich und trägt Verantwortung für sich und andere, für Ziele, für Sachen
- Wirksamkeit – er erreicht und bewirkt etwas, ist (mit-)wirkend beteiligt an dem, was um ihn geschieht

»Balanciertes« Jungesein

Einen Zugang über ein eher dynamisch zu verstehendes Verständnis des Männlichen bietet das Variablenmodell eines »balancierten« Jungeseins. Es erschließt sich auf den ersten Blick nicht so einfach und entspricht damit dem Männlichen in der Moderne. Das Modell hat sich als Praxistheorie bewährt und geht von der pädagogisch bedeutsamen Frage aus: Wie können sich Jungen zum Guten verändern, wie werden dann positive Entwicklungen beschrieben? Solche realistischen Zielperspektiven stehen teils im Kontrast zu, teils relativierend oder erweiternd an der Seite von schwierigen Männlichkeitsvorstellungen, die selbstverständlich kritisiert oder gestutzt werden sollten.

Die Idee eines balancierten Jungeseins (Winter/Neubauer 2001) formuliert Zielperspektiven zu Vorstellungen, wie Männliches in der Moderne als gelingend beschrieben werden könnte. Allerdings wird mit diesem Modell kein fixes Leitbild für Jungen entworfen, im Gegenteil: Lebenslagen haben sich ausdifferenziert, generalisierte Vorstellungen von Geschlechtlichkeit sind in dieser Situation unbrauchbar. Die Auffächerung der Aspekte einer balancierten Männlichkeit führt weg von Generalisierungen und öffnet die Qualität von Bandbreiten unter Jungen.

Das Modell entstand, als im Rahmen einer Studie für die BZgA (Bundeszentrale für gesundheitliche Aufklärung) nach Paradigmen des gelingenden Männlichen gesucht wurde (Winter/Neubauer 1998). Es liefert Orientierungspunkte dafür, wie das Junge- und Mannsein in der Moderne positiv beschrieben werden kann. Im Praxistransfer stellte sich heraus, dass sich das Modell sehr gut für die konzeptionelle und praktische Reflexion der Arbeit mit Männern und Jungen eignet.

Das Modell besteht aus acht aufeinander bezogenen Aspekt-Paaren, die aus positiven Beschreibungen von Jungen und jungen Männern abgeleitet wurden:

Konzentration	←→	Integration
Aktivität	←→	Reflexion
Präsentation	←→	Selbstbezug
Lösung, Prozess	←→	Bindung, Struktur
Leistung	←→	Entspannung
Heterosozialer Bezug (zum anderen Geschlecht)	←→	Homosozialer Bezug (zum eigenen Geschlecht)
Konflikt	←→	Schutz
Stärke	←→	Begrenztheit

Die Begriffspaare sind dabei als komplementäre Antagonisten zu verstehen, als Gegenspieler, die sich brauchen und ergänzen. Als Ganzes betrachtet ergeben die Aspekte eine Matrix von Variablen. Das Modell ist damit bewusst vieldeutig, auch um nicht in Typisierungen zu verfallen. In einer empathischen Interpretation des Jungenverhaltens sind diese Aspekte bei jedem Jungen – völlig unterschiedlich verteilt – zu entdecken. In der Matrix der Variablen kann diese Vielfalt abgebildet werden. Dabei wird deutlich, dass dies alles, die Unterschiede und Varianten, dennoch oder gerade erst männlich sind: Jungen sind Jungen in dieser Vielfalt, nicht durch Reduktion! Die begrifflichen Dimensionen für das gelingende Männliche – die sogenannten »Aspekte« –

meinen Kompetenzen und männliche Potenziale. In der Entwicklung der einzelnen Aspekte, in einer Ausgewogenheit zwischen den Aspektpaaren und zwischen den Aspekten insgesamt liegt das »männliche Potenzial« für Jungen.

Für Jungen und Männer beinhaltet dieses Modell zuerst eine Erlaubnis, jeweils beide Seiten »haben« und leben zu dürfen. Auch in der pädagogischen Arbeit mit Jungen geht es darum, beide Seiten im Blick zu behalten. Die entscheidende methodische Umsetzung besteht darin, das jeweils Komplementäre zu fördern – und nicht etwa gut entwickelte Aspekte zu kappen! Wir verfolgen damit einen unterstützenden, ressourcenorientierten Ansatz, es geht nicht um Depotenzierung. In traditionellen Männlichkeits- und Weiblichkeitsbildern schließen sich die Zuschreibungen wechselseitig aus und suggerieren: Entweder ist eine Verhaltensweise weiblich oder männlich, beides zusammen geht nicht. Im Variablenmodell »gehen« dagegen beide Seiten; sie sollen je für sich entwickelt und insgesamt ausbalanciert werden.

Was steht hinter den Begriffen der Aspekte? Kurz ausformuliert sind damit folgende Themen und Kompetenzen gemeint:

- Konzentration: sich bündeln, fokussieren auf das Wesentliche, auf ein Thema, auf mich selbst; Scharfblick; Trennschärfe; Tele-Zoom
- Integration: anderes/andere einbeziehen, der weite Blick, sich mit anderen verbinden; Weitwinkel

- Aktivität: Was unternehmen, machen, tun, Initiative ergreifen, rangehen, zum Handeln kommen, tätig sein
- Reflexion: Nach-Denken, Überlegen vor/nach dem Handeln; Innehalten im Tun; Nachspüren; Er-Innern, Integration durch »inneren Rückspiegel«

- Präsentation: sich anderen zeigen, darstellen können, wer man ist – keine Fassade, sondern authentisch, echt
- Selbstbezug: sich selbst kennen, sich spüren, bei sich sein, sich auf sich beziehen können, in sich hinein horchen

- Lösung, Prozess: sich von Regeln, Kultur, Traditionen lösen, in Entwicklung sein, Altes hinter sich lassen, ausbrechen
- Bindung, Struktur: sich an Regeln halten, in Kultur, Traditionen einfinden, Absprachen und Gesetze achten, sich einfügen und einordnen können

- Leistung: leistungsfähig sein, etwas leisten können, etwas hinbekommen, etwas können und gut sein (wollen)
- Entspannung: sich entspannen können, Raum und Zeit dafür nehmen, entspannende Aktivitäten finden und machen, aktives (!) Nichtstun

- Bezug zum eigenen Geschlecht: Beziehungen und Kontakte zu Männern, Jungen, zum Sohn, zum Vater, gleichgeschlechtliche Freundschaften
- Bezug zum anderen Geschlecht: Beziehungen und Kontakte zu Frauen, Mädchen, Tochter, Partnerin, Mutter, gegengeschlechtliche Freundschaften

- Konflikt: Streiten, Kämpfen können, Differenzen und Konflikte wahrnehmen; Streit durchstehen und Differenz aushalten können
- Schutz: sich schützen, auf den eigenen Schutz achten, andere schützen können, Verantwortung für Schutz übernehmen
- Stärke: körperlich und mental stabil und kraftvoll sein, in Körper und Charakter Energie und Spannkraft haben
- Grenzen: Grenzen bei sich und anderen wahrnehmen und respektieren, das eigene Begrenzt-sein, Risiken und Lebensgrenzen kennen und akzeptieren

Bei der Entwicklung der Begriffe wurde mitbedacht, dass reduzierte Männlichkeitsbilder negative Folgen zeigen (können). Gleichzeitig ist aber in jedem Element traditioneller Männlichkeit und in vielen alltäglichen Erscheinungsformen des Jungeseins auch ein positiver Gehalt zu finden: So können z. B. das demonstrative »Gehabe« und die lautstarken Präsentationsformen von Jungen stören – sich als Person zeigen zu können, nicht unterzugehen, sondern aufzufallen sind aber Eigenschaften, die in der Moderne unverzichtbar sind.

Dieser Zugang erleichtert es wahrzunehmen und zu benennen, was bei Jungen und Jungengruppen an männlichen Aspekten bereits entwickelt ist und wo es noch Potenziale gibt. Es zu ermöglichen, dass diese etwas mehr gefüllt und gelebt werden können, ist eine Aufgabe von Bildung, auch in der Schule: Innerhalb des vorgegebenen Rahmens sind Fachkräfte verantwortlich dafür, den Jungen Entwicklungsräume zu bieten. Dem entsprechend ist dieser Arbeitsansatz eher Kompetenz stärkend (statt defizitvermindernd) angelegt.

Das Balancemodell lässt sich in der Arbeit mit Jungen zur pädagogischen Reflexion und Planung, aber auch zur Diagnose und bei der Entwicklung pädagogischer Settings einsetzen: Wie stark sind die einzelnen Aspekte ausgeprägt? Welche Aspekte können wie intensiv gelebt und gezeigt werden? Welche hält der Junge bzw. halten die Jungen für besonders wichtig, welche bringt er bzw. bringen sie besonders deutlich zum Ausdruck? Wo gibt es Entwicklungspotenziale? Gibt es Aspekte, die die Jungen abwerten? Aber auch: Welche Aspekte habe ich in meinem pädagogischen Angebot gut entwickelt, welche nicht? Was kann in unserer Schule gelebt und entfaltet werden, was nicht?

Ein Missverständnis wäre es allerdings, dass mit dem Modell schwierige Seiten oder problematisches Verhalten bei Jungen und Männern ausgeblendet oder verdeckt werden sollen. Die Perspektive verändert bzw. erweitert sich mehr in die Richtung, was sein soll und was sein wird, wenn das Problematische an Bedeutung verliert. Im Vordergrund stehen bildlich gesprochen nicht (nur) die Löcher, sondern (mehr) der Käse – und die Frage, was sich jenseits der Löcher noch alles entwickeln kann. Mit dieser Haltung werden Jungen angeregt, für sich und für ihr Handeln die Verantwortung zu übernehmen, sie erkennen ihre Potenziale, in die sie sich hineinbilden können.

5 Jungenpädagogische Übungen und Spiele

In den bisherigen Kapitelteilen wurden Themen hergeleitet, auf die es in Jungenbildung und -pädagogik ankommt, die viele Jungen erreichen oder motivieren. Auf diese Themen sind die nun vorgestellten Spiele und Übungen ausgerichtet (sie lassen sich natürlich ebenso übergreifend und zu anderen Aspekten verwenden). Es handelt sich um erprobte Spiele und Übungen aus der Arbeit mit Jungen in der Schule: mehr exemplarisch und illustrierend und nicht als komplette oder absolute Zusammenstellung verstanden. Bitte beachten Sie, dass es sich dabei um eine subjektive Auswahl handelt, die auch persönliche Vorlieben abbildet, und dass nicht alles immer und überall verwendbar ist. Es sind keine ultimativen Übungen und Spiele, die immer und überall passen, und außerdem bei Jungen unglaubliche Effekte in kürzester Zeit produzieren! Ein Kriterium für diese Auswahl der vorgestellten Methoden lag darin, dass dafür keine besonderen Vorbedingungen notwendig sind; wer eine Halle, Turnmatten, ein Freigelände oder einen Kletterpark zur Verfügung hat, kann auf unzählige Spiele, Aktionen, Übungen und Aufgaben zurückgreifen, was aufwändiger ist, aber bei Jungen oft besonders gut ankommt (vgl. dazu die Bücher von J. Riederle und N. Neuber im Literaturverzeichnis). Die hier vorgestellten Übungen können in der üblichen schulischen Lebenswelt, in normalen Klassenzimmern, Pausenhöfen oder Gruppenräumen durchgeführt werden. Wenn nichts anderes angegeben ist, können sie grundsätzlich mit allen Altersstufen angewendet werden.

Universalmethoden mit Erfolgsgarantie gibt es in der Pädagogik bekanntlich nicht. Übungen und Spiele in der Jungenbildung sollten passen und dementsprechend ausgewählt werden, etwa nach den drei Kriterien:

- Passen sie zu den Jungen, etwa bezogen auf ihr Alter, ihren Bildungsstand, ihre Interessen?
- Passen sie zu den Lehrkräften, die sie anbieten und durchführen?
- Passen sie zu den Themen, die anstehen?

Erfahrungsgemäß eignet sich die Lehrerin/der Lehrer am besten ihr/sein eigenes Repertoire von Spielen und Übungen an, die ihr /ihm liegen und die sie/er so parat hat, dass sie zum richtigen Zeitpunkt eingesetzt werden können. Es empfiehlt sich, im Kollegium gemeinsam nach geeigneten Methoden zu suchen; das bezieht sich besonders auf den fachlichen Unterricht. Zahlreiche weitere Spiele und Übungen finden sich in der einschlägigen Literatur oder auch im Internet, z. B. bei YouTube (Suche mit den Begriffen »Gruppenspiele« und »Schule«) oder unter z. B.: www.spielewiki.org, www.gruppenspiele-hits.de, www.spielefuerviele.de.

Methoden so zu beschreiben, dass sie von anderen angewandt werden können, ist nicht einfach; im Kontakt mit interessierten Teilnehmern lässt sich eine Aufgabe viel schneller erklären. Es hat sich bestens bewährt, Methoden über Erfahrung zu erwerben, auch solche, die verschriftet vorliegen: Auf jeden Fall ist es vorteilhaft, eine Methode selbst zu kennen und ausprobiert zu haben, vom Sinn überzeugt zu sein und sie zu mögen. Unter diesen Voraussetzungen fällt es leichter, sie einzusetzen und der Erfolg liegt näher: Die Begeisterung springt über, und manchmal folgen Jungen nur deshalb in eine Übung, weil die Leitung so begeistert davon ist. Das bedeutet: Führen Sie die Methoden gerne einmal mit Ihren Kolleginnen und Kollegen durch, z. B. an einem schulinternen Fortbildungstag, sofern Sie die Möglichkeit dazu haben.

Manche der Methoden leben von der Wiederholung, die Jungen verbessern sich, wenn sie Übungen immer wieder machen oder verstehen ihren Sinn erst allmählich; manchmal fragen sie auch aktiv: »Können wir mal wieder … spielen?« Andere dagegen erschöpfen sich, einmal durchführen genügt. Damit es nicht langweilig wird (»Oh nein, nicht schon wieder …«), lohnt sich die Abwechslung und manchmal auch eine Art Dokumentation (in der längeren Zusammenarbeit mit einer Gruppe führe ich eine Checkliste, in der ich die Übungen abhake, die wir schon gemacht haben).

Wann ist eine Methode jungenpädagogisch?

Es gibt keine per se jungenpädagogische Methode – eine Methode wird dies durch den Kontext, das Ziel, die Anleitung oder die Auswertung auf einem jeweils geschlechtsbezogenen Hintergrund. Alle Methoden können Bezüge auf Geschlechtliches beinhalten, entweder explizit, dann geht es offen um Geschlechterdinge und »Geschlecht steht drauf« (z. B. geschlechtergetrennte Gruppen, die Übung »Männlichkeit und Mannsein«). Oder die Methoden sind »implizit« geschlechterbezogen angelegt, hier sind mögliche Männlichkeitsthemen zunächst verdeckt, sie können aber herausgearbeitet oder -reflektiert werden.

Alle Arbeitsformen verbergen in sich einen Selbstzweck (z. B. Handeln, Aktivität mit Eigensinn), Methoden stehen »für sich«. Sie machen Spaß, bieten Abwechslung, vertreiben die Zeit, stellen Kontakte her, lassen Gruppe erfahrbar werden; sie sind deshalb nicht nur unter dem Vorzeichen der didaktischen Verwertbarkeit für Bildungs- oder Präventionszwecke zu betrachten. Sie können aber genauso intentional eingesetzt, also gezielt jungenpädagogisch verwendet werden. Die hier vorgestellten sind erprobte Spiele und Übungen aus der Praxis; dennoch können sie auch misslingen, z. B. wenn Jungen demotiviert sind, überfordert werden oder sich Themen hochspülen, die sie aus dem Rahmen fallen oder aus der Spur geraten lassen. Scheitern gehört (auch für mich) unbedingt mit zum Risiko solcher Methoden.

Anders als viele Aufgaben in der Schule sind solche sozial- oder erfahrungsorientierten Übungen eher ergebnisoffen angelegt: Es ist also nicht schon vorher klar, was dabei herauskommt und was erlebt wird; es geht nicht darum, ein vorgefertigtes Ziel zu reproduzieren oder ein »richtiges« Ergebnis vorzuweisen: Das, was passiert, ist richtig – auch wenn z. B. Jungen sich nicht an Regeln halten und das dann zum Thema wird. Diese eher offene Haltung ist auch als geschlechtsbezogene Botschaft an die Jungen gedacht, auch ihr Männlichsein kann durchaus als entwicklungsoffen und breit angelegt verstanden werden.

Freiwilligkeit

Es muss Jungen zwar nicht immer besonders angekündigt werden, aber es gilt als allgemeine Regel: Anders als beim Unterricht, bei Hausaufgaben oder Tests ist die Teilnahme an Spielen und Übungen generell freiwillig, Jungen müssen nicht mitmachen. Gründe für die Nichtteilnahme brauchen bei der Entscheidung des Jungen nicht angeführt werden. Allerdings: Wenn ein Junge sich dazu entschließt, sich an einem Spiel oder einer Übung nicht zu beteiligen, dann setzt er sich beiseite und verhält sich still, er macht also wirklich nicht mit. Insbesondere darf er sich nicht von außen einmischen, Bemerkungen oder Tipps abgeben, kritisieren usw. Er kann allenfalls als »Beobachter« integriert werden, der aber erst hinterher in der Auswertung nach seinen Wahrnehmungen gefragt wird.

Ist es immer derselbe Junge, der nicht mitmachen möchte, oder eine Clique, dann sollte das thematisiert werden, wenn es auffällt. Ebenso wird es angesprochen, wenn ein (zu) großer Teil der Gruppe sich raushalten möchte. In diesen Fällen sind die Gründe bedeutsam und geben meist wichtige Hinweise auf Veränderungsbedarf oder Beziehungsstörungen unter den Jungen oder zwischen der Lehrkraft und den Jungen.

Moduswechsel

Ein spannender, manchmal heikler Vorgang sind die Übergänge vom »normalen« Unterricht in die Praxis- oder Übungsphasen, und von dort aus wieder zurück. Ähnlich interessant können Abschlüsse von Übungen oder der Übergang zur nächsten sein. Hier hat sich die ritualisierte Form des Moduswechsels bewährt: eine klare symbolische Ansage, die in Jungengruppen einen Teil der Steuerung den Teilnehmern überlässt.

Ein »Moduswechsel« findet statt, wenn sich eine Arbeitsform ändert, wenn der nächste Schritt eingeleitet oder eine Methode abgeschlossen wird. Es gehört zur Klarheit, dass solche Übergänge verständlich markiert werden, z. B. durch ein optisches oder akustisches Signal, etwa durch einen Klangstab, eine Triangel, eine Klangschale oder durch dreimaliges Händeklatschen. Wichtig ist, dass dieses Ritual angekündigt oder kurz eingeführt oder geübt wird und stets dasselbe bleibt.

Beim Moduswechsel gibt die Lehrkraft das Zeichen und signalisiert damit: »Jetzt kommt etwas Neues«, »Jetzt geht es weiter«, »Zum Ende kommen« oder »Bitte die Arbeit oder die Übung abschließen.« Die Jungen nehmen das Signal wahr und reagieren auf die Ankündigung des Moduswechsels, indem sie den vorherigen Schritt abschließen, ruhig werden und Blickkontakt mit der Lehrkraft aufnehmen. Sie müssen nicht sofort abbrechen, sondern können noch fertig üben oder die letzten Sätze sagen, aber sie denken selbstverantwortlich ans Abschließen. Zusätzlich geben diejenigen, die fertig sind, eine Form der Antwort, die den Moduswechsel unterstreicht und signalisiert, dass sie bereit für den nächsten Schritt sind. Damit andere nicht gestört werden und damit diese Jungen ebenfalls registrieren, dass ein Wechsel angezeigt ist, geschieht dies am besten über ein Handzeichen, z. B. signalisiert ein Handheben: »Ich bin so weit, ich bin bereit für die nächste Aufforderung.« Das erhöht den Druck auf diejenigen, die diese Phase noch nicht beendet haben und beschleunigt ihr Abschließen.

Stopp, Einfrieren: »Kommando Eis«

Kleinere Jungen sind in ihrer Impulsivität oft noch nicht so stark reguliert. Gleichwohl reagieren sie auf »Befehle« oder »Kommandos«, sie kennen das oft aus dem Sporttraining. Sicher geht es nicht darum, Schule als paramilitärische Veranstaltung zu organisieren, aber eingeübtes Reagieren auf ein vereinbartes »Kommando« hilft Jungen, sich selbst zu steuern. Das »Kommando-Spiel« funktioniert wie das Tischspiel »Kommando Pimperle« (vgl. www.spielewiki.org/wiki/Kommando_Pimperle) bzw. wie »Simon says« und kann auch im Ausscheide-Modus gespielt werden. Hier geht es jedoch um etwas anderes: Alle Jungen kommen auf Befehl in Aktion bzw. stoppen und rühren sich nicht – genau darauf kommt es an. Sie lernen und übernehmen leichter, dass bei »Kommando Eis« unmittelbar ein Stopp erfolgt. Bei »Kommando Pimperle« oder auch »Kommando jump« hüpfen die Jungen chaotisch umher wie Gummibälle oder -puppen; bei «Kommando wild« dürfen sie wild umher rennen und dabei laut sein, «Kommando slow« verlangt, sich in Zeitlupe zu bewegen und auch Stimme oder Geräusche zu verlangsamen, und bei «Kommando Eis« erstarrt alles. Nach einigen Durchgängen sitzen die Kommandos – mit dem Effekt, dass das »Kommando Eis« auch später wirkt, z. B. wenn es zu laut wird oder wenn bei Anleitungen nicht mehr richtig zugehört wird, weil die Jungen gleich mit einer Übung anfangen wollen.

5.1 Kennenlernen, Anwärmen, Beziehungen, Gruppe

Ohne Anleitung bleiben viele Jungen zuerst im Kontakt nur zu solchen, die sie bereits kennen – schlecht für Neue in der Gruppe; die Beziehungsintensität stagniert oft eher auf niedrigem Niveau und reguliert sich gern über Lautstärke, Selbstbehauptung und Dominanz. Übungen, bei denen Jungen neu aufgeteilt werden, sind zwar für viele irgendwie lästig, aber man muss sie eben machen, und damit beinhalten sie die Erlaubnis, sich in Beziehungsintensitäten zu bewegen, die ohne die Anweisungen nie begangen würden. Lehrkräfte können Jungen vor allem zu Beginn von Klassen oder Gruppenphasen, aber auch im Verlauf immer wieder helfen, neue Beziehungen aufzunehmen, bestehende zu vertiefen sowie Gruppenprozesse zu klären und weiterzubringen.

Alle, die ...

Intention: zum Kennenlernen

Sozialform: Plenum

So geht's:

- Alle Jungen sitzen im Kreis. Bei jeder »Alle, die …«-Ansage antworten sie:
  - Ja = indem sie aufstehen
  - Nein = indem sie sitzen bleiben
  - Unentschieden = indem sie sich gebückt hinstellen.
  - Es gibt auch Joker, er besteht in der Erlaubnis zu Schummeln – also »falsch« aufzustehen oder sitzen zu bleiben, wenn etwas zu peinlich wäre (und nur dann).
- Also, los! Jetzt stehen alle auf, die …
  - heute gefrühstückt haben.
  - eine Brille tragen.
  - eine Jeans anhaben.
  - gerne Nudeln essen.
  - eine Spielkonsole haben (Xbox, Playstation, Wii …).
  - für die Pizza ihr Lieblingsessen ist.
  - gerne Fußball schauen.
  - online Spiele spielen.
  - Geschwister haben.
  - zurzeit gerne in die Schule gehen.
  - ein Haustier haben.
  - gerne Fernsehen schauen.
  - eine Lieblingsserie haben.
  - usw.

Variante:

- sexualpädagogische Variationen:
  - schon mal verliebt waren.
  - schon mal geküsst haben.
  - sich für Sex interessieren.
  - Sex eklig finden.
  - schon viel über Sex wissen.
  - lieber nicht so gern über Sex reden wollen.
  - schon alles über Sex wissen.
  - nie genug über Sex wissen können.

Sponti-Aktions-Fragen

Intention: zum Kennenlernen (neue Gruppe/Klasse, viele Jungen kennen sich noch nicht)
Sozialform: Partnerarbeit (wechselnde Partner im Plenum)

Vorbereitung:
- Verschiedene Fragen, die vor jedem neuen Schritt von der Lehrkraft eingeworfen werden.

So geht's:
- Alle Jungen gehen oder rennen durcheinander.
- Dann bilden sie auf ein Zeichen der Lehrkraft hin Paare, und zwar bestehend aus Jungen, die sich noch nicht so gut kennen. Die Aufgabe wird von der Lehrkraft formuliert: Die Partner sagen sich ihre Namen und prägen sie sich gut ein, z.B. durch dreimal wiederholen oder durch eine Assoziation, die sie dazu finden.
- Danach wird wieder weitergerannt oder gegangen. Nach einer Weile wird ein neues Gegenüber gesucht, dann folgt die Aufgabe: Die Jungen haken sich beim neuen Partner mit den Ellenbogen unter und beantworten sich gegenseitig eine Frage, die von der Lehrkraft eingeworfen wird, z.B.: Wenn du morgen Geburtstag hättest, was würdest du dir wünschen? (Die Aufgabe der Lehrkraft ist es hier, sich vorab eine interessante, situations- oder altersgemäße Frage zu überlegen.)
- Dann gehen/rennen alle Jungen wieder weiter und suchen sich ein neues Gegenüber. Die Paare gehen so in die Hocke, dass sich nur ihre Knie berühren, und beantworten dabei eine letzte Frage in Bezug auf die Zusammenarbeit, also z.B.: Welche Wünsche oder Erwartungen hast du an die neue Klasse?
- Dann darf jedes Paar nach vorne gehen, um die ausgetauschten Wünsche und Erwartungen auf ein Plakat (oder mehrere) zu schreiben (damit kann die Lehrkraft dann gleich weiterarbeiten).
- Zuvor überlegen sich aber alle, wer ihr erster Partner war und schauen, wo dieser gerade steht. Die Lehrkraft schlägt vor, wer beginnt, dann stellen sich die Partner der Reihe nach mit dem Namen vor: »Dahinten, der mit dem roten Pulli, das ist Marvin«, »Hier gleich vor mir, das ist Onur« usw.

Ordnung schaffen

Intention: zum Kennenlernen, zum Aktivwerden
Sozialform: Plenum

Vorbereitung:
- für Spiel 4: Bereiten Sie ggf. Plakate mit vier verschiedenen Kriterien eines Themas vor.

So geht's:

- Innerhalb dieser Kennenlernspiele werden Aufträge erteilt, bei denen sich die Jungen sortieren oder positionieren müssen. Sie können nacheinander alle Spiele durchführen oder sich nur für eins oder eine Auswahl entscheiden:
  - Spiel 1: Stellen wir uns vor, der ganze Boden ist eine riesige Landkarte, in der Mitte ist der Ort der Schule; dann werden die Himmelsrichtungen gezeigt und was jeweils dahinter kommt (z. B. im Süden zuerst Günzburg, München, die Alpen, Italien, Afrika). Dann stellen sich alle Jungen an ihren Geburtsort auf der Landkarte, sie können sich dabei gegenseitig informieren und korrigieren. Sie stellen sich mit ihrem Namen und dem Ort vor, wo sie geboren sind und sagen eine kurze Information zu dem Ort, die ihnen wichtig ist (z. B.: »Ich bin Mirko, ich bin im Südosten von hier geboren, in Ulm, und in Ulm gefiel mir vor allem die Donau«).
  - Spiel 2: Ohne Worte und ohne Zeichen (!) (also ohne Schummeln), nur nach der eigenen Einschätzung werden auf Ansage Reihen gebildet: z. B. nach Körpergröße, Schuhgröße; Zahl der Handys, die ich bereits besessen habe, Hausnummer in der Postanschrift …
  - Spiel 3: Meinungs-Kontinuum (auch gut als Auswertungsmethode geeignet): Zwei gegensätzliche Meinungen werden im Raum an zwei Seiten gegenüber verortet (es können Themen gewählt werden, die in der Luft liegen oder solche, die spannende Diskussionen befeuern), z. B.: Hier ist die Meinung, dass das Geschlecht voll angeboren ist, die Gene und der Körper machen Geschlecht und sonst gar nichts; und dort, dass das Geschlecht gelernt und erworben wird, dass die Erziehung und die Gesellschaft Geschlecht macht und der Körper dabei keinerlei Einfluss hat. Dann sollen sich die Jungen individuell, d. h. je nach ihrer persönlichen Meinung, auf einer (gedachten) Linie zwischen den beiden Polen bzw. auf den Polen selbst platzieren. Danach wird kurz ausgewertet: Was fällt auf? Statements können abgegeben werden: Warum stehe ich da, wie komme ich zu meiner Haltung? Andere Themen können z. B. sein: der Beruf eines Mannes muss die Vereinbarkeit mit dem Vatersein ermöglichen; nach Geschlechtern getrennter Unterricht – absolut wichtig oder völliger Unsinn; gute Noten sind eine Folge von Begabung oder Anstrengung.
  - Spiel 4: In die vier Ecken des Klassenraums werden Plakate mit unterschiedlichen Kriterien aus einem Thema gewählt, z. B. Musikstile – Rock, HipHop, Pop, Klassik; Automarken – Audi, BMW, VW, Porsche; Serien; Comics; Freizeitbeschäftigungen usw. In den Ecken hängen dann jeweils vier unterschiedliche Musikstile, Serien etc. Die Jungen stellen sich nun in die Ecke, zu deren Themenkriterium sie sich genau oder am ehesten zuordnen würden. Dann wird erstmal wahrgenommen: Wer steht wo? Gibt es Unterschiede in der Gruppe? Wichtig ist: Es wird keine Bewertung vorgenommen, sondern klar kommuniziert: Wir dürfen uns unterscheiden! Dann erfolgt ein kurzer Austausch in der Gruppe über das Thema und seine einzelnen Kriterien. Beim nächsten Thema folgt der gleiche Ablauf. Als Bonus können Sie mit den Jungen besprechen: Welche Themen mit Kriterien wä-

ren noch interessant, was würdet ihr vorschlagen? Am Schluss erfolgt eine kurze gemeinsame Auswertung: Wie war das für euch? Was habt ihr erlebt? War etwas gut (z. B. alle stehen in einer Ecke)? Oder schwierig (z. B. alleine in einer Ecke zu stehen)?

Bild-Assoziation

Intention: zum Kennenlernen, Assoziationen entwickeln
Sozialform: Einzelarbeit, Plenum

Vorbereitung:

- Sammeln Sie vorab viele Bilder, z. B. aus Kalendern, Zeitschriften/Magazinen, Postkarten etc. und legen Sie auf dem Boden aus.
- Überlegen Sie sich eine Fragestellung, nach der die Jungen die Bilder auswählen sollen, z. B. Qualitäten, die für meine berufliche Zukunft wichtig sind; eine Eigenschaft, die du noch entwickeln möchtest; eine Kraft, die ich in der Partnerschaft brauchen könnte; eine Stärke von mir, die ich hier in der Klasse einbringen kann.

So geht's:

- Jeder Junge sucht sich aus einer möglichst großen Menge von Bildern assoziativ ein Bild nach einer von der Lehrkraft vorgegebenen Frage oder einem vorgegebenen Thema aus, z. B. zur Fragestellung nach eigenen Lern- und Entwicklungswünschen: Nun sollen die Jungen sich erst alle Bilder betrachten und dann auswählen, dabei nicht so viel denken – auch nicht, was die anderen dazu sagen werden –, sondern sich dabei mehr von dem Bild anziehen lassen.
- Nachdem alle gewählt haben stellen sich die Jungen mit ihrem jeweils ausgewählten Bild der Klasse vor (geht auch im Paar- oder Kleingruppengespräch) und erläutern: Was steckt für mich zu der Fragestellung oder zum Thema in dem Bild?

Partnerinterview

Intention: zum Kennenlernen
Sozialform: Partnerarbeit, Kleingruppe

Vorbereitung:

- Erstellen Sie einen Fragebogen, den Sie jedem Jungen als Interviewleitfaden an die Hand geben können. Folgende Fragen eignen sich erfahrungsgemäß gut für diese Interviewübung:
  - Was isst du am liebsten?
  - Was machst du in deiner Freizeit am allerliebsten?

- Hast du ein Hobby? Wenn ja, welches?
- Gibt es etwas, was du echt gut kannst?
- Worauf bist du stolz?
- Gibt es etwas, wovor du Angst hast?
- Wenn Du zum Geburtstag jemand Prominentes einladen könntest, wer wäre das?
- Was mich sonst an dir interessiert, ist: …
- Was dich noch fragen wollte: …

So geht's:
- Jeweils zwei sich noch unbekannte Jungen finden sich zu Paaren zusammen.
- Jeder Junge erhält von Ihnen eine Kopie des Fragebogens, die Jungen beantworten sich nun gegenseitig die Fragen.
- Nach dem Interview wird der Partner in der Runde jeweils vorgestellt: »Das ist der Josef, sein Lieblingsgericht ist …«. Bei größeren Gruppen wird das allerdings schnell langweilig; deshalb hilft es den Jungen, wenn sie Ihnen vorgeben, dass sie neben dem Namen nur eine Sache hervorheben sollen, die sie an ihrem Partner überrascht hat, was sie nicht gedacht hätten und/oder etwas, was sie für alle besonders wichtig finden.

Variante:
- Eine anspruchsvolle Form der Präsentation (eher für erfahrene Jungen, die gut in Kontakt sind): Der Partner wird von seinem Interviewer in der Ich-Form vorgestellt, er wird dabei also selbst zu seinem Partner und spricht über sich, als ob er der andere wäre: »Also, ich bin Josef, mein Lieblingsgericht ist …«

Fakten-Geschichten

Intention: zum Kennenlernen
Sozialform: Plenum, Kleingruppe

So geht's:
- Alle Jungen stehen im Kreis (bei großen Klassen besser kleinere Teilgruppen aus vier bis fünf Schülern bilden, sonst dauert es zu lange).
- Nun erzählt jeder Schüler den anderen in seiner Gruppe eine (erfundene, gerne lustige) kurze (maximal fünf bis sieben Sätze) Geschichte, in der aber drei wichtige Dinge über ihn selbst vorkommen, z.B. 1. Information: kleine Schwester (Schüler hat eine kleine Schwester), 2. Information: Mountainbike (er besitzt ein Mountainbike), 3. Information: Snowboardfahren (das ist sein Lieblingshobby).

  Beispiel:
  »Heute Morgen bin ich aufgewacht, weil meine kleine Schwester (= Information 1) so laut rumgebrüllt hat. Dann habe ich aus dem Fenster geschaut und mein Moun-

tainbike im Fahrradständer gesehen (= Information 2), aber irgendjemand hatte es in der Nacht rot angemalt und außerdem am Fahrradständer festgeschweißt. Mist, ich musste los und wir haben keine Eisensäge zuhause. Dann bin ich eben mit dem Bus zur Schule gefahren. Ich fand sogar einen Sitz und schaute nach draußen, wie im Traum sah ich plötzlich Schnee, tolles Wetter und Berge vor mir und dachte ganz wehmütig, wie schön es doch wäre, jetzt meiner Lieblingsbeschäftigung, dem Snowboardfahren (= Information 3) nachzugehen.«

- Nachdem alle ihre Geschichte erzählt haben, wird in derselben Reihenfolge aufgelöst, welches die drei wichtigen Dinge waren

Aufmerksamkeits-Barometer

Intention: Gruppenstruktur reflektieren, Beziehungen und Beziehungsprobleme in der Klasse klären
Sozialform: Plenum

Hinweis: Das Aufmerksamkeits-Barometer ist eine Übung im fortgeschrittenen Zustand der Klasse oder der Jungengruppe, auch wenn es Stress gab oder wenn die Klasse bei Lehrkräften verschrien ist, hat sie sich bewährt. Das ist eine Übung mit Gruppendynamik-Potenzial, die Zeit braucht, es ist kein einfaches Spiel für zwischendurch!

Vorbereitung:
- Als Material werden Moderationskarten und dicke Stifte (Marker) benötigt; auf die Moderationskarten.
- Die Übung findet im großen Stuhlkreis (oder gleich in der Aula) statt, erforderlich ist genügend Platz auf dem Boden, um alle Karten auszulegen und zu verschieben.

So geht's:
- Alle Jungen schreiben ihren Namen auf eine Moderationskarte.
- Nun werden sie aufgefordert, mit den Namen ein »Aufmerksamkeits-Barometer« zu legen, dabei bedeutet oben viel Aufmerksamkeit und unten wenig Aufmerksamkeit:
  - Die Jungen, die von Lehrerinnen und Lehrern am allermeisten Aufmerksamkeit bekommen – egal wie, ob im Guten oder kritisch, es geht nur um die Aufmerksamkeit –, die sie am meisten im Blick haben, die immer wieder angesprochen werden usw.: Diese Namenskarten werden ganz oben hingelegt.
  - Und umgekehrt, die Jungen, die nur wenig im Blick sind, werden nach unten geschoben.
  - Auch das Mittelfeld wird einigermaßen sortiert (es kommt nicht auf Perfektion oder die reine Wahrheit an). Die Jungen sollen ehrlich sein, sich möglichst einigen und sagen, wie sie die Situation wahrnehmen; man darf andere Kärtchen nach

unten oder oben schieben, aber auch wieder korrigieren. Es sollten möglichst keine Karten parallel gelegt werden (das bedeutet, alle bekommen gleich viel Aufmerksamkeit), aber kleine Grüppchen können schon gebildet werden.
- Danach erfolgt eine Auswertung der Positionen:
  - Was fällt auf?
  - Was für eine Art der Aufmerksamkeit bekommen die, die viel davon erhalten?
  - Welche Jungen bekommen wenig? Warum ist das so?
  - Schauen wir uns das Mittelfeld an, wie sind die Unterschiede dort?
  - Jetzt schauen wir mithilfe des Barometers darauf, wie es in der Klasse mit der Anerkennung der Jungen aussieht: Wie sieht es damit aus in Bezug auf diejenigen, die ganz oben stehen, und denjenigen, die ganz unten stehen?
  - Was bedeutet das für uns als Klasse bzw. Jungengruppe?
  - Gibt es etwas, was wir den Lehrkräften mitteilen wollen?
  - Und wollen wir als Gruppe etwas verändern?

5.2 Handeln, Bewegung, Körperkontakt

Viele Jungen schätzen es, wenn Lernen nicht nur stillsitzen heißt, sondern Bewegung und Handeln möglich werden. Das kann themenbezogen methodisch in den Unterricht integriert werden (für Mathematik und die Grundschule z. B.: Kramer 2011); oder sie werden als übergeordnete Arbeitsform verwendet, z. B. müssen sich die Jungen vorne bei der Lehrkraft eine »Aufgabenkarte« mit einem Teilschritt abholen, diese bearbeiten, dann zurückbringen und die nächste Karte abholen. Zusätzlich können als Auflockerung, zur Abwechslung, als Belohnung nach einem Lernschritt (»Das haben wir jetzt gut gemacht, da haben wir uns was verdient«) oder einfach als Bewegungsimpuls gezielt Übungen und Spiele eingesetzt werden.

Dreimal umrunden

Intention: sich bewegen, Kontakt aufnehmen, assertive Aggression, Spaß haben
Sozialform: Plenum

So geht's:
- Alle Teilnehmer stehen im Kreis (die Lehrkraft darf gern mitspielen).
- Die Aufgabe ist einfach: Jeder sucht sich eine Person aus dem Kreis aus, ohne dass diese davon weiß.
- Auf das Los-Zeichen versuchen alle, ihre ausgewählte Person dreimal zu »umrunden«, also sich einfach um sie herum zu bewegen.
- Wem das gelungen ist, der stellt sich wieder zurück auf den eigenen Platz im Kreis.

Dickköpfe-Spiel

Intention: sich bewegen, in Körperkontakt gehen
Sozialform: Plenum, Dreier-Kleingruppen

So geht's:

- Sturköpfige Menschen sind ja wie Roboter oft ziemlich einfach unterwegs. Bei dieser Dreier-Übung erhält der Maschinist (Teilnehmer 1) den Auftrag, die beiden Dickköpfe bzw. Roboter (Teilnehmer 2 und 3) abzuschalten. Das geht aber nur, wenn sich diese direkt gegenüber stehen.
- Die Ausgangssituation ist genau gegensätzlich: Teilnehmer 2 und 3 stehen beide Rücken an Rücken, auf ein Zeichen gehen sie geradeaus los, während sie sich bewegen, machen sie Maschinengeräusche (z. B. »buff, buff, buff …«). Stoßen sie an ein Hindernis oder die Wand, bleiben sie stehen und sagen: »Huuub, Huuub, Huuub.«
- Der Maschinist kann Richtungswechsel vornehmen: Indem er seinen Mitspielern leicht auf die Schulter tippt, dann bewegen sich die Dickköpfe in eine neue Richtung.
- Erst wenn die Dickköpfe genau aufeinander zugehen und stehen bleiben, endet die Aufgabe und es wird gewechselt.

Rücken an Rücken

Intention: sich bewegen, in Körperkontakt gehen
Sozialform: Partnerarbeit, Vierer-/Achter-Kleingruppen, Plenum

So geht's:

- Zwei Jungen setzen sich Rücken an Rücken auf den Boden (erleichternd können sie die Arme rückseitig verhaken).
- Durch gegenseitiges Abstützen stehen sie nun gemeinsam auf.
- Funktioniert es nur zu zweit? Dann geht es an die Erweiterung der Aufgabe: zu viert, dann zu acht, schließlich die ganze Gruppe.

Mini-Gymnastik

Intention: sich bewegen, den Körper wahrnehmen
Sozialform: Einzelarbeit, Plenum

So geht's:

- In unserer statischen Sitzarbeitsgesellschaft bewegen sich fast alle Menschen zu wenig. Die Mini-Gymnastik wirkt dem entgegen, sie kann als kleine Lockerungs-Element gut in jeden Unterrichtsalltag eingebaut werden. Wenn möglich, sollten die Übungen bei geöffneten Fenstern ausgeführt werden und dabei immer weitergeatmet, den »Atem fließen lassen«, werden. Die Lehrkraft macht natürlich mit! Beispiele:

- Rhythmisch klatschen: Mit geschlossenen Füßen aufrecht auf dem Stuhl sitzen, dann den Oberkörper nach vorne beugen und unter den Oberschenkeln hinter den Waden in die Hände klatschen, sich aufrichten und über dem Kopf in die Hände klatschen; im gemeinsamen Rhythmus, erst langsam, dann schneller.
- Jogging auf dem Platz: Stuhl etwas nach hinten schieben, vor dem Tisch stehen, dann auf der Stelle laufen, Tempo erst langsam wählen, dann steigern, Endspurt, Zieleinlauf und langsam auslaufen, dann wieder hinsetzen.
- Auto anschieben: Mit beiden Händen die Stuhllehne festhalten und auf der Stelle laufen.
- Hinterm Stuhl hüpfen: Mit beiden Händen, Körper leicht nach vorne geneigt, an der Stuhllehne festhalten und mit geschlossenen Beinen hin und herspringen.
- Liegeradfahren: Auf dem Stuhl sitzen, Po an den vorderen Rand der Sitzfläche schieben, sich leicht an die Lehne stützen, mit den Händen an der Sitzfläche festhalten, Beine in die Luft, dann losradeln, schneller, langsamer, rückwärts.
- Ein Brett strecken: Auf dem Stuhl sitzen, Po an den vorderen Rand der Sitzfläche schieben, sich mit dem Rücken an die Oberkante der Lehne stützen, die Hände weit nach oben, die Füße weit nach unten strecken und mit dem ganzen Körper eine gerade Linie bilden, »wie ein Brett«.
- Regenschutztasche: Die Schultasche seitlich festhalten und mit gestreckten Armen hoch über den Kopf halten, dann wie ein Gewichtheber näher zum Kopf und wieder in die Höhe halten, sanft auf den Boden absetzen.
- Gesichtsgymnastik: Gähnen (Mund weit aufreißen, dabei Recken und Strecken), den Kiefer auf alle Seiten bewegen, Kaubewegungen extrem ausführen (zähes uraltes Brot kauen), die Zähne fletschen wie ein Raubtier, dabei »Grrr« machen; den Mund weit aufsperren, die Zunge zeigen, dazu »Aaah« sagen.

Was machst du da?

Intention: sich bewegen, in Aktion kommen, kreativ sein
Sozialform: Einzel-/Partnerarbeit, Plenum

So geht's:

- Die Teilnehmer werden in zwei gleichgroße Gruppen eingeteilt. Alle verteilen sich im Raum.
- In der ersten Gruppe überlegt sich jeder Teilnehmer eine Tätigkeit, die er pantomimisch darstellt, z. B. Geige spielen.
- Aus der zweiten Gruppe geht nun jeder Junge auf einzelne Darsteller aus der ersten Gruppe zu und fragt: »Was machst du da?«

- Der Darsteller antwortet mit einer anderen Tätigkeit (z. B. der, der das Geigenspielen darstellt, sagt nun: »Rasen mähen«).
- Nun stellt der Teilnehmer, der gefragt hat, diese benannte Tätigkeit dar (Rasen mähen), während der andere Spieler weiter geht und den nächsten fragt usw.

Mir geht's gut!

Intention: sich bewegen, den Körper wahrnehmen, entspannen
Sozialform: Einzelarbeit, Plenum

So geht's:

- Alle Jungen stehen aufrecht, die Beine sind geschlossen.
- Die Lehrkraft benennt die Übungsschritte, alle machen gleich mit: Fest stehen, die Fußsohlen auf den Boden drücken, dann nacheinander die Knöchel, die Waden und die Oberschenkel aneinander pressen, danach den Bauch fest anspannen, die Arme hochnehmen, vor dem Gesicht abknicken, die Fäuste ballen und anspannen, die Schultern hochnehmen und anspannen, das Gesicht zusammenkneifen. Zum Schluss alles nochmal »nachspannen«: alle Muskeln in den Beinen, den Po, den Bauch, die Arme, Schultern, das Gesicht – und dann in dieser total verspannten Haltung herausquetschen: »Mir geht's gut!«
- Mit Aussprechen dieses Satzes in die Entspannung gehen, d. h. alle Muskeln lösen und lockern und dabei Stöhnen (»Aaaah«) und Atmen.

Zwanzig Zwerge

Intention: sich bewegen, Gruppengefühl stärken, Spaß haben
Sozialform: Einzelarbeit/Kleingruppen, Plenum

Hinweis:

- Demo-Videos zu dieser Übung finden sich auf YouTube, z B.: https://www.youtube.com/watch?v=kveDHPsmQdo oder mit der Suche nach »20 Zwerge«.

So geht's:

- Alle stehen im Kreis und sprechen gemeinsam im Takt die Satzteile: »Zwanzig Zwerge – machen einen Handstand – zehn im Wandschrank – zehn am Sandstrand.« Dabei wird auf den gemeinsamen Rhythmus und auf synchrones, stakkatoartiges Sprechen geachtet.
- Dann folgt das Ganze mit dazugehörigen Körperbewegungen:
  »Zwanzig Zwerge«: zweimal zehn Finger zeigen; danach Hände als Hut formen
  »Machen einen Handstand«: den Oberkörper nach unten zum Boden beugen (und

wenn Platz ist, einen Purzelbaum schlagen)
»Zehn im Wandschrank«: einmal zehn Finger zeigen, dann pantomimisch mit den Händen einen Kasten andeuten
»Zehn am Sandstrand«: einmal zehn Finger zeigen, dann mit beiden Händen eine Wellenbewegung machen
- Nachdem der Text und die dazugehörigen Handbewegungen gelernt und geübt sind, wird der Text hintereinander immer wieder gesprochen und alle Bewegungen dazu ausgeführt, sodass es auch möglich ist, allmählich das Tempo zu erhöhen.

Varianten:
- Gruppe in vier Untergruppen aufteilen und versetzt als Kanon durchführen.
- Noch mehr Bewegung entsteht, wenn die Teilnehmer nicht nur stehen, sondern hintereinander im Kreis herum gehen.

5.3 Beziehungen, Partnerschafts- und Teambildung

Interaktionsaufgaben oder -übungen verlangen, dass die gesamte Gruppe eine erlebnisorientierte Aufgabe unter Mithilfe jedes Jungen löst, z. B. der »Hochspannungsdraht« oder »Knoten in der Leitung«. Der Vorgang, wie Jungen solche Aufgaben angehen und bewältigen, kann unterschiedliche Themen an die Oberfläche spülen, die die Jungen beschäftigen: z. B. Körperlichkeit (kräftig, dick, schmächtig …), um Hilfe bitten, sich gegenseitig unterstützen, sich mit guten Ideen einbringen und durchsetzen, beschämt und ausgelacht werden, mit Lösungsvorschlägen ankommen oder nicht, gut zusammenarbeiten, Angst haben vor der Aufgabe und vor der Gruppe usw. Jungen nehmen dabei oft die Möglichkeit wahr, ein vorhandenes Thema mit aktuellem Hintergrund aufzugreifen (»Es war wie immer: Ich mache einen guten Vorschlag, aber ihr wollt es unbedingt anders machen«). Die Chance für die Jungen liegt dabei vor allem darin, mithilfe der Anleiter die Themen angehen zu können, die einzelne Jungen oder die ganze Gruppe überfordern würde.

Das Tun selbst fördert im Nebeneffekt die Beziehungen unter den Teilnehmern. Beziehungsstiftend und -fördernd ist jedoch vor allem der Austausch und das Aufarbeiten des Erlebten. Bei manchen der Übungen und Spiele können Störungen und Konflikte auftreten, die Anlass für Klärung und Reflexion bieten. Auch nach den Spielen und Übungen empfiehlt sich eine gemeinsame Reflexion, bei Partnerübungen zuerst zu zweit, dann in Kleingruppen oder mit allen: Was habe ich erlebt? Wie habe ich Dich erlebt?

Knoten in der Leitung

Intention: Kooperation, Koordination und gemeinsames Problemlösen
Sozialform: Plenum

Material: ein langes Seil (Länge nach Anzahl der Teilnehmer) mit einem einfachen Knoten etwa in der Mitte des Seils

So geht's:
- Das Ziel des Spiels ist es, dass der Knoten im Seil mithilfe aller Teilnehmer gelöst wird.
- Alle positionieren sich stehend auf einer Seite am Seil und halten es jeweils mit einer Hand fest; sie sollten nicht zu eng stehen, d.h. etwa einen Meter Abstand zwischen sich haben.
- Die Hand ist am Seil fixiert; sie darf nicht mehr bewegt werden, bis die Aufgabe gelöst wurde. (Erleichterung, falls es so nicht klappt: Die Hand darf nicht gelöst, aber am Seil verschoben werden.)
- Als Abschluss empfiehlt sich ein gemeinsames Auswertungsgespräch, z.B. mit den Fragen: Wie haben wir die Aufgabe gelöst? Wessen Vorschläge wurden gehört, welche wurden überhört? Wer hat die entscheidende Idee eingebracht?

Variante:
- Es wird dieselbe Position eingenommen (alle halten das Seil in einer Hand fest), es befindet sich aber noch kein Knoten im Seil. Die Aufgabe lautet, in das Seil einen Knoten hinein zu knoten (verschärft: an eine vorgegebene Position), ebenfalls ohne die Hände lösen.

Hier bin ich

Intention: Integration, Zusammenhalt, Gemeinschaftsgefühl stärken, entspannen
Sozialform: Plenum

So geht's:
- Alle Jungen stehen in einem weiten Kreis.
- Auf ein Signal gehen sie mit prägnanten Schritten auf die Kreismitte zu und rufen dabei mit jedem Schritt wechselnd und gemeinsam rhythmisch die Sätze: »Hier bin ich« – »Da bin ich« – »Hier bin ich« …
- In der Mitte werfen dann alle gemeinsam die Hände nach oben und rufen laut: »Yeeah«, »Öööööh«, »Huuu« o. Ä.

Hochspannungsdraht

Intention: Kooperation, Integration, Zusammengehörigkeit, Problemlösen im Team
Sozialform: Plenum

Material:
- langes Seil
- zwei Bäume, zwischen die die Schnur/das Seil gespannt werden kann

So geht's:
- Übungsziel: Ein knapp über Schritthöhe der Jungen, z.B. zwischen zwei Bäume, gespanntes Seil, der »Hochspannungsdraht«, muss von allen Jungen der Gruppe überquert werden. Er darf dabei nicht berührt werden! Sofern das geschieht, muss die gesamte Gruppe wieder von vorne anfangen und dabei neue Strategien versuchen.
- Das Seil sollte so gespannt sein, dass kein Junge selbst darüber steigen oder springen könnte. Die Gruppe soll experimentieren, wie sie alle Gruppenmitglieder über das Seil schaffen kann; die Lehkraft unterbricht nur, wenn die Gruppe nicht von allein auf gegenseitige Hilfestellungen kommt (z.B. Vorschlag »Räuberleiter«).
- Die Aufgabe kann auch abgebrochen und zu einem späteren Zeitpunkt erneut probiert werden. Wichtig ist, auf die Sicherheit für die Jungen zu achten: Niemand darf beispielsweise über das Seil geworfen werden, auch sollte die Aufgabe nicht unter Zeitdruck bewältigt werden. Es ist sinnvoll, einen Jungen als Sicherheits-Chef oder TÜV-Ingenieur zu bestimmen, auch die Lehrkraft bleibt dabei, um bei Sicherheitsbedenken unterbrechen zu können.
- Die Aufgabe kann nur gelöst werden, wenn sich die Jungen gegenseitig unterstützen. Die Übung klappt zumeist nicht auf Anhieb. Die Jungen müssen sich in der Regel wichtige Erkenntnisse erst erarbeiten: nicht alle Jungen haben die gleichen körperlichen Voraussetzungen; wenn es einzelne Jungen über den Zaun schaffen, ist das zwar ein Teilerfolg, aber die Gruppenaufgabe ist noch nicht gelöst; Lösungsvorschläge kommen nur dann zum Zuge, wenn sich alle gegenseitig zuhören und aussprechen lassen; unterschiedliche Körperlichkeiten beinhalten unterschiedliche Vorteile.

Bestimmer sein

Intention: Spaß haben, vertrauen, kreativ sein, für Macht und Ohnmacht sensibilisieren
Sozialform: Paare im Plenum

Material:
- Stoppuhr

So geht's:

- Zwei Teilnehmer gehen zusammen und vereinbaren, wer beginnt. Es gibt einen »Bestimmer« und einen »Folgenden«, letzterer wird alles ausführen, was der Bestimmer ihm aufträgt; er hat allerdings ein Verweigerungsrecht, wenn er etwas absolut nicht machen will oder kann.
- Vor Start benennt die Lehrkraft noch Regeln für das Spiel, die die Teilnehmer einzuhalten haben: bei den Aufträgen keine Schmerzen zufügen, es geht nicht darum, seinen Partner »fertig zu machen«, nichts Beschämendes, nichts Sexualisiertes vorschlagen und keine Gewalt anwenden.
- Zwei Minuten (oder, wenn das Vertrauen gering ist, nur eine Minute; maximal drei Minuten – die Lehrkraft stoppt die Zeit) lang darf nun der Bestimmer sagen, was der Folgende tun soll, z.B.: »Dreh dich im Kreis, tanz auf einem Bein. Jetzt sag mir genau, warum ich so toll bin. Ja, bitte nochmal, rufe es so laut, dass es die anderen hören. Danke, jetzt sing bitte ein Lied. Sehr gut, mach noch zehn Liegestütze, dann noch fünf Kniebeugen. Ah, ich bin so verspannt, massiere mir die Schultern …« Nach der vereinbarten Zeit wird unterbrochen und kurz innegehalten: Jeder Junge soll für sich kurz nachspüren, was er erlebt und wie es sich angefühlt hat. Dann wird gewechselt und exakt die gleiche Zeit lang darf nun der neue Bestimmer angeben, was der Folgende machen soll. Dann wird wieder unterbrochen, jeder für sich spürt kurz nach.
- Danach geht es in die Reflexion, zuerst zu zweit in den Übungspaaren, z.B.: Wie war das? Dir hat jemand permanent Aufgaben gestellt: Hast du diese mit Freude oder eher mit Widerwillen ausgeführt? Zum Abschluss folgt die Auswertung mit allen, z.B.: Was macht bei dieser Übung Spaß? Gab es eine Aufgabe die jemand gar nicht ausgeführt hat? Wie ist das mit der versteckten Macht, hat jemand diese ausgenutzt? Wenn es passt, die Jungen rede- und reflexionsfreudig sind, kann anschließend auch übertragen auf den Alltag reflektiert werden: Wie ist es bei Euch im wirklichen Leben – wer bestimmt über Euch? Was bestimmt ihr selbst? Über wen könnt ihr bestimmen? Wünscht ihr euch manchmal so einen Bestimmer, der euch immer genau sagt, was ihr tun sollt?

Ötzi-Scan

Intention: Körperspannung, Konzentration und Kooperation
Sozialform: Plenum

Material:

- zwei Hula-Hoop-Reifen oder Bänder als Markierung
- zwei Stühle

So geht's:

- Die Lehrkraft erzählt den Jungen vorab die Geschichte: »Die Gruppe ist ein Forscherteam, das den gefrorenen Ötzi untersuchen darf und ihn dazu durch ein Röntgengerät oder einen Computertomografen schiebt. Der Ötzi ist natürlich sehr wertvoll, äußerste Vorsicht ist geboten, das Risiko besteht darin, dass er in Stücke bricht, wenn er runterfällt, er ist ja tiefgefroren.«

- Ein Junge übernimmt die Rolle des Ötzi, indem er sich ganz steif macht und diese Körperspannung hält; dazu kann er auf dem Kopf und den Beinen zwischen zwei Stühle gelegt werden. Zwei Jungen stellen das Gerät dar und halten die Reifen senkrecht mit etwas Abstand. Nun hebt die Gruppe den Ötzi hoch und führt ihn durch die Reifen (oder eine vergleichbare Öffnung, die durch Bänder markiert wird); je größer die Distanz, desto schwieriger die Aufgabe. Wie sie das bewältigt, sollte die Gruppe vorher planen und besprechen; dabei sollte sie auf die Sicherheit des Ötzi achten!
- Im Anschluss erfolgt eine gemeinsame Auswertung, bezogen auf die Dimensionen Kooperation und Konzentration: Waren alle Jungen beteiligt? Wie haben wir gemeinsam die Aufgabe gelöst? Haben wir gut zusammengearbeitet?

Der schwere Meterstab

Intention: Konzentration, Kooperation, Impulskontrolle, Frustrationstoleranz
Sozialform: mehrere Vierer- oder Sechser-Kleingruppen

Material:
- ein Meterstab/Zollstock (2 m)
- eine Uhr

Hinweis: Dies ist eine schwierige Übung, die Frustrationstoleranz, Körpergefühl und Eingehen auf andere verlangt; erleichternd kann es sein, eine Paar-Übungsphase vorauszuschicken.

So geht's:
- Die Aufgabe lautet, gemeinsam einen ausgeklappten Meterstab, der nur auf den Zeigefingern der Teilnehmer liegt, auf den Boden abzulegen (die Finger liegen am Schluss auf dem Boden, der Meterstab darauf), ohne den Kontakt zwischen Finger und Meterstab zu verlieren.
- Jeweils vier oder sechs Jungen stehen sich in zwei Reihen gegenüber, ihre Hände jeweils abwechselnd nebeneinander (Prinzip Reißverschluss). Sie strecken ihre Zeigefinger aus, pro Person zwei, Fingerfläche nach oben. Auf die Zeigefingerreihe wird ein ausgeklappter Meterstab gelegt. Jeder Zeigefinger hat Kontakt zum Meterstab, das bleibt so während der ganzen Übung! Der Stab liegt von alleine auf dem Finger. Sobald der Kontakt bei einem Gruppenmitglied zwischen einem Zeigefinger und dem Meterstab abreißt, beginnt die ganze Gruppe von vorn!

- Sieger ist die Gruppe, die es in der kürzesten Zeit schafft, die Finger mit dem Meterstab auf den Boden zu bringen. Evtl. wird dafür eine Zeitbegrenzung vorgegeben (z. B. maximal fünf oder zehn Minuten).
- Unterstützung kann die Lehrkraft durch Schiedsrichter bekommen, z. B. Teilnehmer einer wartenden Gruppe: Ihre Aufgabe ist zu beobachten und zu kontrollieren, dass kein Zeigefinger den Kontakt zum Meterstab verliert und dass kein Junge schummelt (mit dem Daumen festhalten o. Ä.). Sonst beginnt die Gruppe von vorn.

Führen und Folgen

Intention: Kontakt aufnehmen, vertrauen, Körpersignale geben und interpretieren
Sozialform: Partnerarbeit, Plenum

So geht's:
- Die Jungen finden sich in Paaren zusammen.
- Auf der ersten Ebene sprechen die beiden Teilnehmer ab, wer führt und wer folgt. Sie berühren sich nur am Zeigefinger der rechten Hand. Der Junge, der folgt, lässt sich vom anderen führen, er kann dabei die Augen schließen. Dann wechselt die Führung. Nach dieser Phase werten die Partner die Aktivität kurz aus.
- Dann finden sich die Teilnehmer zu neuen Paaren zusammen. Die zweite und schwierigere Ebene funktioniert genau gleich, das Thema ist »Führen und Folgen«, allerdings wird jetzt *nicht* mehr vorher abgesprochen, wer führt und wer folgt. Nach diesem Durchgang wird wieder kurz zu zweit über das Erlebte gesprochen.
- Auf der dritten Ebene – wieder nach dem Partnerwechsel – sollen die Jungen zu Beginn kurz überlegen, welches Verhaltensmuster oder welche Strategie sie auf der zweiten Ebene verfolgt haben (z. B.: mich auf den anderen einstellen; erst führe ich, dann lasse ich mich führen; ich war ganz passiv usw.). Dann sollen sie etwas völlig anderes als auf der zweiten Ebene zu machen, am besten genau das Gegenteil, das aber möglichst deutlich ausgeprägt. Abschließend wird wieder erst zu zweit ausgewertet.
- Danach reflektieren alle gemeinsam: Was haben wir erlebt? Sagt mir das etwas über mich? Was bedeutet das für unser Führen und Geführtwerden in der Gruppe?

5.4 Kämpfen, assertive Aggression

Zwar haben viele Jungen ein ausgesprochen starkes Interesse am Kämpfen, dennoch tun sie sich bisweilen mit Regeln schwer, die von außen vorgegeben sind. Diese Unterscheidung müssen manche Jungen lernen, anderen sollten sie auch explizit verdeutlicht werden: »Es ist anders, wenn ihr außerhalb des schulischen Rahmens miteinander kämpft – hier machen wir das so, also nach Regeln, dann kann sich etwas anderes entwickeln und entfalten. Zuhause in eurer Freizeit könnt ihr das dann wieder ganz so machen, wie ihr das wollt, aber hier gelten besondere Absprachen.«

Nach jeder Übung bzw. wenn alle, die das wollten, gekämpft haben, empfiehlt es sich, die Phase mit einer Reflexion – also mit Reden – oder mit etwas Ruhigem oder Entspannenden abzuschließen.

Zahlreiche weitere Übungen und Spiele zu diesem Themenbereich finden sich z. B. in »Kampfesspiele« von Josef Riederle (zwei Bände, 2003 und 2011, ausführlicher im Literaturverzeichnis angegeben).

Balance-Übungen

Intention: Aggressionskultivierung, Körpererfahrung, Vertrauen, Kämpfen
Sozialform: Partnerarbeit, Plenum

So geht's:

- Die Übungen symbolisieren zwei Seiten der Verbindung, miteinander in Kontakt sein, sich gegenseitig stützen und halten können, aber auch die eigene Energie spüren dürfen, fair kämpfen und konkurrieren, sich stark fühlen – um sich dann wieder entspannen zu können.
- Übung 1: Handflächenbalance. Die Teilnehmer stehen sich als Paare im Abstand von ca. halben Meter bis Meter gegenüber, halten die Beine geschlossen, die Füße stehen parallel nebeneinander. Die Handflächen werden etwa auf Kopfhöhe auf die Handflächen des Gegenübers gelegt. Dann sollen die Teilnehmer in eine Balance kommen, sich aufeinander stützen, aber so, dass dies möglichst wenig Kraftaufwand bedeutet. Dann erhöhen sie langsam den Druck, die Handflächen bleiben aufeinanderliegen (können aber abgesenkt werden), die Partner gehen jeweils in eine Schrittstellung, erhöhen den Druck weiter und versuchen, den Partner wegzudrücken und wegzuschieben. Danach wird die Kraft langsam wieder zurückgenommen, ohne dass der Partner umfällt (!), dann werden die Beine wieder parallel gestellt, die Hände in Kopfhöhe, wieder in eine Balance kommen, auswiegen. Kurz nachspüren, dann die Balance langsam auflösen.
- Übung 2: Arm-Balance. Hier halten sich die Teilnehmer gegenüberstehend an den Handgelenken (Handfesseln) fest, die Beine sind geschlossen und gestreckt. Sie stellen die Fußspitzen aneinander. Beide lassen sich nun mehr und mehr nach hinten hängen und kommen in eine Balance. Nun wird der Zug erhöht, die Partner gehen in eine Schrittstellung und versuchen, sich wegzuziehen, sie erhöhen ihre Zugkraft. Dann nehme sie die Kraft langsam wieder weg, schließen die Beine, kommen in die Senkrechte, stehen noch kurz gegenüber (noch an den Handgelenken halten) und gehen dann voneinander weg.

Schubsen

Intention: Aggressionskultivierung, Konzentration, Körpererfahrung, Kämpfen
Sozialform: Partnerarbeit, Plenum

So geht's:

- Jeweils zwei Jungen stehen sich mit geschlossenen Beinen gegenüber und zwar ziemlich dicht voreinander (ca. eine Fußlänge entfernt). Sie dürfen sich nur an den Handflächen berühren. Ziel ist, sich gegenseitig aus der Balance zu bringen, indem sich die Partner gegenseitig mit den Handflächen immer wieder kurz wegschubsen.
- Das Gegenüber darf einen »Angriff« mit Gegendruck kontern, es kann aber auch die Hände nach hinten oder unten wegführen, damit der »Angreifer« aus der Balance kommt. Antäuschen und tricksen sind erlaubt und sogar erwünscht.
- Mehrere Partnerwechsel sind sinnvoll.

Die zwei Gangs

Intention: Aggressionskultivierung, Körpererfahrung, Vertrauen, Kämpfen
Sozialform: Plenum

Material:

- Kreppband

So geht's:

- Auf dem Boden werden mit Kreppband zwei Linien mit ca. zwei Meter Abstand markiert. Die Gruppe wird geteilt, sodass sich zwei Halbgruppen bilden: die zwei »Gangs«. Diese stellen sich nun hinter die beiden Linien auf den Boden. Ziel ist es, dass sich die zwei Gangs gegenseitig angreifen: durch Laute, Gesten, Körpersprache, aber (zuerst noch) ohne direkten Körperkontakt. Außerdem werden zwei Anführer ausgewählt, diese stellen sich in die Mitte.
- Einer der Anführer fängt an und gibt seiner Gang nun jeweils eine Geste, einen Laut etc. vor, die anderen aus seiner Gruppe machen es nach.
- Mit diesem Verhalten treibt nun die eine Gang die andere zurück: Die »Angreifer« gehen dabei vorwärts, die anderen rückwärts. Das geht ziemlich zügig, die angegriffene Gang verteidigt sich nicht groß, sondern lässt sich wegtreiben.
- Nun wechselt die Situation, die Gangs stellen sich wieder an ihre Linien, und die andere Gang beginnt mit ihrem Anführer in der Mitte, der wieder eine andere Gestik und/oder einen Laut vorgibt. Seine Gangmitglieder machen mit, die andere Gang weicht davor zurück.
- Wieder gehen die Gruppen in die Ausgangsposition, aber die Anführer wechseln nun

von der Mitte innen ganz nach außen an den Rand der Reihe ihrer Gang. Es gibt einen neuen Gangchef, der wieder eine neue »Angriffsform« vorgibt – und weiter geht's.

Tennisball-Wettrennen

Intention: Aggressionskultivierung, Spaß, Körperbeherrschung, Konzentration
Sozialform: Sechser- bis Zwölfergruppen, Plenum

Material:
- zwei unterschiedlich gefärbte Tennisbälle o. Ä.

So geht's:
- Durch Abzählen werden zwei gleich große Mannschaften gebildet, die sich im Wechsel in einen Kreis setzen/stellen. Jede Mannschaft erhält einen Tennisball.
- Ziel ist es, den Ball jeweils immer nur der übernächsten Person weiterzugegeben, also der nächsten Person aus der eigenen Mannschaft, und dabei den Ball der anderen Mannschaft zu überholen. Wichtig ist, dass beide Bälle in die gleiche Richtung weitergegeben werden, man sollte sich vorher also auf die Richtung einigen.
- Dann wird es ernst, und es ist erlaubt, die anderen bei der Weitergabe ihres Balls zu behindern, zu bremsen, zu stören, er darf aber nur mit den Händen festgehalten und nicht weggeworfen werden. Achtung: Bitte keine Schmerzen zufügen und keine Gewalt. Die Lehrkraft gibt das Startsignal und achtet auf das Einhalten der Regeln.

Der faire Kampf

Intention: Aggressionskultivierung, Körpererfahrung, Spaß haben, Kämpfen
Sozialform: Partnerarbeit, Plenum

Material:
- Schaumstoffschläger (z. B. Batakas, Encounter Bats, EncounterTherapy Bats)

So geht's:
- Ein fairer Kampf wird paarweise mithilfe von Schaumstoffschlägern ausgetragen. Einerseits geht es dabei ums Kämpfen, die Lust an der assertiven Aggression, andererseits auch um die Akzeptanz von Regeln. Ebenso können Möglichkeiten gezeigt werden, dass und wie Kämpfe ohne Gesichtsverlust abgelehnt werden: »Nein« heißt, dass kein Kampf stattfindet und das so akzeptiert wird.
- Vorbereitend wird mindestens eine Übung durchgeführt, in der die Bereitschaft der Jungen zur Regel-Konformität trainiert und besprochen wird. Der eigentliche

Kampf findet grundsätzlich freiwillig statt: Ein Junge fordert einen anderen heraus, dieser kann zustimmen oder ablehnen.

- Vor der Übung können sich die Jungen selbstständig bzw. mit Unterstützung von Erwachsenen, Regeln für das Ringen, Raufen oder auch Kämpfen erarbeiten. Durch das Partizipieren fällt es ihnen leichter, das Regelwerk einzuhalten – auch außerhalb der Schule. Die Regeln werden vor Beginn gemeinsam mit den Jungen entwickelt oder wiederholt: Die Jungen dürfen – selbst mit den Schaumstoffschlägern – nicht auf den Kopf sowie auf Penis und Hoden schlagen. Zusätzlich besteht immer die Möglichkeit, dass die Beteiligten (sowohl die Kämpfenden, wie auch die Schiedsrichter, also alle!) von der »Stopp!-Regelung« Gebrauch machen: Die Kämpfenden müssen bei dem Wort »Stopp!« sofort aufhören. Und sie vereinbaren, im Ring zu bleiben. Nach ein bis zwei Minuten ist der Kampf beendet und die Spieler geben sich die Hand oder verbeugen sich voreinander.
- Während und nach dem fairen Kampf ergeben sich eine Vielzahl an Themen und möglichen Fragen wie beispielsweise: Was ist fair, was ist unfair? Handelt es sich um einen absichtlichen oder unabsichtlichen Regelverstoß? Auch die eigene Verletzlichkeit, Grenzen oder Körperlichkeit werden von Jungen gern thematisiert.

Holger und sein Verfolger

Intention: Aggressionskultivierung, Opferschutz, Stärkung der Abwehrkompetenz
Sozialform: Partnerarbeit, Plenum

So geht's:

- In dieser Partnerübung werden auf der einen Seite Kompetenzen trainiert, die für Abgrenzung wichtig sind. Die Jungen erfahren sich als potenzielles Opfer, sind aber unbedingt auch aufgefordert, dann eine deutliche Grenze zu setzen, wenn ihr Schutz in Gefahr gerät. Auf der anderen Seite bringt dieses Spiel die Jungen auch in Kontakt mit der lust- und machtvollen Seite der Gewalt. Gut ist es, wenn für diese Übung ausreichend Platz zur Verfügung steht, damit sich die Paare aus dem Weg gehen können. Nicht geeignet ist diese Übung für Gruppen mit großem Aggressionspotenzial bei geringer kultureller Bindung (schwache Kompetenz, Regeln einzuhalten) und wenn der Aspekt »Grenzakzeptanz« eher wenig entwickelt ist.
- Die Paare finden sich spontan zusammen, zunächst ist eine Person »Holger«, der verfolgt oder belästigt wird, der andere sein Verfolger. Holger schlendert durch den Raum, sein Verfolger läuft dicht hinter ihm, durch verbale »Anmache« provoziert er Holger. Es empfiehlt sich, diese Angriffe zunächst auf der verbalen Ebene zu belassen; in einer verschärften Variante können vom Verfolger auch leichte körperliche Attacken eingesetzt werden, wie z. B. stupsen, schubsen, leicht an der Kleidung ziehen, stolpern lassen – solche Varianten verstärken das Erleben und den Erfolg, aber nur wenn die Teilnehmer Grenzen einhalten können.

- Wenn Holger meint, dass die Provokation jetzt reicht, konzentriert er sich auf seine innere Energie – seine assertive, selbstbehauptende Aggression –, dreht sich um und macht durch Körperhaltung, Mimik, Gestik und auch verbal und artikulierend unmissverständlich deutlich, dass damit Schluss sein soll. Er ruft zum Beispiel: »Schluss jetzt«, »Lass das« oder »Hör sofort auf«. In diesem Moment (!), also sobald sich Holger den Angriffen entgegenstellt, setzt ein Rollenwechsel ein: Aus dem Verfolger wird Holger, der gleich losschlendert, aus Holger wird der Verfolger, der nun dem neuen Holger zusetzt. Nach mehreren Wechseln werden die Jungen aufgefordert, sich einen neuen Partner zu suchen.
- Bei eher zurückhaltenden Jungen oder wenn in der Gruppe eher die Opferhaltung dominiert, kann es wichtig sein, wenn die Lehrkraft vor der Übung demonstriert, wie eine eindeutig abwehrende Körperhaltung aussehen könnte und wie sich das energische Abwehren akustisch anhört (es muss nicht unbedingt laut sein, auch mit leisen, klaren Anweisungen experimentieren!). Es ist gut, wenn die Lehrkraft bei dieser Übung mitmacht: wegen des Vorbildcharakters, aber auch, um einzelne Jungen zu unterstützen bzw. um ihnen Rückmeldungen zu geben.
- Zum Abschluss der Übung führen die Paare mit dem letzten Partner ein Auswertungsgespräch. Hier werden Fragen vorgegeben, über die sich die Jungen kurz austauschen können, z. B.: Wie ging es mir, zuerst mit ihm, dann mit den vorherigen Partnern? Wie war das als Holger, wie als Verfolger? Was war leicht, was schwierig?
- Bei großen Gruppen kann dann evtl. ein Zwischenschritt, eine Auswertung zu viert eingeschoben werden, ansonsten wird die Übung im Kreis mit der gesamten Gruppe abgeschlossen.

Die Welle

Intention: Aggressionskultivierung, Spaß haben, in Körperkontakt gehen, Konzentration
Sozialform: Plenum

Material:
- Stühle in der Anzahl der Teilnehmer

So geht's:
- Es wird ein nicht zu enger Stuhlkreis gebildet, jeder Junge hat einen Stuhl.
- Ein Junge stellt sich nun in die Mitte, sein Stuhl wird dadurch frei.
- Nach einem Startsignal probiert dieser Junge, sich auf einen freien Stuhl zu setzen. Aber alle anderen Jungen versuchen durch schnelles nachzurücken die Lücke zu schließen und zu verhindern, dass sich der Junge setzen kann.
- Wenn er es allerdings schafft, sich auf einen Stuhl zu setzen, darf der Nachbar in den Kreis, der zu langsam war.

5.5 Cool-down, Herunterkommen, Entspannen, Selbstmanagement

Die andere Seite von Aktion, Aggression und Beziehung besteht aus Reflexion, Ruhe, Entspannung und Stille. Besonders in Jungengruppen mit hohem Energie- und Aktivitätspotenzial, aber auch allgemein sollten gleich zu Beginn der gemeinsamen Arbeit spezifische »Cool-down«-Methoden eingeführt werden, die zumindest zwischenzeitlich für Ruhe und Entspannung sorgen können.

Jungen, die ruhige Phasen nicht oder nur wenig gewohnt sind, tun sich anfangs mit solchen Runterkomm-Übungen schwer. Stille Phasen sind in Zeiten medialer Rundumversorgung ja auch wirklich selten geworden. Verlangen Sie nicht zu viel, führen Sie solche Elemente allmählich ein. Auch zur Ruhe zu kommen und den Blick nach innen zu richten benötigt – wie der Umgang mit Aggression – Formen der Kultivierung, und das bedeutet Zeitaufwand, Gewöhnung, Lernen, Aneignen, Verankerung, auch Rückmeldungen und manchmal Konfrontation mit hartnäckigen Ruhe-Störern.

Diesen Teil nenne ich in der Anwendung bei Jungen (und Männern) oft »Übungen zum Selbstmanagement«, denn sie schulen die Selbstbeherrschung, das Sich-Wahrnehmen und helfen durch den introspektiven Charakter, aus Automatismen auszubrechen. Und den Begriff können Jungen oft leichter annehmen: Management klingt männlich.

Gerade in der Schule ist uns dieser Ansatz wichtig, weil dort üblicherweise eher begrenzt und diszipliniert wird. »Entspannung« ist aber etwas, was gelernt werden kann (und muss). Das Lernen von Entspannung ist – genauso wie das Lernen von Leistung oder Selbstbehauptung – soziale Basisarbeit; Entspannung ist ein Bildungsthema, das nicht individualisiert werden soll und integriert werden muss: Arbeiten (Lernen) braucht nicht vom Entspannen getrennt zu werden mit der Erwartung, dass Jungen das dann zu Hause oder allenfalls in der Pause selbst organisieren – im Gegenteil: Arbeiten geht deutlich besser, wenn Entspannung auch institutionell integriert ist. Literaturtipp: Viele ruhige Übungen und gute Gedanken zu diesem Thema finden sich in dem Buch »Achtsamkeit in der Schule« von Vera Kaltwasser (2008).

Stillemoment

Intention: zur Ruhe kommen, Innehalten, zu sich kommen
Sozialform: Einzelarbeit, Plenum

So geht's:

- Immer wieder zwischendurch, nach Übungen oder intensiven Lernprozessen, auch vor dem Beginn einer gemeinsamen Arbeit sind kurze Momente der Stille ange-

bracht, gleichsam als Pausen, in denen nichts passiert. Die Anleitung ist minimalistisch (vor allem bei geübten Jungen): Es geht mehr um die Einführung der Stille als Element der Lernkultur und des männlichen Zusammenseins.
- Nach einer Übung oder nach einer Diskussion kann die Anleitung lauten: »Einfrieren, so bleiben, kurz nachspüren: Was nimmst du wahr?«; oder zwischendurch: »So, lasst uns mal kurz zur Ruhe kommen! Setzt euch entspannt hin, atmet zwei-, dreimal tief ein und aus und schließt dabei die Augen. Richtet jetzt eure Aufmerksamkeit auf euch, auf euer Inneres. Bleibt so ein paar Atemzüge, dann macht die Augen wieder auf. Alles klar? Gibt es was Wichtiges zu sagen oder kann es weiter gehen?«

Himmelsrichtungen beatmen

Intention: zur Ruhe kommen, Präsenz erhöhen, zu sich kommen
Sozialform: Einzelarbeit, Plenum

So geht's:
- Das Himmelsrichtung-Atmen ist für Anfangsphasen oder für zwischendurch geeignet. Die Übung wird im Stehen durchgeführt, die Jungen nehmen einen festen Stand ein, der Körper bleibt während der Übung stabil stehen und nach vorn ausgerichtet, nur der Kopf wird bewegt.
- Die Jungen werden angeleitet, erst ein wenig normal zu atmen und zur Ruhe zu kommen.
- Dann atmen sie tief ins Becken ein, drehen den Kopf ganz nach links (so weit wie es geht, aber ohne dass es weh tut, es darf aber spannen) und atmen in der linken Position tief aus.
- Dann drehen sie Kopf wieder zur Mitte, atmen dort tief ein und drehen den Kopf ganz nach rechts und atmen dort aus.
- Der Kopf wird anschließend wieder zur Mitte gedreht, dort eingeatmet, dann wird der Kopf nach hinten in den Nacken gelegt und dort ausgeatmet.
- Mit dem Kopf in der Mitte wird wieder eingeatmet, danach der Kopf ganz nach vorne auf die Brust gelegt und dort tief ausgeatmet.
- Den ganzen Verlauf zweimal wiederholen (also insgesamt dreimal jede Richtung »beatmen«).

Zeitlupenkampf

Intention: das Tempo verlangsamen, Größenfantasien ausspielen, bewusst und konzentriert agieren
Sozialform: Plenum

So geht's:

- Bei Kämpfen geht es ja meist mit hohem Tempo zu, Zeitlupe entzerrt schnelle Abläufe. Kämpfe in Zeitlupe und mit verzerrten Geräuschen machen (meist eher jüngeren, manchmal aber gerade auch älteren) Jungen Spaß, helfen ihnen, ihre darstellerischen Fähigkeiten zu entwickeln, sich aufeinander einzustellen und ohne Kampf zu Kämpfen.
- Zeitlupenkämpfe können als Partnerübung, in kleinen Gruppen oder als Massenschlägerei geübt werden. Die Leitung gibt nur knapp vor, worum es geht, nämlich darzustellen, wie es aussähe, wenn die Gruppe beim Kämpfen in Zeitlupe gefilmt worden wäre.

Variation:

- Nach einer spontanen Übungsphase können besonders gelungene Szenen eines Paars oder einer Kleingruppe den anderen theatralisch vorgeführt werden

Huah!

Intention: Energie aufbauen, halten, entladen, Entspannung, Konzentration
Sozialform: Plenum

So geht's:

- Ähnlich wie bei richtigen Kung-Fu-Meistern geht es auch bei Jungen darum, Spannung aufzubauen, zu halten und sie zu entladen; und dazu gehört z.B. lautes und kraftvolles Agieren, aber auch ruhiges und konzentriertes Handeln. Diese Übung hat eine lange leise und eine kurze laute Phase zur Entladung (ist also nicht ganz ruhig), dient aber dazu, in die Entspannung zu führen.
- Zu Beginn bzw. beim ersten Mal sollte die Übung ganz durchgesprochen werden, weil sie am Ende mit zwei lauten Schreien aufhört. Diese sollten möglichst gleichzeitig, synchron und knallig kommen, deshalb braucht es dafür die Konzentration auf die Signale der Lehrkraft. Diese verhält sich während der Anleitung ernsthaft und konzentriert, es geht schließlich um fernöstliche Kampfkunst!
- Die »Kung-Fu-Schrei-Übung« beginnt mit dem festen Stand auf dem Boden, die Jungen sollen sich stabil, wie fest verwurzelt, fühlen.
- Zuerst wird eine Runde im Stehen geatmet, dazu werden die Hände vor dem Becken locker ineinander gelegt. Es wird tief ins Becken ein- und ausgeatmet.
- Dann werden die Arme ganz langsam wie in Zeitlupe seitlich auseinander und nach oben in Richtung Himmel/Decke geführt. Der Blick folgt den Händen.
- Über dem Kopf greifen wir mit den Händen nach einem »Ball voll mit Energie«, wir umfassen ihn, halten ihn und führen dann die Hände mit diesem »Energieball« wieder langsam in Zeitlupe vorne am Körperi, an Gesicht und Hals, an der Brust, am Bauch vorbei bis vors Becken.

- Dann wird tief Luft geholt und die beiden Hände wie beim Karateschlag vor der Brust gekreuzt. Nun schlagen die Hände zweimal und gleichzeitig Richtung Boden nach unten, dabei wird zweimal ganz laut und möglichst synchron »Huah! Huah!« geschriehen.
- Danach einen kurzen Moment der Stille halten und nachspüren: Wie fühlt es sich im Körper an? Kurzer Austausch (muss aber nicht sein).
- Die Übung eignet sich auch als Anfangs- und Schlussritual, z. B. bei Jungenkonferenzen.

Gedanken lesen

Intention: sich auf sich konzentrieren, sich selbst bewusst werden, zur Ruhe kommen
Sozialform: Plenum

So geht's:
- Wir alle denken, die ganze Zeit, aber oft ohne zu wissen, was wir denken. Wenn wir uns Mühe geben, können wir unsere eigenen Gedanken lesen. Ziel der Übung ist, das eigene Denken zu beobachten: Was geht eigentlich im Kopf so vor, was denke ich?
- Alle Jungen sitzen auf ihrem Platz, konzentrieren sich auf sich und auf ihren Atem und schließen allmählich die Augen. Sie versuchen, ihre Sinne nach innen zu richten, nur noch wie nebenher auf die Anleitung hören, alles andere verschwindet.
- Jetzt geht es darum, dass sie bewusst wahrzunehmen, was sie denken: Welche Gedanken kommen nacheinander? Die Jungen sollen dieses Denken einfach wahrnehmen und weiterziehen lassen, wie eine Seifenblase, die vorbeischwebt. Dann auf den nächsten Gedanken warten und überlegen: Was kommt jetzt? Wenn es ein Strom von Gedanken ist, dann sollen sie einfach einen herausfischen. Wenn mal nichts kommt, ist es gar nicht schlimm, sondern sogar sehr gut. Auch Wahrnehmungen sind Gedanken: »Ich höre Jonathan neben mir atmen.«
- Eine Zeit lang liest dann jeder für sich seine Gedanken (diese Zeit nicht überdehnen, lieber öfter üben).
- Am Schluss erst zu zweit mit dem Sitznachbarn austauschen, dann gemeinsam zusammenfassen: Wie ist mir das Gedankenlesen gelungen? Was haben wir dabei erlebt?

Stilles Zeitschätzen

Intention: zur Ruhe kommen, Konzentration
Sozialform: Plenum

Material:
- Stoppuhr

So geht's:

- Die Aufgabe besteht darin, dass die Jungen eine vorher vereinbarte Stillezeit möglichst genau schätzen. Es wird eine Minutenzahl vereinbart oder die Lehrkraft gibt sie vor: zwischen einer und vier Minuten, je länger desto schwieriger.
- Die Jungen sitzen stabil auf ihrem Stuhl, schließen die Augen, und auf ein Signal hin beginnt die Zeit zu laufen. Aufgabe der Jungen ist es, möglichst genau abzuschätzen, wann die vereinbarte Zeit um ist und dann die Hand zu heben; sie können z. B. innerlich mitzählen oder einfach so raten. Die Augen sollen so lange geschlossen bleiben, bis das Zeichen der Uhr ertönt und die Zeit tatsächlich abgelaufen ist.
- Die Lehrkraft kann einen Wettbewerb daraus machen, indem der Junge als Sieger erklärt wird, der als letzter unmittelbar vor dem Ablaufen der Zeit die Hand gehoben hat.

Schweben

Intention: zur Ruhe kommen, Selbst- und Körperwahrnehmung, Vertrauen entwickeln
Sozialform: Plenum, ggf. mehrere Kleingruppen

Material:

- eine stabile Woll- oder Fleece-Decke pro Gruppe/Kleingruppe

So geht's:

- Das Schweben ist eine stille Übung, die Teilnehmer sollten dabei, so gut es eben geht, nicht sprechen und auch keine anderen Geräusche von sich geben. Eine stabile Decke wird auf dem Boden ausgebreitet. Die Jungen knien sich um die Decke, einer der Jungen legt sich mit dem Rücken darauf und schließt dann seine Augen. Ab diesem Zeitpunkt wird nicht mehr gesprochen, es findet nur noch nonverbale Kommunikation statt.
- Alle außenknienden Jungen legen zuerst ihre Hände auf den in der Mitte liegenden Jungen und üben sanften (!) Druck auf seinen Körper aus.
- Nach einer kurzen Zeitspanne gehen alle Hände gleichzeitig an den Deckenrand, die Jungen erheben sich, greifen die Decke fest und heben diese und den auf ihr liegenden Jungen vom Boden weg.
- Gemeinsam können die Jungen den Körper mit der Decke schaukeln, sich drehen, ein Stück gehen, die Decke höher und tiefer bewegen, allerdings alles ausschließlich mit ruhigen und langsamen Bewegungen. Nach etwa einer halben Minute oder nach einer Minute wird der Junge wieder ganz sanft auf den Boden abgelegt. Eine neue Runde kann beginnen. Nach jeder Runde darf der Liegende sein Befinden und Verbesserungsideen äußern.
- Das Schweben sollte von einer Person koordiniert werden, zunächst von der Lehrkraft, dann auch von einzelnen Jungen in der Gruppe selbst. Bei dieser Übung wer-

den hohe Anforderungen an die Jungen gestellt: Fürsorglicher, vertrauensvoller Umgang mit anderen Körpern, Vertrauen zur Gruppe haben, ruhig und konzentriert sein, Verantwortung übernehmen, eventuell über die Bewegungen zu bestimmen und vieles mehr. Demgemäß dürfen die Ansprüche an die Jungen auch hoch gesteckt werden, allerdings sollte die Lehrkraft bereit sein, Abstriche in Kauf zu nehmen, etwa was die absolute Stille beim Schweben angeht – selbstverständlich nicht, was die Sicherheit des Liegenden betrifft.

5.6 Männlichkeitsbildung, Männlichkeit und Mannsein

Diese Übungen sprechen die Themen Männlichkeit und Mannsein explizit an. Sie zielen vor allem darauf, bei Jungen Reflexionsprozesse über Männliches in Gang zu bringen und es aus dem Unbewussten und Selbstverständlichen heraus zu führen.

Achtung, Stereotypenalarm! Ein absolutes »No-Go« sind dabei Aufgaben, die Jungen auffordern, Stereotype wiederzugeben, um sie anschließend dafür zu bestrafen oder sich über sie zu amüsieren (solche Aufgaben werden gern mithilfe von Zeitschriften ausgeführt, aus denen Jungen Männlichkeitsbilder ausschneiden und auf ein Plakat kleben sollen). So etwas bestätigt durch Wiederholung nur Stereotype und dient dazu, Jungen bloßzustellen oder vorzuführen.

Männer-Evolution

Intention: Spaß haben, lockern, symbolische Entwicklungen und Kämpfe
Sozialform: Plenum

So geht's:

- Männer-Evolution ist ein Spiel eher aus dem Spaß- und Lockerungsbereich, eine Variante des »Amöbenspiels«, sein Thema ist die männliche Evolution und die Frage nach dem Ziel männlicher Entwicklung. Die entsprechenden Stufen können nach Belieben gewählt werden. Die männliche Evolution geht von Stufe 1: Gorilla, Stufe 2: Neandertaler, Stufe 3: Ritter, Stufe 4: Manager zu Stufe 5: Guru.
- Der Ablauf ist immer ähnlich, auf einer Stufe begegnen sich zwei Jungen, sie kämpfen miteinander, indem Sie eine Runde »Schere, Stein, Papier« bzw. »Schnick, Schnack, Schnuck« spielen. Der Sieger, also im Evolutions-Jargon der »Fittere« steigt auf, der Verlierer steigt auf eine niedrigere Stufe ab oder bleibt auf der untersten.
- Am Anfang sind alle Gorilla-Männchen, die im Affengang, mit Affenlauten und sich dabei auf die Brust klopfend bewegen und einen anderen Affen suchen; dann messen sie sich im Spiel »Schere/Stein/Papier«. Wer verliert, bleibt Gorilla und sucht wieder nach einem zweiten zum Wettbewerb. Der Gewinner kommt eine Stufe weiter in der Evolution und wird zum Steinzeitmensch, zum Neandertaler,

der pantomimisch eine Keule schwingt, Urlaute von sich gibt und kriegerisch auftritt. Beim Zusammentreffen mit einem anderen Neandertaler folgt wieder der »Schere/Stein/Papier-Kampf«; wer verliert, steigt eine Stufe ab und ist wieder Gorilla; wer gewinnt wird nun ein Ritter, der auf seinem Pferd reitet und mit seinem Schwert herumfuchtelt. Nach einem erneuten symbolischen Kampf, wird der Aufsteiger Manager, der sich gestisch ein Handy ans Ohr hält und lautstark wichtige geschäftliche Dinge bespricht. Auch die Manager suchen sich einen anderen, mit denen sie das Spiel austragen. Der Gewinn führt zum weisen Mann, zum Guru, ein Mann mit echter Größe – er singt mit offener Armhaltung ein tiefes »Ohhmmm« vor sich hin.

- Entweder das ist das Ende des Spiels: die Krone des Männlichseins ist erreicht. Oder es geht weiter: Treffen zwei Gurus zusammen ist keine Entwicklung mehr möglich, der Sieger im Wettkampf steigt aus und setzt sich an den Rand, der Verlierer wird zum Manager degradiert. Das Spiel endet dann, wenn niemand mehr ein Wesen im gleichen Zustand treffen kann.
- Am Ende nach dem Spiel kann das Thema angesprochen werden, wie eine wirkliche Männliche Evolution aussieht und was eigentlich das Ziel ist, was tolle Männer sind. Das kann nach der Aktion und dem Spaß aber auch leicht verkrampft wirken. (Ausprobieren, ob die Jungen angeregt sind und Lust dazu haben).

Männliche Affirmationen finden

Intention: das Männliche in positive Begriffe fassen, Ziele oder Visionen für das Männlichsein formulieren
Sozialform: Einzelarbeit, Plenum

Material:
- Schreibzeug
- Papier
- evtl. vorher vorbereitete und in ausreichender Zahl kopierte Arbeitsblätter

Hinweis: In der Arbeit mit Jungen beinhaltet das Finden modernisierter Alternativen, wie sie folgende Übung vorschlägt, ein gewisses Risiko, dass auch oder gerade solche Sätze aus dem überlieferten Repertoire reproduziert werden; das kann dann jedoch ein wichtiger Hinweis sein, dass mit diesen Affirmationen weiter gearbeitet werden kann (und muss).

So geht's:
- Stereotype Sätze wie »Männer kennen keinen Schmerz« haben sich oftmals unbewusst im Gedächtnis verankert und sind zu unreflektierten Meinungen geworden – was problematisch ist. Deshalb braucht es Alternativen, die Jungen selbst und

gleichsam aus sich heraus entwickeln können, ohne sich vom Weiblichen abgrenzen zu müssen.

- Diese Suche nach neuen Sätzen oder Affirmationen zum Männlichen folgt einem schrittweisen Ablauf (das ist auch ausformuliert als Arbeitsblatt möglich).:
  (1) Denke mal an »gute« oder »gelungene« Männer, die dir spontan als positive Beispiele für Männer einfallen. Wichtig ist: Du musst die Männer persönlich kennen, also keine Sportstars oder Medienfiguren!
  (2) Wähle einen aus und überlege, warum du diesen Mann gut, gelungen oder als Mann cool findest. Arbeite die wichtigen Eigenschaften oder Eigenarten, die dir gefallen oder die du an ihm magst, heraus. (Achtung: Das muss nicht »typisch männlich« oder ähnliches sein, es könnte auch lauten: »Weil er mir zuhört« oder »Er kann gut Vanilleeis machen«). Schreibe sie auf.
  (3) Suche dir noch zwei oder drei weitere Männer nach demselben Verfahren und schreibe die guten Eigenschaften auf.
  (4) Und jetzt nimmst du diese Eigenschaften und formulierst daraus einprägsame Sätze. Du kannst dir vorstellen, dass du den Satz antwortest, wenn dich ein Junge fragt: »Was ist deiner Ansicht nach positiv männlich«? Beispielsweise hat der Mann, der dir eingefallen ist, die Eigenschaft, dass du ihm vertrauen kannst. Der Satz könnte lauten: »Vertrauen – dass ich ihm völlig vertrauen kann, ich kann mich ganz auf ihn verlassen, wenn er mir was verspricht, dann hält er es auch ein, auch wenn es um Geld geht ist er immer ganz korrekt«.
- Mit diesen Affirmationen kann weiter gearbeitet werden:
  – Tragen Sie alle zusammen und gestalten Sie mit der Klasse ein positives Mannsein-Bild. Sortieren Sie dafür Affirmationssätze und gruppieren sie nach Häufungen: Was ist uns allen wichtig?
  – Einzelne Affirmationen, die den Jungen individuell und persönlich sehr wichtig sind, können ebenfalls ausgewählt werden und die Jungen können sich damit vorstellen; bewerten Sie diese gemeinsam und bilden Sie Prioritätenlisten; dann forschen Sie weiter nach den Wegen: Wie komme ich, wie kommen wir dazu, diese Qualitäten, die für mich und mein Männlichsein wichtig sind, weiter zu entwickeln?

Drei Dinge braucht der Mann

Intention: das Männliche in positive Begriffe fassen, Ziele oder Visionen für das Männlichsein formulieren
Sozialform: Einzelarbeit, Plenum

Material:
- dicke Stifte
- Moderationskarten in drei unterschiedlichen Farben

So geht's:

- Die Kurzform der Affirmationsübung geht so: Ein alter Werbe-Slogan lautete: »Drei Dinge braucht der Mann«. Das ist klar, aber welche drei sind das? Da gehen die Meinungen ja auseinander.
- Die Aufgabenstellung für die Jungen: Was würdest du sagen: Welche drei Dinge (zum Beispiel Eigenschaften, Qualitäten, auch Erfahrungen usw.) braucht ein Mann idealerweise – was hältst du für Männer besonders wichtig? Schreibe die drei Dinge, die ein Mann braucht, auf drei verschiedene Moderationskarten.
- Die Karten werden anschließend auf eine Pinnwand gehängt oder auf den Boden gelegt, wobei mit den Karten Cluster gebildet werden, was gleich ist oder eng zusammengehört wird zusammengelegt oder gehängt. Oder es wird im Schneeball-Verfahren weiter gearbeitet: Zwei Jungen treffen mit ihren drei Karten (zusammen sind es also sechs) zusammen, müssen nun aber die drei für die beiden Wichtigen auswählen, dass sie zu zweit wieder mit drei Karten unterwegs sind; sie suchen sich ein weiteres Paar und wählen aus den sechs Karten wieder drei aus; dann werden die »verdichteten drei Dinge, die ein Mann braucht« veröffentlicht.
- Anschließend werden die Ergebnisse besprochen, das kann sehr anregend sein, sich aber – je nach Interesse der Jungen – schnell erschöpfen. Im weiteren Verlauf kann dann gemeinsam nach Möglichkeiten für die Weiterentwicklung des Männlichen der Jungen gesucht werden: Wie können wir diese drei Dinge, die ein Mann braucht, erwerben oder entwickeln?

Männlichkeit – Mannsein

Intention: über das Männliche reflektieren, Unterschiede im Männlichsein erleben
Sozialform: Plenum, ggf. Kleingruppen

Material:

- evtl. Kreide oder Kreppband

Hinweis: eher für ältere Jungen ab ca. 16 Jahren geeignet

So geht's:

- Im Alltag ist es nicht üblich, Männlichkeit zu dechiffrieren und darüber zu reflektieren, umso stabiler halten sich traditionelle Vorstellungen und umso schwieriger ist es, mit ihnen umzugehen. Diese Übung holt Männlichkeitssätze ins Bewusste und regt dazu an, aktiv eine eigene Position zu finden.
- Der Raum wird in zwei Felder eingeteilt und die beiden Seiten evtl. durch Striche/ Klebeband markiert. Auf der einen Seite ist der Raum für die Geschlechterideologie, also »Männlichkeit«, auf der anderen Seite der Raum für die gelebte Geschlechtlichkeit, also für das Männlichsein in echt, das »Mannsein«.

- Nun stellen sich die Jungen auf die Männlichkeits-Seite. Dort reproduzieren und sammeln sie zu einem einzelnen Lebensfeld – z. B. Beruf, Kommunikation, Freundschaft, Sexualität, Partnerschaft, Familie, Körper – die Botschaften, die ihnen sozial bzw. kulturell mitgegeben wurden; die Lehrkraft stellt Fragen oder »pusht« auch ein wenig: Wie soll ein Mann im Beruf sein, wie ist das? Ah, ja: Er macht Karriere, er ist der Chef, genau. Und wofür braucht ein Mann einen Beruf? Klar: Um die Familie zu ernähren usw. Dann begeben sich alle in das Feld »Mannsein«. Dort wird dann thematisiert, wie die Jungen das entsprechende Thema bereits jetzt und wirklich leben – also z. B.: »Wie geht ihr mit eurem Körper um?« – oder aber wie sie es sich vorstellen, wie es später einmal sein soll: »Wie willst du es einmal machen mit dem Beruf, willst du Teilzeit arbeiten oder Vollzeit?« Hier stellt die Lehrkraft eher einfühlsame und individuelle Fragen, einzelne Jungen werden angesprochen: »Und was denkst du, wie ist das bei dir?«
- Die Antworten im »Mannsein-Feld« müssen nicht unbedingt einen Kontrast zur Männlichkeit darstellen oder hierzu Diskrepanzen aufweisen, können dies aber selbstverständlich: Es ist notwendig, sich mit solchen Leitsätzen auseinander zu setzen, aber es ist immer auch möglich, sich jenseits von Affirmationen seinen eigenen Weg zu suchen. Das Entscheidende ist, dass die Jungen ohne Frage männlich bleiben, auch wenn sie sich von den traditionellen Vorstellungen absetzen! Das kann bei der Auswertung auch betont werden.

Männliches besprechen

Intention: über Themen des Männlichen ins Gespräch kommen; über Persönliches kommunizieren (lernen)
Sozialform: Plenum

So geht's:

- Diese Arbeitsform folgt der Methode »Kugellager«, beteiligt ist eine gerade Zahl von Jungen (mindestens zehn), die sich zugewandt einen Innen- und einen Außenkreis bilden: Die eine Hälfte steht mit dem Rücken zum Kreis, die anderen Jungen ihnen im Außenkreis gegenüber. Ziel ist, über das Jungesein, das Männlichsein ins Gespräch zu kommen. Die Fragen sollten altersgemäß formuliert sein und unterschiedliche Themenbereiche ansprechen. Zu jeder Frage wird ein Austausch zwischen den beiden Jungen geführt, die sich gegenüber stehen; wenn die Gespräche angeregt sind dauert er länger, wenn sie erlahmen geht es weiter zur nächsten Frage. Dazu bewegt sich der Innen- oder der Außenkreis um eine oder zwei Positionen weiter, so kommen immer neue Gesprächspartner zusammen. Fragen können z. B. lauten:
  - Wenn du dich erinnerst: Welches sind deine ersten Erinnerungen »als männlich« oder wo ist dir das erste Mal aufgefallen, dass du ein Junge bist?

– Was hast du als kleiner Junge am liebsten gemacht oder gespielt?
– Was und wer hat dich selbst als Junge bzw. als männlicher Jugendlicher geprägt und beeinflusst?
– Bist du gern Junge? Was gefällt dir daran, was nicht?
– Welche Erfahrungen hast du als Junge mit anderen Jungen gemacht? Was fällt dir zuerst dazu ein (Bilder, Szenen, Geschichten)?
– Was denkst du: Was können andere Jungen von dir in deinem speziellen Männlichsein, von dir »als Junge« (als männlicher Jugendlicher) bekommen?

Männerdialog ohne Fragen

Intention: thematisch bei sich ankommen, eine eigene Meinung finden und behaupten, zuhören
Sozialform: Partnerarbeit, Plenum

So geht's:

- Die Aufgabe bei dieser Partnerübung lautet, gemeinsam einen Dialog zu einem ausgewählten Männlichkeitsthema zu führen, also z.B. zu einem der folgenden Themen: Wie werde ich ein Mann? Warum ist es gut, heute ein Junge zu sein? Was muss ein Mann unbedingt »bringen«?
- Die Herausforderung besteht darin, in einen Austausch, einen Dialog zu kommen, ohne dabei eine Frage zu stellen: Fragen sind verboten! Das Gespräch muss nicht flüssig sein, Pausen sind erlaubt und sollen einfach ausgehalten werden.
- Die Auswertung nach dem Gespräch erfolgt zuerst zu zweit, dann mit allen, auf zwei Ebenen:
  (1) auf den Dialog bezogen: Wie ist es, ohne Fragen stellen zu können, einen Dialog zu führen.
  (2) auf das Thema bezogen: Wo sind wir mit dieser Methode hingelangt?

Vater und Sohn

Intention: mit der Vaterrolle auseinandersetzen
Sozialform: Plenum

Hinweis: anspruchsvoll, eher für ältere Jungen geeignet

So geht's:

- Diese Übung zu Väterthemen setzt Vertrauen und Intimität voraus, sie kann sehr persönlich werden; das Thema sollte bereits an- oder im Raum stehen oder aktiv von den Jungen kommen. Es empfiehlt sich, Zeit zum Weiterarbeiten einzuplanen.

- Die Gruppe steht im Kreis. Die Lehrkraft stellt Fragen oder gibt das Thema vor; wer die Frage oder Aussage mit Ja beantwortet, stellt sich in die Mitte (dort evtl. kurze Nachfragen durch die Lehrkraft), dann stellen sich alle wieder zurück in den Kreis.
- Vorschläge für Vater-Aussagen (je nach den teilnehmenden Jungen auswählen, modifizieren oder ergänzen):
  - Mein Vater lebt noch.
  - Ich will selber einmal Vater werden.
  - Mein Verhältnis zu meinem Vater ist richtig gut.
  - Ich habe ein schwieriges Verhältnis zu meinem Vater.
  - Ich will nie so werden wie mein Vater.
  - Ich liebe meinen Vater.
  - Ich werde von meinem Vater geliebt.
  - Mein Vater ist stolz auf mich.
  - Mein Vater ist ein Vorbild.
  - Mein Vater ist auch ein Arschloch.
  - Ich habe von meinem Vater etwas Wichtiges gelernt.
  - Manchmal bin ich wie mein Vater.

Literatur

Ahnert, L./Pinquart, M./Lamb, M. (2006): Security of children's relationships with nonparental care providers: A meta-analysis. In: Child Development 77, S. 664–679.

Ahnert, L. (2006).: Entwicklungs- und Sozialisationsrisiken bei jungen Kindern. In: Fried, L./Roux, S. (Hrsg.): Handbuch der Pädagogik der Frühen Kindheit. Weinheim und Basel: Beltz, S. 75–85.

Apitzsch, U. (2003): Zur Dialektik der Familienbeziehungen und zu Gender-Differenzen innerhalb der Zweiten Generation. In: Psychosozial 26, H. III, Nr. 93, S. 67–77.

Bauer, J. (2008): Prinzip Menschlichkeit: Warum wir von Natur aus kooperieren. München: Heyne.

Bischof-Köhler, D. (2011): Von Natur aus anders. Die Psychologie der Geschlechtsunterschiede. Stuttgart: Kohlhammer.

Blomberg, Ch. (2016): Jungenförderung in der Schule: Monoedukation als Lösung für ein umstrittenes Problem? Leverkusen: Barbara Budrich.

Blomberg, Ch./Neuber, N. (2016): Männliche Selbstvergewisserung im Sport. Beiträge zur geschlechtssensiblen Förderung von Jungen. Wiesbaden: Springer VS.

Boldt, U. (2004): Ich bin froh, dass ich ein Junge bin. Materialien zur Jungenarbeit in der Schule. Baltmannsweiler: Schneider Verlag Hohengehren.

Bos, W./Lankes, E.M./Prenzel, M./Schwippert, K./Valtin, R./Walther, G. (Hrsg.) (2005): IGLU. Vertiefende Analysen zu Leseverständnis, Rahmenbedingungen und Zusatzstudien. Münster: Waxmann.

Csíkszentmihályi, M. (1992): Flow. Das Geheimnis des Glücks. Stuttgart: Klett-Cotta.

Dammasch, F. (2008): Die Krise der Jungen. Statistische, sozialpsychologische und psychoanalytische Aspekte. In: Dammasch, F. (Hrsg.): Jungen in der Krise. Das schwache Geschlecht? Frankfurt a. M.: Brandes & Apsel, S. 9–28.

Deci, E. L./Ryan, R. M. (1993): Die Selbstbestimungstheorie der Motivation und ihre Bedeutung für die Pädagogik. In: Zeitschrift für Pädagogik 39, Nr. 2, S. 223–238.

DiPietro, J. A. (1981): Rough and tumble play: A function of gender. In: Developmental psychology 17, H. 1, S. 50–58.

Lewicki, M.-L./Greiner-Zwarg, C. (2015): Eltern 2015 – wie geht es uns? Und unseren Kindern?, Berlin: Erhoben von: Forsa und iconkids&youth im Auftrag von Eltern und Eltern family.

Gilmore, D. (1991): Mythos Mann. Rollen, Rituale, Leitbilder. München: Artemis.

Haapala, E./Väistö, J./Lintu, N./Westgate, K./Ekelund, U./Poikkeus, A.-M./Brage, S./Lakka, T (2017): Physical activity and sedentary time in relation to academic achievement in children: In: Journal of Science and Medicine in Sport 20, S. 583–589.

Hadjar, A. (Hrsg.) (2011): Geschlechtsspezifische Bildungsungleichheiten. Wiesbaden: VS Springer.

Hadjar, A/Backes, S./Gysin, S. (2015): School Alienation, Patriarchal Gender-Role Orientations and the Lower Educational Success of Boys. A Mixed-method Study. In: Masculinities and Social Change 4, H. 1, S. 85–116.

Härdt, B. (2000): Besser lernen durch Bewegen und Entspannen. Grundlagen und Übungen für die Sekundarstufe I. Berlin: Cornelsen.

Hattie, J. (2013): Lernen sichtbar machen. Baltmannsweiler: Schneider Verlag Hohengehren.

Hattie, J. (2014): Lernen sichtbar machen für Lehrpersonen. Überarbeitete deutschsprachige Ausgabe von Visible Learning for Teachers besorgt von Wolfgang Beywl und Klaus Zierer. Baltmannsweiler: Schneider Verlag Hohengehren: Schneider.

Helbig, M. (2012): Sind Mädchen besser? Der Wandel geschlechtsspezifischen Bildungserfolgs in Deutschland. Frankfurt/New York: Campus.

Hoegg, G. (2012): Gute Lehrer müssen Führen. Weinheim und Basel: Beltz.

Hurrelmann, K. /Schultz, T. (Hrsg.) (2012): Jungen als Bildungsverlierer. Brauchen wir eine Männerquote in Kitas und Schulen? Weinheim und Basel: Beltz Juventa.

Jensen, E. /Jensen, H. (2016): Schule braucht Beziehung. Gelungene Lehrer-Eltern-Gespräche. Weinheim und Basel: Beltz.

Jonczyk-Buch, K. (o. J.): Geschlechterdifferenzierter Unterricht – Erfahrungsbericht aus dem MINT-Projekt der Veit-Stoß-Realschule Nürnberg.

Kaltwasser, V. (2008): Achtsamkeit in der Schule. Stille-Inseln im Unterricht: Entspannung und Konzentration. Weinheim und Basel: Beltz.

Katzer, C. (2016): Cyberpsychologie – Leben im Netz: Wie das Internet uns ver@ndert. München: dtv.

Kegler, U. (2009): In Zukunft lernen wir anders. Weinheim und Basel: Beltz.

Kegler, U. (2014): Wo sie wirklich lernen wollen. 7 Jahre Jugendschule Schlänitzsee. Weinheim und Basel: Beltz.

Kohler, B. (2017): Hausaufgaben: Überblick und Praxishilfen für Halbtags- und Ganztagsschulen. Weinheim und Basel: Beltz.

Kramer, M. (2011): Mit Erbsen und Zahnstochern zur Mathematik. Ein Denk-, Staun- und Experimentierbuch für die Grundschule. Weinheim und Basel: Beltz.

Latsch, M. (2014): »Schlaue Mädchen – dumme Jungs?!« Der Einfluss von negativen Stereotypen über Jungen auf Leistung, Motivation und Gruppenprozesse im Klassenzimmer. Berlin: Freie Universität Berlin, Diss.

Lupatsch, J./Hadjar, A. (2011): Determinanten des Geschlechterunterschieds im Schulerfolg. In: Andreas Hadjar (Hrsg.): Geschlechtsspezifische Bildungsungleichheiten. Wiesbaden: Springer VS, S. 177–202

Maccoby, E. (2000): Psychologie der Geschlechter. Sexuelle Identität in den verschiedenen Lebensphasen. Stuttgart: Klett-Cotta.

MPFS – Medienpädagogischer Forschungsverbund Südwest (Hrsg.) (2016): JIM 2016. Jugend, Information, (Multi-) Media. Basisstudie zum Medienumgang 12- bis 19-Jähriger in Deutschland. Stuttgart: MPFS.

Neuber, N.: Supermann kann Seilchen springen. Bewegung, Spiel und Sport mit Jungen. Dortmund: Borgmann Media

Nolting, H.-P. (2017): Störungen in der Schulklasse. Ein Leitfaden zur Vorbeugung und Konfliktlösung. Weinheim und Basel: Beltz.

Omer, H./von Schlippe, A. (2017): Autorität ohne Gewalt. Coaching für Eltern mit Verhaltensproblemen. Göttingen: Vandenhoeck & Ruprecht.

Renz-Polster, H./Hüther, G. (2013): Wie Kinder heute wachsen: Natur als Entwicklungsraum. Ein neuer Blick auf das kindliche Lernen, Denken und Fühlen. Weinheim und Basel: Beltz.

Riederle, J. (2003): Kampfesspiele machen Spaß und unterstützen Jungen in ihrer persönlichen Entwicklung. Hrsg. Gewalt Akademie Villigst. Schwerte: Gewalt Akademie Villigst.

Riederle, J. (2011): Kampfesspiele unterstützen Jungen in ihrer persönlichen Entwicklung und machen Spaß. Band 2. Hrsg. Gewalt Akademie Villigst. Schwerte: Gewalt Akademie Villigst.

Riegel, E. (2004): Schule kann gelingen. Wie unsere Kinder wirklich fürs Leben lernen. Frankfurt a. M.: Fischer.

Scheufele, U. (Hrsg.) (2003): Weil sie wirklich lernen wollen. Bericht von einer anderen Schule. Das Altinger Konzept. Weinheim und Basel: Beltz.

Settertobulte, W. (2013): Soziale Gesundheit von Jungen. In: Stier, B./Winter, R. (Hrsg.): Jungen und Gesundheit. Stuttgart: Kohlhammer.

Stier, B./Winter, R. (Hrsg.) (2013): Jungen und Gesundheit. Ein interdisziplinäres Handbuch für Medizin, Psychologie und Pädagogik. Stuttgart: Kohlhammer.

Toprak, A./El-Mafaalani, A. (2011): Konfrontative Pädagogik mit muslimischen Jugendlichen. In: Forster, E./Rendtorff, B./Mahls, C.: Jungenpädagogik im Widerstreit. Stuttgart: Kohlhammer.

Toprak, A./Weitzel, G. (2015): »Mit Ungläubigen rede ich nicht!« Konfrontation im Kontext von Salafismus. In: deutsche jugend 63, Nr. 7–8.

VBW – Vereinigung der Bayerischen Wirtschaft (Hrsg.) (2009): Geschlechterdifferenzen im Bildungssystem. Jahresgutachten 2009. Wiesbaden: Springer VS.

Verhaeghe, P. (2016): »Autorität und Verantwortung«. München: Antje Kunstmann.

Volksbank Cloppenburg 2012: Die Lust auf Gewinnen mit Jürgen Klopp, 16.07.2012, https://www.youtube.com/watch?v=4jXMawlqjNw (Abruf: 22.01.2018).

Winter, R. (2011): Jungen. Eine Gebrauchsanweisung. Jungen verstehen und unterstützen. Weinheim und Basel: Beltz.

Winter, R. (2014): Jungen brauchen klare Ansagen! Ein Ratgeber für Kindheit, Schule und die wilden Jahre. Weinheim und Basel: Beltz.

Winter, R. (2018): Wie Jungen Schule schaffen. Ein Ratgeber für Eltern. Weinheim und Basel: Beltz.

Winter, R./Neubauer, G. (1998): Kompetent, authentisch und normal? Aufklärungsrelevante Gesundheitsprobleme, Sexualaufklärung und Beratung von Jungen, hrsg. von der BZgA, Fachheftreihe Bd. 14, Köln.

Winter, R./Neubauer, G. (2001): Dies und das. Das Variablenmodell »Balanciertes Junge- und Mannsein« als Grundlage für die pädagogische Arbeit mit Jungen. Tübingen: Neuling. (vergriffen! Gratisdownload unter www.sowit.de/veroeffentlichungen, rechte Spalte)

Das Kartenset für kooperative Gruppenarbeit

Gerold Brägger
Kartenset Kooperatives Lernen
7 x 30 Schülerkarten für Feedback, Kommunikation und Kooperatives Lernen.
Mit Booklet. Ab Klasse 5.
2017.
ISBN 978-3-407-63028-5

Das Kooperative Lernen ist aus dem zeitgemäßen schülerorientierten Unterricht nicht wegzudenken: Als methodisch-didaktisches Konzept steht es für die Förderung von selbstständigem, nachhaltigem und teamorientiertem Arbeiten. Charakteristisch ist die kooperative Gruppenarbeit, in der Kinder und Jugendliche fachlich voneinander und miteinander lernen und gleichzeitig soziale Fähigkeiten bewusst eingeübt werden. Hier setzt das Kartenset an: Ansprechende Kommunikations-, Feedback- und Rollenkarten unterstützen die Schüler/innen, die Gruppenarbeit zu strukturieren und Kommunikations- und Kooperationskompetenzen auszubilden. Das Set umfasst einen Klassensatz von 30 Schülerkarten in 7-facher Ausfertigung:

- Die neun Kommunikationskarten visualisieren und benennen die wichtigsten Gesprächsregeln.
- Die acht Feedbackkarten illustrieren hilfreiche Feedbackregeln.
- Die dreizehn Rollenkarten beschreiben Aufgaben, die von den einzelnen Gruppenmitgliedern wahrgenommen werden können.

BELTZ

Beltz Verlag · Weinheim und Basel · Weitere Infos: www.beltz.de

Der Lehrer als Stimmgabel

Hartmut Rosa/Wolfgang Endres
Resonanzpädagogik
Wenn es im Klassenzimmer knistert
2. Auflage 2016. 144 Seiten.
Gebunden.
ISBN 978-3-407-25768-0

Hartmut Rosa weckt mit seiner Forschung zu gelingendem Leben großes Interesse. Übertragen auf Bildungsprozesse und Schulsystem, führt seine Theorie der Resonanz zur Neubetrachtung von Schule und Unterricht – zur Resonanzpädagogik. Wie zeigt sich Resonanz in der Schule? Dieser und weiteren Fragen ist Wolfgang Endres im Gespräch mit Hartmut Rosa nachgegangen. Dieses Buch stellt die Resonanzpädagogik erstmals anschaulich dar und regt an Bildungsprozesse neu zu gestalten.

Aus dem Inhalt:
- Schule als Resonanzraum
- Motivation durch Resonanzbeziehungen
- Feedback-Akzeptanz durch Resonanz
- Kompetenz und Resonanz in Dissonanz
- Beziehungsbildung im Smartphone-Zeitalter

»Eine Empfehlung für angehende wie auch erfahrene Pädagogen.«
Prof. Dr. Erich Hollenstein, socialnet.de, 12.4.2017

BELTZ
Beltz Verlag · Weinheim und Basel · Weitere Infos: www.beltz.de